村镇建设资源环境承载力丛书

# 中国村镇土地资源承载力：
# 理论、方法与实证

欧维新　郭　杰　刘敬杰　等　著

科学出版社

北　京

# 内 容 简 介

随着乡村振兴战略的提出，村镇土地资源承载力在支撑村镇建设、推动乡村振兴发展等方面将发挥重要的基础性作用。本书针对目前村镇管理尺度上土地资源承载力理论方法缺失，村镇土地资源承载力与乡村振兴、村镇建设关系不清，以及承载力研究如何从技术上衔接并支撑乡村振兴发展等问题，在理论上重点界定了乡村振兴背景下村镇土地资源承载力的科学内涵，村镇土地资源承载力的社会-生态影响分析框架，解析了资源、行为、治理对村镇土地资源承载力的社会-生态影响机制；在方法上构建了包括村镇土地资源承载力关键限制因子识别、限制因子阈值测算、承载力测算等在内的技术方法体系；在应用上针对不同区域典型村镇制约乡村振兴和土地资源承载力提升主要问题，研究了基于情景分析的承载力提升关键路径解析方法，提出了面向村镇空间管控和生态服务提升的绿色生态建设模式。

本书可作为城市地理学、乡村地理学、土地资源管理、城乡规划与建设等相关领域的科研、技术、管理人员在专业学习和业务管理工作中的参考书。

审图号：苏 S（2025）3 号

**图书在版编目（CIP）数据**

中国村镇土地资源承载力：理论、方法与实证 / 欧维新等著. -- 北京：科学出版社，2025.4

（村镇建设资源环境承载力丛书）

ISBN 978-7-03-077778-2

Ⅰ. ①中… Ⅱ. ①欧… Ⅲ. ①土地资源-环境承载力-研究-中国 Ⅳ. ①F323.211

中国国家版本馆 CIP 数据核字（2024）第 021085 号

责任编辑：周 丹 沈 旭 李嘉佳 / 责任校对：郝璐璐
责任印制：张 伟 / 封面设计：许 瑞

**科学出版社** 出版
北京东黄城根北街 16 号
邮政编码：100717
http://www.sciencep.com
北京中科印刷有限公司印刷
科学出版社发行 各地新华书店经销
\*
2025 年 4 月第 一 版 开本：720×1000 1/16
2025 年 4 月第一次印刷 印张：15 1/2
字数：312 000
**定价：199.00 元**
（如有印装质量问题，我社负责调换）

# 《中国村镇土地资源承载力：理论、方法与实证》
# 作者名单

主要作者：欧维新　郭　杰　刘敬杰

参与人员：岳跃民　王　璐　陈瑜琦

祁向坤　董金龙　陶　宇

程宪波　孙　涛　丁冠乔

李季蔓　奚恒辉　易　丹

周林波

# 前　言

伴随快速工业化和城镇化，我国不少村镇土地出现非农化、非粮化、空废化、污损化、水土错配化等现象，其实质是村镇土地资源环境管理无序，导致利用过度、低效与不足，进而引致承载力弱化和退化问题，亟待解决村镇发展中耕地产能提升不足、建设集约水平不高的问题。党的十九大提出"乡村振兴战略"，为提高农村土地承载力、开展村镇建设指明了方向。国外的"一村一品"振兴的经验表明，将有限的村镇生态、生产和生活空间合理布局，因地制宜，调整粮食生产、经济发展以及生态保护用地规模与结构，发展特色经济是振兴乡村的有效路径。我国村镇建设面临着地域土地差异大、人均土地资源量少、耕地数量大幅度下降、土地质量退化严重、土地利用结构不合理和耕地后备资源不足以及村镇土地经济效益低等复杂问题，如何从实际出发，研究村镇土地资源承载力关键影响要素、测算方法与提升路径的理论方法是村镇生态宜居、经济高效和社会可接受的可持续发展战略要求和振兴乡村的前提与基础。

目前土地资源承载力研究侧重区域比较和变化研究，对影响承载的关键因子及其阈值的测度鲜有研究。因村镇建设发展与资源环境承载科学关系不清，严重影响村镇建设规划与决策；研究村镇建设的土地资源环境承载力测算理论方法，在助推美丽乡村建设和乡村振兴发展等方面有着重要的理论意义和现实价值。

本书主要在广泛调研基础上开展了村镇土地资源环境承载力测算理论和方法方面的探讨，具体包括：

1）村镇内外部社会-生态系统共同作用于村镇土地资源承载力的机制研究

在村镇自然生态和社会经济互馈机制的基础上，引入社会-生态系统（social-ecological system，SES）理论，探索构建了村镇土地资源承载力的 SES 动态耦合框架。村镇土地资源 SES 框架包括村镇内部社会-生态系统与村镇外部社会-生态系统两部分，其中，村镇内部社会-生态系统（I-SES）包括村镇内部社会系统（治理系统和行动者）和村镇内部生态系统（资源系统和资源单位）；村镇外部社会-生态系统（O-SES）包括村镇外部社会系统（社会、经济和政治背景）和村镇外部生态系统（外部关联生态系统）。通过解析村镇耕地、建设用地、生态用地资源承载力的社会-生态影响机制可知，村镇土地资源承载力是域内（村镇）和域外（县、市、省甚至全国）社会-生态系统相互作用形成的结果，在村镇内部社会-

生态系统和村镇外部社会-生态系统要素的不断交互作用下，土地资源提供食物（粮食）、经济产出、生态产品和服务等承载对象的数量规模与质量水平，产生与耕地粮食生产能力、建设用地经济产出、生态系统服务等相关的一系列绩效，表现为村镇各类土地资源承载力水平，对于诊断村镇土地资源承载力的关键限制性因子、薄弱环节、提升承载水平具有重要理论意义。

2）关键限制性因素阈值影响村镇土地资源利用水平的测算方法

构建了一套村镇土地资源承载力关键限制性因素识别和阈值测算方法体系。形成了基于神经网络-决策实验与评价实验室法（BP-DEMATEL 法）、障碍度模型、地理探测器模型等关键影响因子识别方法，研制了基于短板理论、面板门槛模型、边界线分析法等的关键限制性因素阈值测算模型，依据村镇土地资源承载力社会-生态系统耦合关系机理分析，选择我国东、中、西部案例区实证测算关键限制性因素阈值。研究结果表明，我国东、中、西部三个地区土地资源承载力的关键限制性因素主要有耕作面积、施肥强度和农药投入，建设占用耕地、贫困人数占比[①]和村庄留守人员，气候因子、土壤质地、生态工程因子等。并分别测度了种植结构和复种指数，土地开发强度和人均宅基地面积的影响阈值。结果可为耕地利用水平、建设用地区域单位面积生态恢复成本等的设定提供依据。

3）村镇土地资源综合承载力测算方法

拓展了村镇土地资源承载力测算方法。基于农业生态区划（agricultural ecology zone，AEZ）法的参数和订正方案动态嵌入农户管理和投入水平的限制性因子，评估村镇耕地资源承载力，较好地解决了应用 AEZ 模型评估耕地生产潜力中的系统性高估问题，提高了评估结果的精度，使以粮食生产为表征的耕地承载力预测具备科学性和可靠性。构建基于多目标优化问题（multi-objective optimization problem, MOP）的建设用地测算模型，系统考虑国土空间的多目标需求，测算村镇建设用地资源承载力，并提出土地综合整治、整合优化基础设施用地等优化路径。构建了基于生态足迹模型的生态用地承载力测算方法，并分别预测环江县乡镇级和村级的生态用地资源承载力，生态承载指数测算表明环江县村一级生态承载力与乡镇一级的总体情况一致，生态系统承载情况显著好转。构建了全国、省、县域不同尺度的村镇土地资源综合承载力评价方法，揭示了我国不同尺度的乡村土地资源承载力问题及水平，制定我国乡村全面可持续发展规划、策略。

4）面向乡村振兴发展的村镇土地资源承载力提升技术和模式研究

建立了基于村镇土地资源承载力提升的情景分析方法，提出了面向村镇空间

---

① 该指标基于 2019 年调查成果建立。

管控及区域生态服务提升的绿色生态建设模式。在村镇土地资源承载力综合评估的基础上，采用 MOP 模型等相关空间管控技术，通过土地利用结构与布局优化研究，合理预测出气候变化情景、要素投入情景和种植偏好情景等不同情景下的村镇土地资源承载力。在此基础上，以村镇土地资源承载力提升为出发点，综合考虑村镇自然资源禀赋特点和区域经济社会发展状况，准确定位村镇建设类型，明确建设重点，以点带面，打造张掖市甘州区全域土地综合整治模式、溧阳水土耦合模式、环江生态移民搬迁模式等不同村镇土地资源承载力提升模式，从而推动乡村振兴，促进城乡统筹发展。

　　本书共分 8 章，第 1 章绪论，梳理了研究的背景，村镇土地资源承载力相关概念与内涵，土地资源承载力理论与测算方法发展演变及研究目标与研究框架；第 2 章村镇土地资源承载力的社会-生态影响机制，以经典社会-生态系统理论为指导，探索构建了村镇土地资源承载力的社会-生态系统动态耦合框架，解析了村镇耕地资源承载力、村镇建设用地资源承载力、村镇生态用地资源承载力的影响机制；第 3 章村镇土地资源承载力关键限制性因素识别，依据村镇土地资源承载力社会-生态影响机制分析结果，分别采用 BP-DEMATEL 方法、障碍度模型、主成分分析法识别典型区域村镇耕地、建设用地和生态用地承载力的影响因素及关键限制性因素，为村镇土地资源承载力关键限制性因子阈值的测算提供基础；第 4 章村镇土地资源承载力关键限制性因子阈值测算，研制了基于短板理论、面板门槛模型、边界线分析法等的关键限制性因素阈值测算模型与方法，依据村镇土地资源承载力社会-生态系统耦合关系机理分析，选择我国东、中、西部案例区实证测算关键限制性因素阈值；第 5 章村镇土地资源承载力测算，拓展了村镇土地资源承载力测算方法，分别采用修正的 AEZ 法、基于 MOP 的建设用地测算模型、生态足迹模型测算村镇耕地、建设用地、生态用地资源承载力，为耕地合理利用和开发、村镇建设、村庄规划以及粮食生产政策的制定和优化提供科学支撑；第 6 章村镇土地资源承载力综合评估，构建了全国、省、县域不同尺度的村镇土地资源综合承载力评价方法，揭示了我国不同尺度的乡村土地资源承载力问题及水平，提出了我国乡村全面可持续发展规划、策略；第 7 章村镇土地资源承载力提升的空间管控技术，在村镇土地资源承载力综合评估的基础上，采用 MOP 模型等相关空间管控技术，通过土地利用结构与布局优化研究，模拟气候变化、要素投入和种植偏好等不同情景下的村镇土地资源承载力；第 8 章村镇土地资源承载力提升模式，以村镇土地资源承载力提升为出发点，打造甘州区全域土地综合整治模式、溧阳水土耦合模式、环江生态移民搬迁模式等不同村镇土地资源承载力提升模式。

　　本书主要依托国家重点研发计划项目（课题）"村镇建设土地资源环境评价、承载力测算及空间管控研究"（编号 2018YFD1100103；2018～2022 年），受课题研究周期限制，本书所收集的行政区划数据、气象数据、专题数据以及统计数据等多为 2018～2019 年，可能存在与现有最新行政区划不一致之处，特此说明。

本书具体编写分工如下：第 1 章由刘敬杰、欧维新负责编写，奚恒辉、李季蔓、易丹、周林波参与，欧维新、刘敬杰统稿并定稿；第 2 章由刘敬杰、欧维新负责编写、统稿并定稿；第 3 章由郭杰、岳跃民负责编写，孙涛、丁冠乔、祁向坤、董金龙参与，欧维新、刘敬杰统筹并定稿；第 4 章由郭杰、岳跃民负责编写，王璐、孙涛、丁冠乔、祁向坤参与，欧维新统筹并定稿；第 5 章由郭杰、岳跃民负责编写，孙涛、丁冠乔、祁向坤参与，欧维新统筹并定稿；第 6 章由欧维新负责编写，程宪波、孙涛参与，欧维新统筹并定稿；第 7 章由郭杰负责编写，孙涛、丁冠乔、易丹参与，郭杰统筹并定稿；第 8 章由欧维新负责编写，陈瑜琦、郭杰、岳跃民、陶宇参与，欧维新统筹并定稿。欧维新、郭杰、刘敬杰组织并参与了全部章节内容的筹划、审核和定稿工作。本书编写过程中，编写小组大量参考和借鉴了国内外已有的专著编写成果，尽管书中已经通过图表标注和参考文献引用方式尽可能地反映同行的学术工作和成就对本书编写的贡献，但在此仍须感谢所有同行的支持和帮助。

# 目　　录

# 1 绪 论

## 1.1 引 言

### 1.1.1 乡村地区"五化"难题突出，村镇土地资源承载力下降

城乡分隔的二元体制和城市优先发展战略，促使大量劳动力、土地、资本等生产要素向城市集聚，制约了乡村可持续发展，农村地区土地资源利用也集中出现了非农化、非粮化、空废化、污损化、水土错配化等现象（Liu and Li, 2017）。第一，工业化、城市化不断扩张造成耕地数量下降明显，非农化问题突出；第二，农业种植结构调整不可避免地带来非粮作物面积扩张，粮食耕地减少，非粮化进程加速；第三，农村地区人走地不动、建新不拆旧，空心村问题普遍存在，农村建设用地日益空废化；第四，城市、工业污染排放导致农村地区水土环境恶化，污染事件频发，污损化现象严重；第五，在我国水土资源空间不匹配的本底条件下，加上越来越多的优质水资源被配置到非农产业、城乡生活领域，农村土地资源利用的水土错配化问题更加显著。土地利用的"五化"问题直接导致村镇土地资源所能提供的粮食生产、经济产出、社会保障、生态维持等方面的综合能力下降，村镇土地资源承载力弱化（龙花楼，2015；龙花楼等，2019）。

### 1.1.2 提升村镇土地资源承载力是乡村振兴战略的重要保障

党的十九大提出"坚持农业农村优先发展"，党的二十大报告提出"加快建设农业强国"。农业农村农民问题是关系国计民生的根本性问题，必须始终把解决好"三农"问题作为全党工作的重中之重，强调实施乡村振兴战略。2020 年 12 月底，中央农村工作会议明确指出要举全党全社会之力推动乡村振兴，促进农业高质高效、乡村宜居宜业、农民富裕富足。乡村振兴战略的核心是着力破解城乡发展不平衡、农村发展不充分等突出问题，实质是村镇地域系统要素重组、空间重组、功能提升的系统性过程。而土地作为村镇社会经济发展的根本，土地资源的有限性与社会需求的无限性决定了通过土地利用结构优化配置、提升村镇土地资源承载力、实现土地资源科学合理开发利用是推进乡村振兴战略的重要保障。

### 1.1.3　村镇土地资源承载力理论方法及应用研究相对不足

面对提升村镇土地资源承载力、支撑乡村振兴战略的迫切需求，当前村镇土地资源承载力理论方法和应用研究明显不足。从理论上看，承载力理论仍处于分散化、泛化状态，存在概念界定不一致、内在运行机制不明确等缺陷。在实践中，区域承载力评价应用主要停留在战略引导层面，对优化资源配置、设定开发利用准入标准等方面的支撑力度不够。区域土地资源承载力研究在尺度上最小只到县级，村镇尺度的研究鲜有报道。土地资源作为村镇系统中最重要和最基础性的要素，村镇土地资源承载力可表征村镇地域系统的资源禀赋、发展水平与发展潜力特征，进而为村庄规划、乡村振兴发展等提供科学参考。

基于此，亟待开展基于乡村振兴背景的村镇土地资源承载力理论方法及应用研究，具体包括：界定乡村振兴背景下村镇土地资源承载力的科学内涵；在村镇地域单元中，解析资源、行为、治理对土地资源承载力的影响机理；识别村镇土地资源承载力的关键限制因子；并构建村镇尺度耕地、建设用地、生态用地及土地资源综合承载力测算的理论与方法体系，以及如何将村镇土地资源承载力分析成果用于国土空间管控与自然资源管理工作，探索面向村镇空间管控与区域生态服务提升的绿色生态建设模式，以提升村镇土地资源承载力，进而服务村庄规划及乡村振兴发展需求。

## 1.2　相关概念界定

### 1.2.1　村镇与村镇地域系统

#### 1.2.1.1　村镇概念

在一般语境下，村镇是村庄和集镇两者的简称。《土地利用现状分类》（GB/T 21010—2017）和《镇规划标准》（GB 50188—2007）将村镇界定为镇行政区以内的建制镇居民点和农村居民点，以及辖区内的商服、住宅、工业、仓储、学校等用地，但不包含县级人民政府驻地镇。学术上对村镇定义也有所差异：夏显力（2005）认为村镇指具有相应规模的（人口与用地）且主要由农业人口所构成的一种地域综合体，其处于乡村腹地并且具备特定的自然、经济和社会景观特点；张云路和李雄（2013）认为村和镇既是两个具有差异的概念，也是具有一定联系的综合体，村镇体系包括了镇与村两级单位；谷青悦（2013）则认为村镇范围是指从事村镇农业或工业活动的工作者的集聚地或者居住地；也有学者提出村镇是由乡村地区县城、重点镇、中心镇、中心村（社区）等各种不同的空间体系构成（刘彦随等，2014）。综上所述，对于村镇的定义及范围尚未实现标准统一化，是否将县城或者县政府驻地镇纳入村镇范围仍存有争议。

本书考察的村镇与城市对立，包括县域范围内的广大乡村地区，主要包括镇和村，是村镇总体的体现。本书将村镇界定为：乡村聚落、乡村人口与乡村产业的聚集地，主要由中心镇、重点镇、集镇以及中心村（社区）、自然村等组成的空间体系系统，是城乡地域系统的重要部分。

### 1.2.1.2 村镇地域系统概念

村镇地域包括广大的农村地区，也包括与农村发生直接联系的镇区，是由村域和镇区组成的空间体系系统（王雅竹等，2020）。"村"和"镇"是村镇地域中各个要素空间集聚的形式，因规模和发展水平的不同呈现出聚落空间类型的不一，具体包括城关镇、中心镇、行政镇、中心村、行政村及自然村。镇域是镇区和所管辖的村域集合体，介于城市和乡村之间，是城市的腹地，是乡村振兴主体；乡村则为城市和镇区提供农产品、乡风文化、生态景观等，村镇是村镇地域系统内部各个生产、生活和生态要素集聚空间的载体。然而，城市与村镇之间在地域范围以及功能属性上并不是完全分开的，两者在地域与功能上有一定的交叉范围，如经济、基础设施、政府政策、社会文化等，对促进城乡功能融合，实现村镇体系空间协调发展具有重要的实践和理论意义（刘彦随等，2014）。

村镇也是一个空间地域系统，是人地关系在村镇尺度空间的具体体现，是认知现代城乡关系、透视乡村发展问题的重要依托，也是厘清村镇建设与资源承载力互动关系、内在机理的重要支撑和最小基本单元（张小林，1990；刘彦随，2018）。该系统不仅包括生态系统（资源系统、资源单位）和社会系统（治理系统、行动者）两个内部子系统，还受到外部社会经济政治系统、外部关联生态系统等的影响。村镇系统内外部通过物质循环、信息传递、能量流动，推动着乡村的人口结构、土地利用结构、产业结构的变化和生活、生产、生态功能的演替（Woods，2011）。因此，村镇地域系统是指城市以外的广大地域，是村镇内部系统与外部系统在村镇地域空间相互影响、相互作用而形成的复杂地域系统。

### 1.2.1.3 村镇类型及其划分

村镇地域系统由于经济、社会、资源、生态特点的不同划分为多种类型，并成为"分类指导"村镇规划的基本原则（段学军等，2020）。国内外学者对村镇地域类型划分的研究较多，国外研究者总结欧洲24个典型村镇样点不均衡发展情况后，根据村镇不同的发展阶段，将村镇转型发展类型划分为生产型、边际型和综合型（Marsden and Sonnino，2008）；随后，在村镇农业多功能性基础上，将英国村镇划分为农业型、可持续型和非农业型，并提出不同村镇农业发展的政策（Marsden and Sonnino，2008；Rallings et al.，2019）。国内学者对于村镇类型的划分主要从经济视角和地理空间视角。其中，经济视角包括经济水平（张步艰，1990；崔明等，2006）、经济结构（龙花楼等，2009）、发展与管控（李祥龙和刘钊军，2009；谢臻等，2019）、主导产业（张小林，1999）等分类体系，地理空间视角则包括生态环境（柴舟跃等，2016）、地形地貌（陈兰，2011）、区位（洪亘伟和刘志强，2009）等分类体系。在我国，由于村镇资源禀赋和经济基础的差异性，村镇发展多样且复杂，加之乡村振兴战略实施和村镇建设的导向性，归纳凝练的村镇类型需要多视角多尺度进行深化分析（杨忍等，2015）。

因此，综合前人分类体系研究结果，本书根据村镇建设的土地资源承载力测算的需要，在全国范围内选取粮食主产区、快速城镇化地区和生态脆弱区等典型区域开展研究（表 1-1）。其中，湖南省沅江市地势平坦、气候宜人，是全国商品粮、棉、猪、橘的重要产地和中国特色农产品优势区，为典型的粮食主产区；江苏省溧阳市、东台市经济比较发达，人均消费水平较高，为典型的快速城镇化地区；甘肃省张掖市甘州区为中国重要的草牧业区，常年气候干燥，少雨，生态环境脆弱、资源型产业突出，为典型的干旱生态脆弱区；广西河池市环江毛南族自治县为西南喀斯特地区，受碳酸盐岩地质背景制约，碳酸盐岩风化成土速率极其缓慢，土壤瘠薄、生态资源承载力低，为典型的石漠化生态脆弱区。

表 1-1　多视角村镇类型划分及典型区选择

| 区域类型 | 特征 | 典型区选择 |
| --- | --- | --- |
| 粮食主产区 | 优势显著、粮食重点生产 | 湖南省沅江市 |
| 快速城镇化区 | 经济发展和城镇化水平较高 | 江苏省溧阳市、盐城市东台市 |
| 生态脆弱区 | 干旱生态脆弱区：干燥，少雨，生态环境脆弱 | 甘肃省张掖市甘州区 |
| | 石漠化生态脆弱区：土壤瘠薄，生态环境脆弱、敏感 | 广西河池市环江毛南族自治县（喀斯特地区） |

## 1.2.2　承载力和土地资源承载力

承载力起初为力学的概念，是指在保证物体不产生破坏的前提下，其可以承受的最大负荷。此后，生物学、区域系统、人类生态学、草地生态学研究开始陆续引入其概念（Cohen，1995；Park and Burgoss，1921）。学者普遍认为，承载力是在特定的环境下，某一类生物个体或某一生态系统所能达到的最高极限数量或最大变化范围（Leopold，2008；张云路和李雄，2013）。综上可知，承载力蕴含有极限的思想，伴随着资源、生态与环境等问题的不断出现，承载力的内涵与外延也在随时代变化而不断更新拓展。截至目前，承载力概念主要包括种群承载力、资源（土地、水、矿产、森林、旅游）承载力、环境（水、大气、土壤）承载力和生态承载力等（张路路等，2019；张涵和李阳兵，2020；林志慧等，2021）。

1948 年，美国学者 William Vogt 便提出了土地资源承载力概念和计算公式（户艳领，2014）。我国对其研究兴起于 20 世纪 80 年代，并主要对土地资源承载力的概念内涵、评价方法进行了研究。概念内涵上，大多数学者认同土地资源承载力是服务于人类的，主要有两种表达：一种是以人粮关系为基础，认为"土地资源承载力是在一定区域空间内，土地资源能够持续供养的人口数量"（郭秀锐和毛显强，2000；封志明等，2008）；另一种从空间开发角度着手，认为"土地资源承载力是一定空间区域，一定社会、经济、生态、环境条件下，土地资源所能支撑的人类各种活动规模和强度"（龙花楼，2012；贾克敬等，2017；支彦玲等，2020）。基于土地粮食生产能力的承载力研究在宏观尺度的国土空间治理、功能区划等方面发挥着基础性作用。土地问题是由人的社会、经济活动造成的，土地利用目标是使人类社会、经济活动与相应的环境相协调，因此，承载对象不仅包括承载人口规模，而且包括人类的各种社会、经济活动，土地承载力的研究范畴也由耕地拓展到建设用地、生态用地等领域，承载人口也由粮食承载人口总量向人口环境容量、生产空间人口承载力等综合性发展。基于此，土地资源承载力通常被定义为在一定时期，一定空间区域，一定社会、经济、生态、环境条件约束下，土地资源所能承载的人类各种社会经济活动的能力，具有承载、容纳、服务等属性，支撑了人类活动，保障了经济建设与振兴的生存环境，提升了人们生产、生活品质。土地资源承载力是区域经济、社会和生态可持续发展评价的重要指标，其存在与否、是否可知、能否测度等"存在性""可知性""可度性"的科学问题亟待解决。

## 1.2.3 村镇土地资源承载力内涵

村镇地域系统是一个复杂系统,村镇土地资源是特定村镇尺度下承载的人口、产业以及其他要素得以发展的空间保障，对村镇建设和村镇地域系统的可持续发展起着至关重要的支撑作用。村镇土地资源承载力是对既定村镇土地资源承载人类活动的能力和水平的刻画，具有多重目标。依据土地资源主要类型，对村镇土地资源承载力测度可进一步细分为四种类型：村镇耕地资源承载力、村镇建设用地资源承载力、村镇生态用地资源承载力和村镇土地资源综合承载力。

（1）村镇耕地资源承载力是指在某区域、限定时间内，光温、水土、肥力、生产资料的投入与产出等自然、社会经济和农户管理水平综合因素作用下耕地粮食作物的最大产量。一方面体现在村镇所拥有的耕地资源规模在既定技术和自然条件下的产能对当地常住人口或者是常住的户籍人口食物（粮食）消费需求满足程度；另一方面也包括其承担的部分保障区域外粮食安全的贡献度；既定区域的村镇耕地资源承载力是对区域耕地、粮食、人口与社会发展的系统透视，是其制定区域发展战略和长期规划的重要依据。

（2）村镇建设用地资源承载力是指以村镇建设用地为承载体，对于人类生产生活支持的最高限度，超过限度会导致区域资源环境的不可持续问题。即建设用地规模和布局在维持粮食安全和生态系统健康前提下所承载的最大人类建设活动规模和强度，包括人口规模、建设规模和经济规模等；是在城乡一体化背景下，村镇建设用地承担某种功能所具备的资源禀赋和生态环境对社会经济规模以及人类物质需求的支持能力，是村镇地域系统资源环境与社会经济关系的映射，可为制定乡村振兴和乡村可持续发展的实现策略提供参考依据。

（3）村镇生态用地资源承载力是指在不破坏生态系统服务功能的前提下，某一时期，区域生态环境对人类社会经济活动的最大承受能力，它是生态系统物质组成和结构的综合反映，是生态环境评价与环境容量评估的关键性指标。生态用地的规模和布局为村镇生活、生产提供了水源涵养、洪水调蓄、水质净化、土壤保持、气候调节、生境维持等生态系统服务。

（4）村镇土地资源综合承载力是指一定社会、经济和技术条件下，村镇土地资源所能提供的生产（粮食生产、经济产出等）、生活（人口吸引、社会保障等）和生态（生态维持、环境净化等）功能及其综合能力的状态。

## 1.3　土地资源承载力理论方法发展演变

### 1.3.1　土地资源承载力理论发展

土地资源作为人类生存所需的重要的自然资源，所有的社会活动都是在其基础上完成的。土地能生产多少粮食、能够承载多少人口等有关土地资源承载力的研究成为自然资源领域关注的焦点，也成了承载力研究中开始较早且研究历史最长、研究成果最多、最为成熟和完善的领域。关于其理论方面的研究可根据发展情况、研究重点按照时间顺序分为四大阶段：概念初现阶段、发展与完善阶段、承载力理论确立阶段、现代化与综合性研究阶段。

1）概念初现阶段（20世纪初至1960年）

对土地资源承载力的有关研究可追溯到 Park 和 Burgoss（1921）。他们在有关研究中将承载力概念扩展至生态学领域，将承载力表述为某一特定环境条件下（主要指生存空间、营养物质、阳光等生态因子的组合），某种个体存在数量的最高极限（梅多斯等，2006）。威廉·沃格特在其著作《生存之路》中提出了一个等式，第一次用数学方法去描述土地资源承载力的概念。在这本书中，他通过对人口需求和土地生产能力的分析，提出世界人口已经超过了地球承载能力的警告。他建议控制全球人口增长，以保持人类与土地资源之间的平衡。承载力概念萌芽于生态学与生物学的认识，这时期的承载力特点是关注极限的容纳量，并没有涉及对承载力运作机制的研究，研究对象的范畴也十分有限。

2）发展与完善阶段（1960～1980年）

随着人口增长和工业化进程的加速，自然资源及生态环境遭到破坏，土地资源利用的问题日益突出。在这一阶段，可持续发展的理念也逐渐开始萌芽，学者们开始关注土地资源的可持续利用，并提出多因素、多角度、多目标的分析概念。他们试图通过分析土地的自然特征、社会活动的需求以及环境压力等因素，建立起包括定量评估方法的土地容量理论框架。

1965年，威廉·阿伦明确提出了以粮食为主要影响因素来反映土地承载能力，其目的是明确某个地区传统的农业生产所能提供的粮食能够供养的人口最大规模或者说人口极限规模，但他们的研究只考虑区域土地资源的粮食供应量所能养活的人口，而不考虑其反馈作用，因此其只能对某个时期该地区所能供养人口数量做出粗略的估计（Song and Pijanowski，2014；周启刚等，2014）。20世纪70年代初，澳大利亚学者率先通过多目标决策理论思想展开研究，分析了澳大利亚的土地资源承载力（Lane et al.，2014）。他们的研究表明，在蛋白质摄入水平较低、生活水平较低的情况下，澳大利亚可以养活2亿人；但如果将生活水平提高到中等甚至更高水平，则只能养活不超过1200万人。此外，他们还讨论了其他资源（如水资源和气候资源）对人口的承载能力。这项研究被视为在国家范围内开展土地资源承载力的最早尝试。

这一时期较上一阶段相比明确了以粮食生产为标志的土地承载力理论，并在此基础上探究分析了其他自然资源影响因素对土地人口承载力的影响。从研究区域范围来看有了明显的扩大，已经到达国家范围的土地资源承载力研究。但也具有局限性，仅单纯增加自然资源角度去分析其对承载力的影响，忽略了人类的社会活动、经济发展、城市建设等人文角度的影响因素。

3）承载力理论确立阶段（1980～2000年）

在这一时期土地资源承载力理论得到更加系统和深入的发展并开始真正意义上的动态预测研究。一方面，学者们引入经济学、社会学等学科的观点，将土地资源承载力与人口增长、城市化发展、农业生产等相互关联进行研究；另一方面，研究者们开始探讨土地生态环境的影响。

为了评估发展中国家的土地资源人口承载力，联合国粮食及农业组织（Food

and Agriculture Organization of the United Nations，FAO）完善土地资源承载力理论体系，将气候生产潜力和土壤生产潜力相结合，来反映土地用于农业生产的实际潜力，并考虑了对土地的投入水平和社会经济条件，对人口、资源和发展之间的关系进行了精确评价，指出不同的土地利用方式（投入水平）下，可以有不同的人口承载量。根据理论建立了农业生态区法（agricultural ecology zone，AEZ）来计算潜在的土地生产力，这是一种综合探讨农业规划和人口发展的方法，这一整套技术路线和工作方法已创造性地应用在中国的各级土地承载力研究中（熊利亚等，2004；曲宝香等，2009；刘晓丹，2017）。20 世纪 80 年代初，土地资源承载力理论得到了进一步的完善：由静态分析走向动态预测。英国科学家斯莱瑟教授提出在原先的基础上综合考虑人口、资源、环境与发展之间的关系，可以模拟不同发展策略下，人口变化与承载力之间的动态变化，使一个国家或地区在人口变化的情况下仍能保持持续稳定的发展（农敬萍，2011）。

我国的土地资源承载力研究始于农业地理和综合自然地理领域，当时主要的研究集中于农业自然生产潜力，并发展了定位观测和统计技术（王学军，1992）。20 世纪 80 年代初，我国正式开展土地资源承载力研究，至 2000 年共开展和完成了三次具有代表性的土地资源承载力评价工作。第一次是 1986～1990 年中国科学院自然资源综合考察委员会组织并完成了"中国土地资源生产能力及人口承载量研究"；第二次是 1989～1994 年，在联合国开发计划署及国家科学技术委员会的资助下，国家土地管理局与 FAO 于 1989 年共同开展了"中国土地的食物生产潜力和人口承载潜力研究"，对全国及各地土地的人口承载潜力进行了测算（郑振源，1996；谢俊奇，1997）；第三次是 1996～2000 年，中国科学院地理科学与资源研究所主持完成了"中国农业资源综合生产能力与人口承载能力"研究。这一阶段土地资源承载力理论实质性的研究成果较多，也是在这一时期国内的土地承载力研究兴起。随着国内外学者的不断研究，土地资源承载力理论也得到了确立（郭玉生，2010）。广义上来说，土地资源承载力是指区域土地所能持续供养的人口数量，即土地人口承载量；狭义上来说，是指在未来不同时间尺度上，以预期的经济、技术和社会发展水平以及与此相适应的物质生活水准为依据，一个国家或地区利用其自身的土地资源所能持续供养的人口数量。总体来说，土地承载力研究是对区域土地、食物、人口、资源、环境与发展的系统透视（Holling and Chambers，1973）。

4）现代化与综合性研究阶段（2000 年至今）

进入 21 世纪，随着信息技术、硬件设备等各领域研究的创新和进步，加之新时代国家对于乡村振兴、生态文明建设等方面的重视，许多学者对土地资源承载力的研究领域和评价方法进行了拓展和创新（张涛，2001；侯晓珊和刘顺，2016；

张茂省等，2019）。从原先以国家、省市为基础单元进行大尺度范围的土地承载力研究渐渐开始转向以村域为基础单元的小尺度研究。有学者借助 ArcGIS 等计算机软件，运用相关评价模型，对土地资源承载力进行评价（汤日红等，2007；姜群鸥，2008）；还有一部分学者通过构建土地资源承载力影响因素评价指标体系，从自然要素、社会经济要素对承载力限制的角度，进行综合的土地资源承载力评价（杨瑾等，2019）。由以上研究可知，这一阶段在土地资源承载力理论方面的研究达到饱和，突出了国家政策、指导思想对其研究方向、范围、技术方法上的影响从而促进其转变和延伸（Xin and Li，2018）。

## 1.3.2　土地资源承载力测算方法分类

### 1）基于限制因子的土地资源承载力

该种测算方法主要基于坚持最小因子限制原理，即承载力的大小由研究区的最稀缺资源决定，强调单因子对土地资源承载力具有决定性影响。往往将土地资源承载力的最小因子确立为以粮食为主的土地生物产品，仅从土地生物产品生产能力与人类食物需求这一单一维度来刻画和表征区域土地资源承载状况，将土地资源承载力抽象为简单的"人粮关系"。基于限制因子的研究一般将土地资源承载力定义为"一定生产条件下土地资源的生产力和一定生活水平下所承载的人口限度"（陈百明，1989）。具体来说，将"农用地-生物产品-人口数量"作为分析框架，以农用地为载体，以粮食等土地生物产品为媒介，最终归结到可以承载的人口数量上。

具体测算与评估的方法主要分为趋势外推法、逐级修正法、遥感估产法，以及作物模型、迈阿密模型、筑后模型等经验模型法（姜忠军，1995；贾宏俊和顾也萍，2001；黄劲松等，1998）。此外，也有学者依据土地、食物与人口之间随时间变化的相互影响关系，建立区域土地资源承载力系统动力学模型，分析不同策略方案下土地资源承载力与人口变化的动态关系。除将食物作为限制因子外，亦有学者以空间、就业等为限制因子。以土地资源空间为限制因子的研究，集中体现于城市土地资源承载力测算，一般在确定区域可用作建设的土地面积后，依据人均建设用地面积相关标准，测算出不同标准下城市可承载的人口数量。以就业为限制因子的研究，关注充分利用土地生产力来保证单位劳动力一定收入的前提下，单位土地资源产出的各种产品所得的收益能承载的最大劳动力数量（彭立和刘邵权，2012；高洁宇，2013）。

从国家安全、粮食安全等角度考虑，运用上述方法时需坚持"封闭模型"假设，因此上述模型一般应用于大尺度的土地资源承载力研究，具有重要的理论和实践指导价值。

　　2）基于多因素综合的土地资源承载力

　　20 世纪 90 年代，在经济全球化的背景下，诸多学者发现，基于限制因子特别是以"耕地—食物—人口"为主线的土地资源承载力研究，逐渐显露出一定的局限性，已不能客观反映部分国家或地区的人口承载状况，难以有效解释和指导实践。于是有学者提出基于多因素综合的研究方法，主张土地资源承载力研究面对的是"一个包括人口、资源、环境在内的纷繁复杂大系统"。土地资源承载力受人口、资源、环境及社会、经济、技术等相互作用的多种因素制约，且各因素之间存在一定的联系与补偿效应，当某一因子的数量不足时，可以通过与之相关的因子的加强来进行补偿。尤其在当前区际贸易繁荣的现实背景下，土地资源承载力各因素间的联系与补偿效应更为突出（王书华等，2001）。其中综合评价法最具有典型性，在探讨土地人口承载力的性质和影响因素时将指标体系引入了研究中，认为土地对人口的承载力是由各类影响因素构成的指标共同影响。后期一些学者将综合评价法与一种模型或方法相结合，如系统动力学模型、优化投影寻踪模型、均方差决策法、供需平衡指数等，以改进评价指标体系中主观性成分较大的缺点；或者以评价指标体系为基础，将承载力研究过程中求解各类复杂关系的模型进行分组模块化，纳入以评价指标体系为主干的综合集成框架中，对整个研究对象进行全方位、流程化、全面性的评估，从而达到优化承载力评价指标体系结果、提高评估精度的目的（祝秀芝等，2014）。

　　在该研究方法下，承载力的载体不仅包括耕地，而且包括与人类需求密切相关的各种地类，承载物也不仅包括人口与其食物消费，而且包括人类的各种社会经济活动。这类研究主要分为 3 个步骤：第一步是建立土地资源承载力分析的理论框架，并确立各类影响因素；第二步是测算各类影响因素对土地资源承载力的影响强度，一般以权重表示；第三步是综合测算土地资源承载力的最终结果。为消除不同指标量纲单位及量级之间差异所造成的影响，需对原始数据进行标准化，故该范式下土地资源承载力的最终结果一般以无量纲、标准化的分值表征。

　　具体方法主要包括三类：一是影响因素（指标）筛选的方法，包括频度统计法、极大不相关法等；二是影响因素（指标）综合的方法，包括加权求和法、状态空间法等；三是影响因素（指标）权重的计算方法，包括德尔菲法（Delphi method）、相邻指标比较法、层次分析法等主观方法，以及均方差决策法、主成分分析法、因子分析法、变异系数法、投影寻踪法等客观方法。此外，还包括将影响因素筛选、综合及权重计算相互结合的系统模型法，通过模型系统的运行与输出，实现对土地资源承载力及承载状况的表征，包括模糊数学法、系统动力学法等。同时，GIS 空间统计分析法常用于研究数据分析处理过程中。

　　该评价方法下的土地资源承载力评价结果一般归结到无量纲化、标准化的分值，只能间接表征土地资源承载力的相对大小，不能表征其绝对大小，通常需要对不同评价单元进行比较分析才具备说服力，其结果本身无法独立回应某一评价单元的承载状况。

3）基于参照区的土地资源承载力

该研究主要根据区域内基于时间序列的承载力动态演变分析与基于截面数据的承载力区域差异分析。相对土地资源承载力是相对资源承载力分析中的关键，一般包括相对土地资源人口承载力、相对土地资源经济承载力，即基于该模型思想下的土地对人口、经济的综合承载能力。

相对资源承载力模型的核心思想是以比具体研究区更大的一个或数个区域（参照区）作为对比标准，根据参照区人均资源拥有量或消费量、研究区资源存量，计算出研究区的相对资源承载力。与基于限制因子的土地资源承载力研究方法相比，基于参照区的相对土地资源承载力研究给出了"区域资源能承载多少人口"问题的一个新的视角，认为区域承载力绝对量及客观值具有不可知性，完全放弃对承载力绝对量与客观值的追求，转而在参照区的框架下，通过相对比较，计算出一定主观意志下研究区承载力的相对值。其主观意志主要体现为对参照区的选择，即可根据需要将参照区设定为全国、世界平均水平、其他国家、东部沿海省份、西部省份等，故承载力评价结果随参照区选择的不同而不同。

该研究的关键在于参照区的选择，部分学者指出，虽然研究过程中需要找到一个理想的参照区，但却没有明确界定理想区域的标准，实践中往往以全国水平作为参照标准，但全国水平并不一定是可持续的，故得出的结论是否科学值得商榷（李泽红等，2008；黄常锋等，2010）。因缺乏对研究区土地资源承载力属性的抽象、概括与逻辑推导，导致其研究结果在土地利用管理方面的政策含义不明晰，指导实践的有效性和可操作性不足。

4）基于生态足迹的土地资源承载力

传统承载力是在不对环境造成不可逆转的破坏的情况下，区域可以持续支撑的最大人口数量。有学者指出，用传统承载力概念来分析经济全球化下的区域人口承载状况很勉强，其无法解释诸如中国香港、新加坡、日本等经济体的承载状况，且在经济全球化的背景下，区域不再是孤立的，人们消费的资源可来自世界各地。Catton将环境承载力定义为能够持续支撑的最大负担（Daily and Ehrlich，1992），Rees和Wackernagel对负担做了进一步解释，指出负担不仅仅是人口数量，还包括人均消费，且后者因贸易及技术的影响比前者增加得更迅速。从负担或人类对自然服务消费的角度，生态足迹这一研究方法通过测定区域资源对人类需求的满足程度表征区域承载状况（周涛等，2015）。

生态足迹法的核心观念为关注人类给土地的压力或负担。基于两项基本假设，即人类能够确定自身消费的绝大多数资源及其所产生的废弃物的数量，且这些资源和废弃物能够转换成相应的生物生产性土地面积，按照测算主要消费项目的人均年消费量、测算生产各消费项目人均占用的生物生产性土地面积、测算生态足迹、测算生态承载力及评估生态盈余或赤字的步骤展开，土地资源承载力的最终结果以生态盈余或赤字表征。较之于基于限制因子的研究范式，生态足迹在研究技术体系上具有重大转向，即由"土地→人"转变为"人→土地"，由于人类对土地资源的负担是人口数量、人类消费及生产的生态效率三者的函数，这一转向使对土地资源承载力进行客观的现实描述成为可能。该范式的核心在于生物生产性土地产量的测算，重点是均衡因子、产量因子的设定。这类研究中土地资源承载力的载体是区域全部土地，承载物是人口与人类各种社会经济活动，以生物生产性土地面积为媒介，连接载体与承载物，挂钩人类社会经济发展与土地资源利用，并通过两者之间的比较，最终得到既定的技术、贸易、体制、管理水平下的人类消费需求是否在区域承载能力范围内。

生态足迹评价方法的重心在于人类的"足迹"而非资源对"足迹"的承载力，因此其本身不是严格意义上的土地承载力。并且，对于较小尺度上的土地资源承载力问题，该方法分析得到的是一个"名义"（以全球公顷表示）的而非"特定地理"的土地资源需求，其无法切实回应特定区域的承载状况，研究结论对地方性政策的启示有限。

### 1.3.3　土地资源承载力评估与提升

土地资源在经济发展过程中始终扮演着重要角色，是一切社会经济活动的基础，对土地资源承载力进行科学评价与预测，是规划区域经济可持续发展的重要依据。土地资源承载力的提升以土地资源承载力综合评估为基础，围绕土地资源布局优化、生态保护与修复、政策支持等方面展开，具体表现在以下四个方面。

1）承载力评估方法与指标

学界对土地资源承载力的影响因素和评估方法等理论内涵与技术方法早已展开了研究，取得了丰硕的成果。但土地资源承载力不同的研究范式所选择的测算与评价等方法有差别，所以指标的选择和方法的利用对提升土地资源承载力会有一定的影响。李妍（2017）基于层次分析法（AHP）-熵权逼近理想点法（TOPSIS），从土地资源承载力、水资源承载力、矿产资源承载力和资源利用水平4个层面，构建湖北省各县资源环境承载力评价指标体系，并进行空间差异分析。卢青等（2019）运用"木桶原理"（向绪熙，1992），基于土地资源、水资源、水环境和大气环境等构建指标体系，对湖北省团风县的资源环境承载力进行定量测算，并得出土地资源是其承载力的最大限制因素。王大本和刘兵（2019）运用物理-事理-人理系统方法论构建土地资源承载力理论框架和指标体系,对京津冀地区土地资源承载力综合水平、关键影响因素、系统协调发展水平、系统内部的关联程度进行系统评价。黄安等(2021)基于社会-生态系统理论框架,构建了治理视角下的村镇建设资源环境承载力综合测度"压力-状态-治理"框架,并以溧阳市各村镇作为研究对象,开展土地资源承载力综合测度与关键限制因子识别的研究。

2)土地资源布局优化

在提高土地资源承载力对策研究及应用方面,学者们提出了大量具有针对性的措施,主要包括节约集约利用土地资源、提高土地资源利用率,加大国家对耕地保护的投资力度。宋戈等(2019)提出以提高粮食生产能力、实现可持续性农业的战略需求为目标,坚持保护耕地资源,稳定粮食播种面积,提高耕地质量(土壤质量)。吴文斌等(2020)提出坚持实施最严格的耕地保护制度,禁止耕地"非农化"、防止"非粮化",积极开发宜农荒地资源,努力提高复种指数,提高耕地集约化利用水平。段佩利等(2020)通过测度2015年京津冀、山东半岛、辽中南、长三角及珠三角五大城市群,研究土地资源环境承载力与区域开发强度的协调程度。李雨凌等(2021)以实现粮食生产区域化、商品化为目标,科学规划粮食生产主体功能区,建立区域"产销平衡"的粮食供需平衡体系。

3)生态保护与修复

当前在生态文明新时代背景下,人地矛盾突出、资源开发过度和环境状态恶化等问题亟须解决。区域土地资源承载力广泛应用于土地利用优化过程当中,土地资源承载力的提升能够有效解决当前人多地少的矛盾,满足资源环境和土地资源利用的实际需求,并可以有效盘活土地资源、加强土地科技创新和支持产业转型,为新旧动能转换提供良好基础。谭波(2010)从生态环境建设及分级分区等方面提出了提升长株潭城市群土地资源承载力的建议。虞晓芬和丁赏(2012)在研究杭州市土地资源综合承载力中提出了加快发展经济、调整产业结构、建设生态城市、保障生态用地等措施。方创琳等(2003)在流域区域尺度的研究上,研究了塔里木河下游干旱地区"三生"(生态-生产-生活)承载力变化情况。赵一平等(2004)基于工业园区生态系统结构特点和承载递阶关系,初步构建了工业园区土地资源生态承载力测度指标体系,并以大连某工业园区为例进行了工业园区土地资源生态承载力综合测度。

4)管理政策制定与实施

伴随区域社会经济快速发展,我国面临资源约束趋紧、环境污损严重、生态系统退化的严峻形势,严重制约城乡经济高质量发展,国土空间内资源环境对社会经济发展的承载能力业已成为各级政府关注的重大议题。根据2016年7月国土资源部印发的《国土资源环境承载力评价技术要求（试行）》，"开展区域资源环境禀赋和环境本底调查，识别国土开发的资源环境短板要素。开展土地资源承载力评价是编制各级土地利用总体规划、国土规划等空间规划的必要性基础性工作。"《全国国土规划纲要（2016—2030年）》中提出，"对国土空间开发、资源环境保护、国土综合整治和保障体系建设等作出总体部署与统筹安排"。国土开发的土地资源承载力是一个比较难量化和探讨的问题。目前，采用绿当量分析（赵丹等，2011）、生态足迹分析等方法开展的区域土地资源承载力提升研究结果可为我国国土空间规划提供基础支持与保障。

### 1.3.4　理论方法的发展和启示

1）区域土地资源承载力研究尺度有待进一步细化

当前我国区域土地承载力综合研究大多集中在大尺度，以省域、市域为研究对象所开展的研究较多，最小尺度也仅仅到县域。随着我国乡村振兴的不断推进，区域土地资源承载力研究尺度也应在县域的基础上不断深入拓展到乡镇尺度，对我国行政体系中最小的行政单元进行研究，进而增加区域土地资源承载力研究的可操作性，提高其参考价值。

2）区域土地资源承载力的影响因素识别及阈值测算有待进一步完善

土地资源承载力影响因素的研究成果较多，但多考虑自然条件的限制性，对社会经济因素和农户行为因素的考量较少。此外，对甄别承载力的关键限制性因素及不同区域、不同目标下的关键限制性因素识别及阈值测算的研究不足。应采用社会-生态系统分析承载力影响机制，采用科学方法测算关键限制性因素阈值，为土地资源承载力提升路径制定提供依据。

3）区域土地资源承载力测算与评估有待进一步加强

现有研究对土地资源承载力的概念理解不一致、估算参数不统一，导致区域土地承载力评价标准对于城乡差别、区域人口粮食消费水平差别等因素考虑不够全面，不同区域采用相同测算标准，造成测算结果与实际情况明显存在差异。此外，土地资源承载力评价的理论方法仍需完善，土地资源承载力评价与土地政策调控尚未形成互动机制，对土地政策的指导性不强，评价应用主要停留在战略引导层面，对优化资源配置、设定开发利用准入标准等方面的支撑力度不够。

4）区域土地资源承载力提升路径研究有待进一步拓宽

现有区域土地资源承载力提升路径的研究多侧重耕地资源承载力，忽略了土地资源系统中建设用地和生态用地对于城市人口规模、城市建设规模、区域经济规模和生态与环境系统的承载能力提升，不能全面反映土地资源承载力状态。此外，现有耕地资源承载力提升路径研究主要依据定性分析和相关数学模型分析结果，缺乏结合不同类型区耕地承载力的关键限制性因素的差异性以及耕地资源承载力的不确定性的系统分析来研制差别化的耕地资源承载力提升路径。

## 1.4 村镇土地资源承载力研究面临的困境与解决思路

### 1.4.1 研究困境

我国村镇及其土地资源禀赋均具多样化的现实特征，推进国家乡村振兴战略亟须解决村镇土地资源承载不充分、弱化或超载的问题，以扭转农村土地资源低效、无序、失衡的利用方式。因此，开展村镇土地资源承载力这一新课题的研究就尤为重要和必需。通过梳理土地资源承载力理论方法研究进展，发现村镇尺度上的土地资源承载力研究至少面临三大困境。

1）理论困境

区域土地资源承载力理论方法在村镇管理尺度上是缺失的，在乡村振兴背景下村镇土地资源承载力与村镇建设的内在关系是什么？村镇社会-生态系统在哪些方面、有哪些要素会影响其土地资源的承载力？回答这些科学问题，首先，要发展并界定面向乡村振兴发展的村镇土地资源承载力的科学内涵，为不同地域、不同类型村镇的空间治理与规划提供理论指导，丰富土地资源承载力的理论体系；其次，要阐明村镇土地资源系统的互馈关系，深度解析村镇社会-生态系统对其土地资源承载力的影响机理。

2）方法困境

利用区域土地资源承载力测算评估方法无法精准和针对性地识别出村镇土地资源问题，小尺度与大中尺度上的土地资源承载力问题哪些是共性的、哪些是特有的？是否存在并如何识别影响其土地资源承载力的关键限制因子？这些因子将会如何影响土地资源单要素及其综合承载力？要在方法上突破并适应村镇尺度的土地资源承载力测算与评估，一方面要研究村镇土地资源承载力关键限制性因子识别方法，探索包括农户行为等村镇特有因子对承载力的阈值效应与测算技术；另一方面要耦合关键限制因子及阈值，研发土地资源单要素和综合承载力的测算方法体系。

3）应用困境

村镇地域空间系统既是乡村振兴主战场，也是耕地保护和生态文明建设等国家战略实施的承载空间，如何权衡并协同这些战略的落地实施？村镇土地资源承载力能否并如何为之提供科学支撑？这就需要针对不同区域典型村镇制约乡村振兴和土地资源承载力提升的主要问题，研究基于情景分析的承载力提升关键路径解析方法，研究提出面向村镇空间管控及区域生态服务提升的绿色生态建设模式，以服务乡村振兴和村镇土地资源可持续利用。

### 1.4.2 解决思路

围绕上述困境和研究问题，本书认为中国村镇土地资源承载力理论方法与应用研究应着重从以下几个方面具体展开。

1）村镇土地资源承载力的社会-生态影响机制分析

以经典 SES 理论为指导，基于 SES 分析框架的可分解性原则，结合村镇社会-生态系统要素对村镇土地资源承载力互馈影响特征，构建适用于解析影响村镇土地资源承载力的 SES 分析框架，对模型框架和变量构成进行基本阐述；重点解析村镇耕地、建设用地、生态用地资源承载力社会-生态系统中的自然生态系统和社会经济系统的发展水平及其与村镇土地资源承载力的互作关系；筛选影响因素、分析其影响机制，为后续关键限制性因子识别及阈值测算提供基础。

2）村镇土地资源承载力关键限制性因素识别

影响因素是村镇土地资源社会-生态系统中对村镇土地资源承载力具有影响能力的要素，土地资源承载力关键限制性因子是基于"短板效应"确定的影响土地资源承载力的重要指标。在村镇土地资源承载力的社会-生态影响机制分析的基础上，分别采用 BP-DEMATEL 方法、障碍度模型、地理探测器模型等方法识别典型区域村镇耕地、建设用地和生态用地承载力的影响因素及关键限制性因素，为村镇土地资源承载力关键限制性因子阈值的测算提供基础。

3）村镇土地资源承载力关键限制性因子阈值测算

村镇土地资源承载力关键限制性因子阈值是一定时期和一定区域范围内，在符合可持续发展需求的情况下，影响区域土地资源和环境功能的关键限制性因子的最低管理要求以及所能承载的社会经济活动的最大能力。依据村镇土地资源承载力社会-生态系统耦合关系机理分析和关键限制性因素识别结果，以耕地和建设用地承载力关键限制性因子为对象，基于短板理论、面板门槛模型、边界线分析法等方法分别测度种植结构、复种指数、土地开发强度、人均宅基地面积的阈值，为采取科学合理的管控策略提供基础，有利于完善村镇土地资源承载力的理论体系以及系统测算方法，对推进乡村振兴具有一定的理论与实践意义。

4）村镇土地资源承载力测算

在建立土地资源承载力分析的理论框架、测算关键限制性因子阈值的基础上，基于 AEZ 法的参数和订正方案动态嵌入农户管理和投入水平的限制性因子,评估村镇耕地资源承载力;构建基于多目标优化问题(multi-objective optimization problem,MOP)的建设用地测算模型,系统考虑国土空间的多目标需求,测算村镇建设用地资源承载力,并提出土地综合整治、整合优化基础设施用地等优化路径;采用生态足迹模型的生态用地承载力测算方法,分别预测环江县乡镇级和村级的生态用地资源承载力。为耕地合理利用和开发、村镇建设、村庄规划以及粮食生产政策的制定和优化提供科学支撑。

5)村镇土地资源承载力综合评估

通过探索全国、省、县域不同尺度的乡村土地利用功能演化的时空异质特征、权衡/协调关系和耦合协调程度、研究乡村发展进程中土地资源承载力转型过程特征、问题及相应解决方案,来揭示乡村土地资源承载力转型过程特征和未来乡村发展路径,可全面识别各尺度乡村土地利用问题,制定我国乡村全面可持续发展规划、策略。基于关键限制性影响因素识别结果,构建灰色关联度、熵权法、集对分析法等村镇土地资源综合承载力评价方法,评估并揭示全国、省、县域不同尺度的乡村土地资源承载力问题及水平,制定我国乡村全面可持续发展规划、策略。

6)村镇土地资源承载力提升的空间管控技术

在村镇土地资源承载力综合评估的基础上,采用 MOP 模型等相关空间管控技术,通过土地利用结构与布局优化研究,建立未来村镇建设的核心情景和土地利用时空变化模型,测度气候变化、要素投入和种植偏好等不同情景下的村镇土地资源承载力,根据不同情景下土地利用结构、土地利用强度、空间格局方案的参数设定,对村镇土地资源进行多目标优化,探索构建宜居村镇、提升村镇土地资源承载力的土地利用格局管控技术。

7)村镇土地资源承载力提升模式

在此基础上,以新发展理念为引领,以激励政策为杠杆,以村镇土地资源承载力提升为出发点,综合考虑区位特征、自然条件、社会经济要素以及数据资料基础等因素,选择甘肃省张掖市甘州区、江苏溧阳、广西环江等典型区域作为应用示范区域,准确定位村镇建设类型,明确建设重点,以点带面,综合村镇未来土地资源承载力情景分析内容及应用示范成效,总结提炼土地承载力提升的村镇建设模式,打造甘州区全域土地综合整治模式、溧阳水土耦合模式、环江生态移民搬迁模式等不同村镇土地资源承载力提升模式,从而推动乡村振兴,促进城乡统筹发展。

基于以上分析,本书形成了总体框架和逻辑思路(图 1-1)。

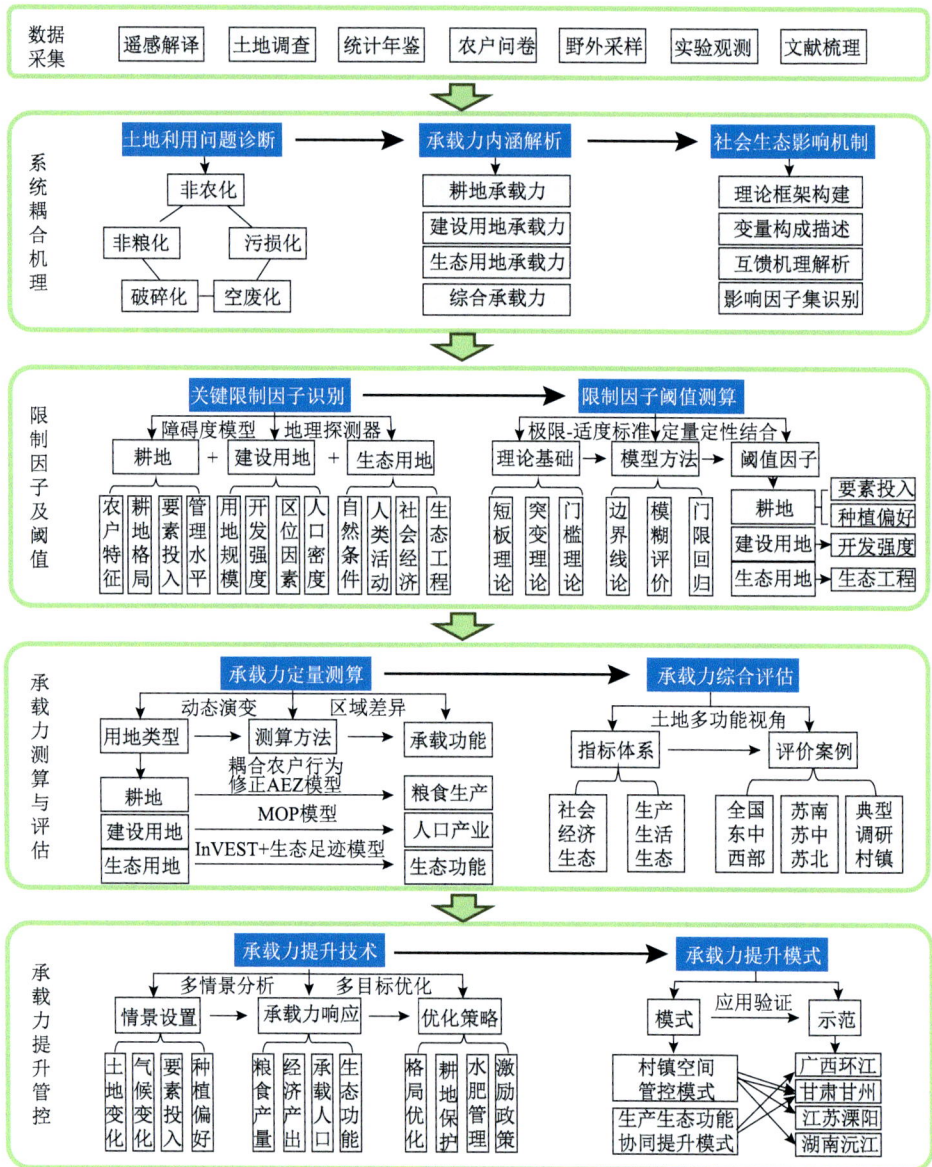

图 1-1　总体框架与逻辑思路

AEZ 模型为联合国粮食及农业组织和国际应用系统分析研究所共同研发的大尺度土地生产力评估模型；InVEST（integrated valuation of ecosystem services and trade-offs）模型的中文名称为生态系统服务和权衡的综合评估模型，旨在帮助研究人员和政策制定者了解生态系统的价值和重要性

# 2 村镇土地资源承载力的社会-生态影响机制

以经典社会-生态系统（SES）理论为指导，基于 SES 分析框架的可分解性原则，结合村镇社会-生态系统要素对村镇土地资源承载力互馈影响特征，构建适用于解析影响村镇土地资源承载力的 SES 分析框架，并对模型框架和变量构成进行基本阐述；在此基础上，重点解析村镇耕地、建设用地、生态用地资源承载力社会-生态系统中的自然生态系统和社会经济系统的发展水平及其与村镇土地资源承载力的互作关系；并筛选影响因素、分析其影响机制，为后续关键限制性因子识别及阈值测算提供基础。

## 2.1 村镇土地资源承载力的社会-生态系统分析框架

### 2.1.1 社会-生态系统理论与分析框架

社会-生态系统（也被称为"复合人-地系统"或"人与自然复合系统"）这一概念最早是 Holling 和 Chambers 在 1973 年提出的（Holling and Chambers, 1973; Reyers et al., 2018），是指人类与环境相互作用形成的具有复杂性、非线性、不确定性和多层嵌套等特性的耦合系统（王子侨等，2017; 王帅等，2020），具有因果性、反馈性、异质性、非线性和跨尺度动态性等重要特征（Reyers et al., 2018），引起了全球可持续性领域众多学者的广泛关注。从 2004 年开始，Elinor Ostrom 与其合作者基于此概念分析资源可持续性问题，并在 2007 年开发出 SES 分析框架（Schlüter et al., 2014），用于分析社会系统与生态系统的互动关系。该框架搭建了自然科学与社会科学对话的桥梁，自提出后便得到了广泛的推广和应用。

SES 分析框架（图 2-1）是一个多层级的复杂框架，最早用于共享资源领域的问题诊断与机制分析方面，破解"公共池塘"资源困境（Ostrom, 2009）。第一层级包括资源系统（resource system，RS，如鱼塘、湖泊等）、资源单位（resource units，RU，如鱼、水等）、治理系统（governance system，GS，如制定规则和程序等）、行动者（actors，A，如资源使用者、治理者等）四个内部变量，社会、经济和政治背景（setting，S）与相关生态系统（related ecosystem，ECO）两个外部变量，以及相互作用（行动）（interaction，I）关系与结果（outcomes，O）两个行动场景变量。内部变量嵌套在外部变量之中，变量之间相互、共同产生特定的结果。

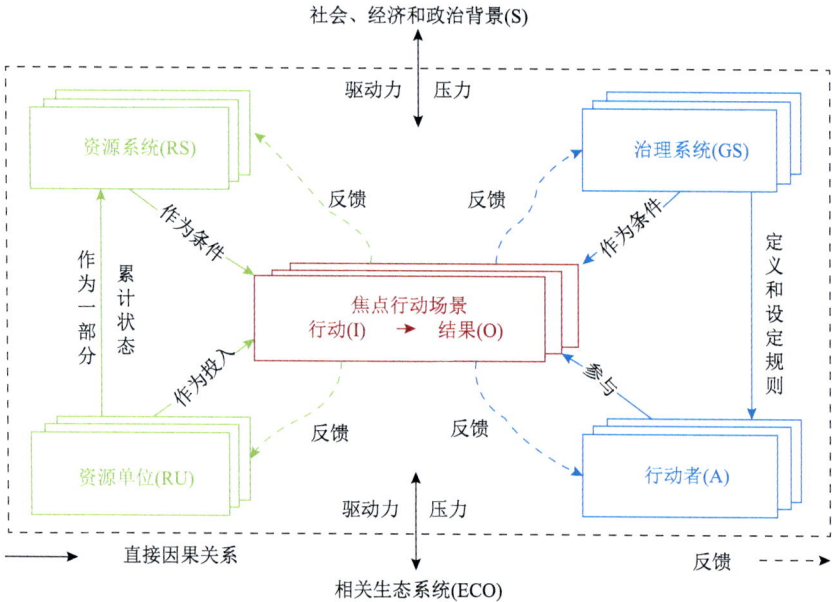

图 2-1 社会-生态系统（SES）分析框架概念图

这八个变量被奥斯特罗姆称为框架的"第一层"（Ostrom，2009），之后进一步开发具体要素，构建框架的"第二层"，由此形成一个完整的 SES 分析框架，研究者可根据研究需要自主开发其他层次变量。2014 年奥斯特罗姆及其合作者提出的社会-生态系统框架第二层变量列表延续至今，包括了 56 个二级指标，各二级指标可以延伸出表征其内涵的三四级指标（表 2-1），作为诊断社会-生态系统可持续性的分析框架。

**表 2-1 社会-生态系统分析框架的二级变量**

| 社会、经济和政治背景（S） | |
|---|---|
| S1：经济发展；S2：人口趋势；S3：政策稳定性；S4：其他治理系统；S5：市场化；S6：媒体组织；S7：技术 | |

| 资源系统（RS） | 治理系统（GS） |
|---|---|
| RS1：部门（如水、森林、牧场、渔场） | GS1：政府机构 |
| RS2：系统边界是否清晰 | GS2：非政府组织（或第三方组织） |
| RS3：资源系统规模 | GS3：网络结构 |
| RS4：人造设施 | GS4：产权系统 |
| RS5：系统生产力 | GS5：操作规则 |
| RS6：系统平衡性 | GS6：集体选择规则 |
| RS7：系统动态可预测性 | GS7：宪制规则 |
| RS8：系统可存储性 | GS8：监督和制裁规则 |
| RS9：位置 | |

续表

| 资源单位（RU） | 行动者（A） |
|---|---|
| RU1：资源单位可移动性<br>RU2：增减或更替率<br>RU3：资源单位交互性<br>RU4：经济价值<br>RU5：单位数量<br>RU6：可区分特征<br>RU7：时空分布特征 | A1：相关行动者数量<br>A2：行动者的社会经济属性<br>A3：资源利用历史和经验<br>A4：行动者和资源的地理位置关系<br>A5：行动者的领导力/企业家精神<br>A6：约定俗成的社会规范（特别是信任和互惠的约定）/社会资本<br>A7：对所聚焦的 SES 的认知/思维方式<br>A8：资源的重要性（依赖性）<br>A9：可选技术 |

| 行动（I）→结果（O） | | |
|---|---|---|
| I1：资源收获水平 | I2：信息分享情况 | O1：社会绩效测量（比如效率、公平、责任、社会可持续性） |
| I3：协商过程 | I4：冲突情况 | |
| I5：投资活动 | I6：游说活动 | O2：生态绩效测量（比如过度利用、恢复力、生物多样性、生态可持续性） |
| I7：自组织活动 | I8：网络活动 | |
| I9：监督活动 | I10：评估活动 | O3：对其他 SES 的影响/外部性 |

相关生态系统（ECO）

ECO1：气候情况；ECO2：污染情况；ECO3：所聚焦的 SES 的流入和流出

资料来源：McGinnis 和 Ostrom（2014）。

## 2.1.2 村镇土地资源承载力的社会-生态系统框架

基于 SES 分析框架的可分解性原则，结合村镇社会-生态系统要素对村镇土地资源承载力互馈影响特征，构建适用于解析影响村镇土地资源承载力的 SES 分析框架，分析村镇土地资源承载力 SES 中的自然生态系统和社会经济系统的发展水平及其与村镇土地资源承载力的互作关系。

村镇土地资源是城市以外的广大地域承载的人口、产业以及其他社会-生态系统要素得以发展的空间保障，对村镇建设和村镇社会-生态系统的可持续发展起着至关重要的支撑作用。根据村镇土地资源承载力社会-生态系统互动的特征，通过对子系统及其内部的互动关系进行分析可知，村镇土地资源承载力的社会-生态系统（SES）动态耦合框架可以看作是一个多子系统互馈的复合系统，一级变量沿用 SES 分析框架中的 8 个变量设置，但调整为村镇内部社会-生态系统与村镇外部社会-生态系统两部分。其中，村镇内部社会-生态系统（I-SES）包括村镇内部社会系统（治理系统，governance system，GS；行动者，actors，A）和村镇内部生态系统（资源系统，resource system，RS；资源单位，resource units，RU）；村镇外部社会-生态系统（O-SES）包括村镇外部社会系统（社会、经济和政治背景，setting，S）和村镇外部生态系统（相关生态系统，related ecosystem，ECO）。在村镇内部社会-生态系统和村镇外部社会-生态系统要素的不断交互作用（行动，I）下，将产生一系列与耕地粮食生产能力、建设用地经济产出、生态系统服务等相关的绩效（结果，O），表现为村镇各类土地资源承载力水平（表2-2）。

表 2-2　村镇社会-生态系统（SES）动态耦合框架变量示意表

| 村镇社会-生态系统（SES） | | | |
|---|---|---|---|
| 村镇内部社会-生态系统（I-SES） | | 村镇外部社会-生态系统（O-SES） | |
| 村镇内部生态系统 | 村镇内部社会系统 | 村镇外部生态系统 | 村镇外部社会系统 |
| 资源系统（RS）<br>RS3：资源系统规模<br>RS5：系统生产力<br>RS8：系统可存储性<br>RS9：位置 | 治理系统（GS）<br>GS1：政府机构<br>GS2：非政府组织（或第三方组织）<br>GS3：网络结构<br>GS5：操作规则<br>GS6：集体选择规则<br>GS7：宪制规则<br>GS8：监督和制裁规则 | 相关生态系统（ECO）<br>ECO1：气候情况<br>ECO2：污染情况<br>ECO3：所聚焦的 SES 的流入和流出 | 社会、经济和政治背景（S）<br>S1：经济发展<br>S2：人口趋势<br>S3：政策稳定性 |
| 资源单位（RU）<br>RU1：资源单位可移动性<br>RU4：经济价值<br>RU5：单位数量<br>RU7：时空分布特征 | 行动者（A）<br>A1：相关行动者数量<br>A2：行动者的社会经济属性<br>A5：行动者的领导力/企业家精神<br>A7：对所聚焦的 SES 的认知/思维方式<br>A8：资源的重要性（依赖性） | | |

　　二级变量根据村镇土地资源承载力的理论与承载力的社会-生态系统的剖析进行适当调整。主要调整包括：①鉴于行动（I）主要是指不同行动情景下村镇土地资源承载力社会-生态系统影响要素的相互作用过程，本书将其作为黑箱处理，不予考虑；②删除与村镇土地资源承载力不相关的要素。

### 2.1.2.1　村镇内部社会-生态系统（I-SES）

　　村镇内部社会-生态系统（I-SES）包括内部生态系统（资源系统、资源单位）和内部社会系统（治理系统、行动者）两个子系统。

　　1）资源系统（RS）

　　资源系统是指在一定区域内资源与环境构成的统一整体，在村镇土地资源承载力变化过程中,资源系统指村镇土地资源系统,主要包括资源系统规模(RS3)、系统生产力(RS5)、系统可存储性(RS8)和位置(RS9)等变量。资源系统规模取决于各类型土地资源面积、质量、开发强度等,系统生产力为支撑村镇土地资源系统的粮食生产、经济发展和生物多样性水平,系统可存储性由各类型土地资源保护开发压力及潜力表征,位置影响系统的生态本底状况和社会系统对其影响的程度。系统的动态具有可预测性,村镇土地资源承载状况可以进行测算和评估。

2)资源单位(RU)

资源单位包括资源系统上的各类物质,即村镇土地资源数量和质量特征。描述资源单位的变量主要包括资源单位可移动性(RU1)、经济价值(RU4)、单位数量(RU5)和时空分布特征(RU7)等变量。在特定的社会-生态系统发展中,在区位、资源禀赋等自然因素与人类开发利用等活动的共同影响下,村镇土地资源承载力具有显著的结构变化和时空分异特征;村镇土地资源承载力具有重要的经济价值,可以通过市场价值法等对其进行量化;人均土地资源数量和空间的拥有量差异导致村镇土地资源承载力水平不同。

3)治理系统(GS)

治理系统指为改善村镇耕地资源环境而制定的各类规则和治理行动系统,体现了管理者对村镇土地资源的利用状态,主要包括政府机构(GS1)和非政府组织(或第三方组织)(GS2)等治理主体,网络结构(GS3),操作规则(GS5)、集体选择规则(GS6)和宪制规则(GS7)等治理规则,监督和制裁规则(GS8)等变量。政府组织包括各级各类政府部门,非政府组织(或第三方组织)指村民委员会、农民专业合作社、公众、媒体等,网络结构是用于发布村镇土地资源承载力政策或信息的路径;操作规则、集体选择规则和宪制规则为整个治理系统确定规则,是治理系统中的核心;监督和制裁规则则对行动者进行制约,促进治理的有效实施。

4)行动者(A)

行动者指影响村镇耕地资源环境的村镇居民、农户、企业利益相关者,包括相关行动者数量(A1)、行动者的社会经济属性(A2)、行动者的领导力/企业家精神(A5)、对所聚焦的SES的认知/思维方式(A7)和资源的重要性(依赖性)(A8)等变量。根据社会经济属性,行动者可分为规划主体和利用主体,规划主体主要指村民委员会成员,利用主体可细分为生产部门使用者(如企业)、生活部门使用者(如农户、居民)。其他主体主要包括媒体、学者、环保组织等,媒体通过曝光、宣传等方式推动事件发展;学者通过科学研究,为政府决策提供科学依据,为公众提供科普活动等。行动者的领导力/企业家精神、认知/思维方式以及对村镇土地资源的依赖程度等都存在差异,导致行为决策的差异化。

### 2.1.2.2 村镇外部社会-生态系统（O-SES）

村镇外部社会-生态系统（O-SES）包括外部社会系统（社会、经济和政治背景）和外部生态系统（相关生态系统）两个子系统。

1）社会、经济和政治背景（S）

社会、经济和政治背景是指研究区或研究区所处的更大区域系统内对村镇土地资源承载力具有影响的社会经济因素，主要包括经济发展（S1）、人口趋势（S2）、政策稳定性（S3）等变量。它们是村镇土地资源承载力社会-生态系统互动的重要外部驱动力，影响人们对土地资源的利用方式和承载力提升行动。经济发展包括经济总量、质量效益、产业结构等，对基于社会-生态系统视角的村镇土地资源承载力研究具有重要影响；人口趋势反映人类活动规模变化，对土地资源的需求和承载力提升都具有一定压力；政策稳定性，作用于土地资源数量保护和质量提升，进而对村镇土地资源承载力产生影响。

2）相关生态系统（ECO）

相关生态系统是指对村镇土地资源具有影响的自然生态因素，主要包括气候情况（ECO1）、污染情况（ECO2）和所聚焦的 SES 的流入和流出（ECO3）等变量。气候情况包括光照、气温、降水、风向等，作为更大背景下的自然约束，控制和影响着村镇土地资源利用、保护和修复的难易程度；污染情况是指相关生态系统的污染状况，即村镇系统外的面源污染物的迁移转化；所聚焦的 SES 的流入和流出主要反映出入村镇土地资源承载力社会-生态系统的特征，村镇系统外的污染伴随着村镇与外界社会-生态系统的流入流出对村镇系统生态环境产生胁迫或缓解作用，进而对村镇系统中土地资源规模、利用强度和方式产生外部影响，从而改变其土地资源承载力水平。

基于上述分析理论框架，结合村镇耕地、建设用地、生态用地资源承载力内涵，分别探索村镇耕地资源承载力、村镇建设用地资源承载力、村镇生态用地资源承载力的影响机制。

## 2.2 村镇耕地资源承载力影响机制分析

村镇耕地资源承载力一方面指村镇所拥有的耕地资源规模在既定技术和自然条件下的粮食产能对当地人口粮食消费需求满足程度，另一方面也包括其承担了部分保障区域外粮食安全的贡献度（Xiong et al.，2007；张云华，2018）。村镇耕地资源承载力系统是自然环境要素本底、社会与人类利用交互影响的结果。探讨村镇耕地资源承载力的影响机制对于快速诊断耕地承载力薄弱环节、提升承载水平具有重要意义。

村镇耕地资源承载力影响机制分析中，主要探讨影响耕地粮食生产能力的两个方面：粮食播种面积和粮食单产。耕地资源禀赋、复种指数等主要对粮食播种面积产生影响，气候、降雨、土壤属性、地形等自然条件对粮食单产影响较大。村镇耕地资源承载力关键限制因素主要指限制粮食产量提升的主要因素。粮食总产量取决于粮食播种面积和单位面积产量（单产）（周力和周应恒，2011；陈瑜琦等，2011），耕地面积、复种指数和种植结构是播种面积的构成因素。根据自然资源部 2020 年《第三次全国国土调查耕地资源质量分类工作方案》中采用的"中国生态地理区划图"（郑度等，2008），同时结合我国村镇耕地资源承载力变化的时空特征和影响因子，构建适用于解析影响村镇耕地资源承载力的 SES 分析框架，分析各子系统对村镇耕地资源承载力的影响（表 2-3）。

**表 2-3　村镇耕地资源承载力 SES 影响变量**

| O-SES：社会、经济和政治背景（S） | |
| --- | --- |
| S1：经济发展（地区经济发展）；S2：人口趋势；S3：政策稳定性（农业政策稳定性、耕地保护治理体系） | |
| I-SES：资源系统（RS） | I-SES：治理系统（GS） |
| RS3：资源系统规模（耕地面积、土壤及灌溉优劣）<br>RS5：系统生产力（经济发展）<br>RS8：系统可存储性（粮食单产）<br>RS9：位置（高程、坡度） | GS1：政府机构<br>GS2：非政府组织（或第三方组织）<br>GS3：网络结构（耕地保护政策发布路径及相关政策冲突）<br>GS5：操作规则<br>GS6：集体选择规则<br>GS7：宪制规则<br>GS8：监督和制裁规则（耕地保护监督司等执法机关、永久基本农田保护红线等战略或规划、不同级别耕地违法占用行为的分级处罚等） |
| I-SES：资源单位（RU） | I-SES：行动者（A） |
| RU1：资源单位可移动性（耕地数量和质量变化）<br>RU4：经济价值（耕地价格及其 4 方面价值）<br>RU5：单位数量（人均耕地面积）<br>RU7：时空分布特征（耕地资源分布特征） | A1：相关行动者数量（村镇居民、农户、企业等主体数量）<br>A2：行动者的社会经济属性（行动者收入、年龄、富裕程度）<br>A5：行动者的领导力/企业家精神<br>A7：对所聚焦的 SES 的认知/思维方式<br>A8：资源的重要性（依赖性）（对耕地资源利用方式和技术的依赖程度） |
| O-SES：相关生态系统（ECO） | |
| ECO1：气候情况（具有一定的稳定性）；ECO2：污染情况（耕地资源面源污染物的迁移转化）；ECO3：所聚焦的 SES 的流入和流出（土壤相关污染物的输移） | |

## 2.2.1　村镇内部社会-生态系统对耕地资源承载力影响及特征

### 2.2.1.1　资源系统（RS）是耕地产量的物质基础

资源系统是耕地粮食生产量的物质基础，包含的系统可存储性（RS8）特征多元，对村镇耕地资源承载力水平起决定性作用。水稻、小麦和玉米是我国主要粮食作物，在村镇范围内，高程、坡度等位置（RS9）、资源系统规模（RS3）、种植面积大小、土壤条件以及对粮食生产起到关键作用的灌溉条件优劣造成粮食产量的差异。同时，大型机械的投入和使用可实现耕地适度规模化、集约化经营，完善的农业灌溉设施可为水稻等全生育期需水量大的作物提供灌溉保障，是作物稳产、增产的基础。系统生产力（RS5）发展加大用地需求，耕地资源被占用现象增多，村镇耕地粮食产量和耕地资源承载力受到影响。

### 2.2.1.2　资源单位（RU）是耕地利用的量化表征

资源单位是耕地数量和耕地质量的投入特征或效率特征。近年来，风蚀、沙土流失和土壤盐碱化，农药、农膜的大量使用，污水灌溉及农村垃圾乱排乱放等，均使土壤肥力和耕地质量降低；工业化和服务业的快速发展，使农村富余劳动力不断向城镇集中，农户家庭经济收入更多依靠非农产业，种粮人口占比降低、粮食生产积极性下降，耕地非农化带来巨大的收益增加额和发展权价值等经济价值（RU4）使得耕地非农化和非粮化现象频发，耕地数量、质量等资源单位可移动性（RU1）及时空分布特征（RU7）变化明显。

耕地的经济价值（RU4）多元，耕地的直接用途是农业种植、具有农业生产资料市场价值，是农户的唯一保障、具有社会保障价值，耕地非农化带来巨大的收益增加额、具有发展权价值，耕地作为我国粮食安全和社会稳定的保障、具有国家粮食战略安全价值，耕地也是生物生长繁衍基地、具有生态安全价值，在区位、资源禀赋等自然因素与人类开发利用等活动的共同影响下，农户拥有的资源单位数量（RU5），即耕地数量，大幅减少且存在区域差异，耕地的使用和保护力度也使耕地资源质量以及对耕地资源承载力的贡献度不同。

### 2.2.1.3　治理系统（GS）是耕地管理的主要力量

治理系统指为改善村镇耕地资源环境而制定的各类规则和治理行动系统，即指对耕地资源承载力产生直接或间接影响的各级各类政府、非政府或集体等组织制定的政策、制度和规则的集合。

治理主体包括政府机构（各级各类政府部门）和非政府组织（村民委员会、农民专业合作社、公众、媒体等）。政府机构（GS1）主要涉及土地资源、水资源等各级各类政府管理部门（村镇级政府组织主要指镇政府，村民委员会为村民自治组织，属于非政府组织），是村镇耕地资源承载力治理系统中相关政策、规制的制定者、操作者和监管者，以及治理系统中最主要的治理主体。治理方式主要有正式的规则，如法律法规、政策、会议等。非政府组织（GS2）主要指集体经济组织、合作社和公益性协会组织等，包括合作组织、公众、媒体等，他们在政府组织的规制下制定或形成具有自组织特征的规范或工作机制，其多以公众监督、媒体曝光等形式参与治理，对村镇耕地粮食产能和耕地资源承载力的影响是双向的，有可能提升耕地粮食产能和耕地资源承载力水平（如农民专业合作社提高耕地利用率），也有可能降低耕地粮食产能和耕地资源承载力水平（如村民委员会为经济目标发展非农产业）。

政府机构和非政府组织等治理主体之间形成的网络结构（GS3），用于发布村镇土地资源承载力政策或信息的路径。根据我国国情多为同一部门自上而下的行政下达路径，或多部门联合发文层层下达的方式，通常具有行政刚性，耕地保护效果明显，但也会出现因政出多门导致部门政策冲突而影响村镇耕地资源保护效果的情况，如退耕还林政策与永久基本农田政策在坡耕地和沙漠化耕地区谁为主导的矛盾。

操作规则（GS5）、集体选择规则（GS6）和宪制规则（GS7）为整个治理系统确定规则，是治理系统中的核心。操作规则是指与耕地利用或耕地资源粮食产能有关的规则（如种粮补贴、农机具购置补贴政策、粮食收购价格、复种指数、作物熟制、耕地资源承载力上下限等），如高标准基本农田保护规划、村庄规划等，对村镇耕地资源承载力提升起到积极作用。集体选择规则即与行动者参与、集体行动程序或决策过程相关的正式或非正式规则，如"藏粮于地、藏粮于技"战略、耕地"三位一体"保护、耕地占补平衡制度、测土配方施肥推广或相关管制规则等。宪制规则指相应的监管框架，如相关耕地保护法律法规、县乡村三级联动全覆盖的耕地保护网格化监管制度、严禁随便占用永久基本农田、压实镇村耕地保护主体责任、划分巡查责任区域、实行市乡村三级巡查监管体系等。

监督和制裁规则（GS8）对行动者进行制约，促进治理的有效实施。具体来说是指是否有执法机关，如自然资源部门、农业农村部门、耕地保护监督司等；是否有适应当地情况以及监测和批准村镇耕地资源使用和管理的战略或规划，如永久基本农田保护红线、基本农田保护条例、土地管理法等；是否存在分级制裁，如不同级别耕地违法占用行为的分级处罚等。

### 2.2.1.4　行动者（A）是耕地利用的直接关联主体

行动者主要是指使用村镇耕地资源单位的用户，影响村镇耕地资源环境的村镇居民、农户、企业利益相关者，以及这些利益相关者规模、社会经济属性特征、对资源的依赖度和耕地保护技术等。

相关行动者数量（A1）为使用耕地资源的用户，涵盖村镇居民、农户、企业等主体。根据社会经济属性，行动者可分为规划主体和利用主体，规划主体主要指村民委员会成员，利用主体可细分为生产部门使用者（如企业）和生活部门使用者（如农户、居民）。行动者的数量对村镇耕地资源承载力系统的特征具有显著影响，如一个村镇常住人口数量直接影响耕地资源需求和利用强度，其中劳动力比重对粮食生产影响也较大。

行动者的社会经济属性（A2）是指行动者的收入、年龄、性别、富裕程度、受教育程度、农业生产经验等，也包括集体或家庭拥有资产、儿童或老人数量、生计来源等。如随着年龄的增长，农民农业生产经验更丰富，在农业生产中能够发挥经验优势，有助于粮食产量的提升。

行动者的领导力/企业家精神（A5）在执行国家和地方政策、保护耕地等方面具有带动效应和权威性，对村镇耕地资源环境提升有积极引导作用，如乡贤、村委会主任、种粮大户等在当地具有较大影响力的个人。

行动者对所聚焦的 SES 的认知/思维方式（A7）即对本地村镇耕地资源利用保护、耕地资源承载力等相关知识和经验的掌握程度及其在实践中的行为响应模式等，对相关耕地资源承载力提升政策措施的落地实施具有更高的接受度，从而有利于村镇耕地资源的保护和村镇耕地资源承载力的提升。

行动者对资源的重要性（依赖性）（A8）是指行动者对具有承载力提升潜力的耕地资源所开展的利用、保护、开发方式以及可用技术的依赖程度。如与具有兼业特征或有非农收入的行动者相比，种植收入为唯一生计来源的行动者对耕地资源的依赖性更强，耕地资源拥有量、农业生产精力和生产物质投入更高，耕地资源经营管理方式更科学，所带来的村镇耕地资源承载力提升程度也有所不同。在生产生活中获得或采用耕地保护措施、粮食种植技术、化肥农药农家肥施用技术、套种技术等，直接或间接地为村镇耕地资源承载力提升作出贡献。

## 2.2.2　村镇外部社会-生态系统对耕地资源承载力影响及特征

### 2.2.2.1　社会、经济和政治背景（S）是耕地承载的外部社会驱动力

社会、经济和政治背景（S）是更大研究区对村镇耕地资源承载力具有影响的社会经济因素。其社会、经济和政治特征都会不同程度地影响农户的耕地利用方式，进而对村镇耕地资源数量和质量以及村镇耕地资源承载力造成影响，它们是村镇耕地资源承载力社会-生态系统互动的重要外部驱动力，影响着村镇耕地资源承载力变化和提升模式。

社会、经济和政治背景（S）主要包括经济发展、人口趋势、政策稳定性等变量。它们是村镇土地资源承载力社会-生态系统互动的重要外部驱动力，影响人们对土地资源的利用方式和承载力提升行动。经济发展包括经济总量、质量效益、产业结构等，对基于社会-生态系统视角的村镇土地资源承载力研究具有重要影

响；人口趋势反映人类活动规模变化，对土地资源的需求和承载力提升都具有一定压力；政策稳定性，作用于土地资源数量保护和质量提升，进而对村镇土地资源承载力产生影响。

其中，经济发展（S1）和人口趋势（S2）两个要素，会直接影响各行业发展和居民生活对粮食的需求，改变村镇耕地数量和质量，耕地资源承载力由此发生变化。在飞速的经济发展与城市化进程下，经济总量、经济发展方式、产业结构等均会改变村镇耕地资源数量和结构，耕地撂荒不断涌现、优质耕地减少、耕地污染等直接威胁耕地粮食实际生产能力，进而影响村镇耕地资源承载力水平。而人口趋势反映人类活动规模变化，大规模劳动力外流削弱村镇公共领导力、淡化人们对村镇的归属感、降低人们对村镇耕地资源的依赖性，对村镇耕地资源的粗放利用和土壤环境治理均具有一定影响，进而影响村镇耕地资源承载力水平。政策稳定性（S3）体现在农业政策和耕地保护治理体系的稳定性上，其作为社会-生态系统的外部驱动力和压力，作用于耕地资源的数量保护和质量提升过程，进而对村镇耕地资源承载力产生影响。

耕地资源是农民最基本的生产资料与生活保障，对于我国这样的人口大国来说，人多地少的资源禀赋决定了我们必须把关系到 14 亿人口吃饭问题的耕地保护好，"十分珍惜、合理利用土地和切实保护耕地"是必须长期坚持的一项基本国策。党的十九大、党的二十大、2020 年中央农村工作会议以及历年国务院政府工作报告中多次提出要采取硬核举措严格落实耕地保护制度。党中央、国务院批准印发的《全国国土空间规划纲要（2021—2035 年）》明确提出"全国耕地保护任务目标为 18.65 亿亩[①]，保持到 2035 年不变"。党的二十大报告强调"要牢牢守住 18 亿亩耕地红线"，在中国式现代化进程中，一定要"确保中国人的饭碗牢牢端在自己手中"。这些政策引导和资金支持为村镇耕地资源承载力的提升提供了保证。此外，随着新媒体技术的发展，在传统媒介组织报纸、电视、广播、电影、杂志等基础上，互联网和移动网络兴起，为政府治理工作和公民接受信息提供了广泛的渠道，耕地保护治理法治化、智能化和专业化水平不断提升，社会大众的耕地保护意识逐渐增强，这对村镇资源承载力提升至关重要。

### 2.2.2.2　相关生态系统（ECO）是耕地承载的外部自然驱动力

相关生态系统指对村镇耕地资源具有影响的自然生态因素，主要包括气候情况（ECO1）、污染情况（ECO2）和所聚焦的 SES 的流入和流出（ECO3）等变量。气候情况（ECO1）包括光照、气温、降水、风向等，是大气物理特征的长期平均状态，影响作物的分布特征和生长速度，具有一定的稳定性；污染情况（ECO2）

---

① 1 亩 ≈ 666.67m²。

指相关生态系统的污染状况，受多个社会-生态系统的影响，并反作用于聚焦的社会-生态系统，涉及耕地资源面源污染物的迁移转化等；但对于村镇耕地资源承载力系统来说，气候、污染等特征差异不大。所聚焦的 SES 的流入和流出（ECO3）表征系统物质和能量的流动、人类团体之间社会关系活动等，涵盖生态和社会过程的方方面面，入土的污染状况对村镇耕地资源生态系统具有重要的影响，当耕地资源作为区域主要的污染受体时，农药化肥、生活废水垃圾等大量污染汇集入土，增加土壤负担，表现为土壤相关污染物的输移和积累等。

## 2.3　村镇建设用地资源承载力影响机制分析

村镇建设用地是乡村振兴与乡村可持续发展的载体，村镇建设用地资源承载力是指在特定县域经济社会系统发展过程中，县域赋予村镇单元的主导发展功能目标定位下，村镇建设用地资源系统的产业发展供给能力与镇域社会经济-自然复合子系统产业发展需求之间的供需平衡状态。村镇承担村镇地域系统建设用地资源承载力供需两端双向传导功能，乡村振兴与乡村可持续发展的实现前提需要明确村镇建设用地资源承载力的状态及其关键限制性因素。

探讨村镇建设用地资源承载力的影响机制对于快速诊断村镇建设用地资源承载力薄弱环节、提升承载水平具有重要意义。村镇建设用地资源承载力与村镇耕地资源承载力类似，也会受到村镇内部和外部社会-生态系统诸多因素的影响。参考村镇耕地资源的 SES 分析框架，对与耕地资源承载力影响机制一致的因素进行统一，着重解析特殊性因素，并结合我国村镇建设用地资源承载力变化的时空特征和影响因子，构建适用于解析影响村镇建设用地资源承载力的 SES 分析框架（表 2-4），分析各子系统对村镇建设用地资源承载力的影响机制。

**表 2-4　村镇建设用地资源承载力 SES 影响变量**

| O-SES：社会、经济和政治背景（S） | |
| --- | --- |
| S1：经济发展（地区经济发展）；S2：人口趋势；S3：政策稳定性（建设用地集约利用政策稳定性和整治体系） | |
| I-SES：资源系统（RS） | I-SES：治理系统（GS） |
| RS3：资源系统规模（建设用地开发强度）<br>RS5：系统生产力（GDP、建设占用耕地）<br>RS8：系统可存储性（耕地保护压力）<br>RS9：位置（区位条件、交通可达性） | GS1：政府机构<br>GS2：非政府组织（或第三方组织）<br>GS3：网络结构（建设用地集约利用和整治政策发布路径及相关政策冲突）<br>GS5：操作规则（规划和整治法律等）<br>GS6：集体选择规则（相关管制规则等）<br>GS7：宪制规则（村镇建设用地资源承载力的监管框架等）<br>GS8：监督和制裁规则（土地利用管理司等执法机关、对建设用地情况进行日常监督检查和实地核查） |

| I-SES：资源单位（RU） | I-SES：行动者（A） |
|---|---|
| RU1：资源单位可移动性（建设用地数量和质量变化）<br>RU4：经济价值（建设用地价格）<br>RU5：单位数量（人均建设用地面积）<br>RU7：时空分布特征（建设用地资源分布特征） | A1：相关行动者数量（人口密度）<br>A2：行动者的社会经济属性（贫困人数占比、村庄留守人员）<br>A5：行动者的领导力/企业家精神<br>A7：对所聚焦的 SES 的认知/思维方式<br>A8：资源的重要性（依赖性）（家庭农场、建设用地资源利用和承载力提升技术） |
| O-SES：相关生态系统（ECO） | |
| ECO1：气候情况（具有一定的稳定性）；ECO2：污染情况（建设用地资源污染物的迁移转化）；ECO3：所聚焦的 SES 的流入和流出（土壤相关污染物的输移） | |

## 2.3.1 村镇内部社会-生态系统对建设用地资源承载力影响及特征

### 2.3.1.1 资源系统（RS）影响建设用地集约利用程度

资源系统影响建设用地的集约利用程度。随着资源系统的不断变化，气候、地形、土壤等自然因素通过对下垫面产生作用，使得建设用地总体的供需均受到影响。为了有序调节和保障社会经济发展的各项用地需求，制定合理的土地利用规划和国土空间布局，采取旧城改造、废弃土地再利用等手段，提高建设用地集约利用程度，提升建设用地资源承载力水平。

其中，区位条件、交通可达性等位置（RS9）影响建设用地用途。区位条件好的建设用地，其地租地价水平高，可促进建设用地集约利用。建设用地开发强度等资源系统规模（RS3）也会对建设用地集约利用程度产生影响，进而影响村镇建设用地承载力水平。各资源系统的经济发展水平和系统生产力（RS5）、系统可存储性（RS8）受到国家耕地保护和生态保护的制约，随着各产业的迅速发展，建设占用耕地现象增多，耕地保护压力增大，对新增建设用地的供给就越少，为了满足村镇的发展，只有通过增加村镇建设用地的投入来提高产出率，因此，建设占用耕地以及耕地保护压力促进建设用地利用效率的提高，进而对建设用地承载力产生影响。

### 2.3.1.2 资源单位（RU）是村民生产生活的物质基础

资源单位为村民居住提供必要的物质基础，代表区域资源环境的丰富程度。资源单位（RU）子系统中，除单位数量（RU5）外，其他方面的影响因素，即资源单位可移动性（RU1）、经济价值（RU4）以及时空分布特征（RU7），对村镇建设用地资源承载力产生的影响与对村镇耕地资源承载力产生的影响类似，此处则不再赘述。单位数量（RU5）在村镇建设用地资源承载力影响研究中可以用人均指标来表征，包括人均建设用地面积等。在特定的社会-生态系统发展中，村镇建设用地资源承载力为地方经济、产业发展和人们居住提供保障，在同一社会-生态系统的不同时期或同一时期的不同社会-生态系统中，其所拥有各类资源数量和规模存在差异，建设用地的开发和使用力度也使建设用地资源数量及建设用地资源承载力的贡献度有不同。

### 2.3.1.3　治理系统（GS）体现管理者的资源利用状态

治理系统体现了管理者对村镇建设用地资源的利用状态。在该子系统中，政府机构（GS1）和非政府组织（GS2）仍为政府管理部门以及集体经济组织、合作社和公益性协会组织等，与村镇耕地资源承载力影响的治理系统不同的是，政府组织和非政府组织的工作行为及治理政策更多针对的资源类型是村镇建设用地资源而非耕地资源。

网络结构（GS3）则为政府组织相关村镇建设用地集约利用和整治及建设用地资源承载力政策或信息发布的路径。在我国，村镇建设用地资源为村镇集体所有或国家所有，但其使用权和经营权归农户、合作社、企业等，建设用地指标由上至下分配，其建设用地利用主体较繁杂，集约利用程度和利用效率受到限制较少，主要受主体的自觉性和指标分配情况的影响。

操作规则（GS5）、集体选择规则（GS6）均为政府制定的与村镇建设用地资源承载力相关的正式规则（如立法、规章文件、社区文件）和相关行动者根据当地环境、政治和经济条件确定的非正式规则。前者包括全域土地综合整治、工矿废弃地复垦、碎片化建设用地整治、土地用途管制、国土空间规划、农村集体经营性建设用地入市等，后者包括建设用地节约集约政策、建设用地增减挂钩制度或相关管制规则等。以上均对村镇建设用地资源承载力提升起到积极作用。宪制规则（GS7）是村镇建设用地资源利用和承载力提升行动相应的监管框架，包括相关建设用地开发利用法律法规，网格化监管制度，严格落实建设用地增减挂钩制度，监督处理批而未供、供而未用、未批先用现象等。

监督和制裁规则（GS8）不仅包括村镇建设用地资源利用和承载力提升行动相应的监管框架及执法部门，如自然资源部门、农业农村部门、土地利用管理司等，也包括该部门制定的处罚政策，更多是对建设用地"批、供、用、补、查"等情况进行日常监督检查和实地核查。

#### 2.3.1.4 行动者（A）是村镇建设用地的主要承载对象

行动者是村镇建设用地的承载对象，主要是指使用村镇建设用地资源单位的用户，即居民、农户、企业利益相关者，以及这些利益相关者规模、社会经济属性特征、对资源的依赖度和建设用地集约利用技术等。与村镇耕地资源承载力影响机制中的行动者子系统不同的是，此处的行动者为使用村镇建设用地资源的主体，包括村镇居民、农户、企业等。

其中，相关行动者数量（A1）包括规划主体（村民委员会成员）、生产部门使用者（如企业）和生活部门使用者（如农户、居民），规划主体通过编制村庄规划等布局村镇建设用地，影响村镇建设用地空间布局和利用程度，进而影响村镇建设用地资源承载力水平。生产部门使用者和生活部门使用者的生产、生活过程均以建设用地为载体，在某一区域内固定人均建设用地标准约束下，人口密度的大小直接决定建设用地规模。行动者的社会经济属性（A2）是指行动者的收入、年龄、性别、富裕程度、受教育程度等个体特征，也包括集体或家庭拥有的资产、儿童或老人数量、生计来源等家庭特征。贫困人数占比、村庄留守人员分别表征了行动者的个体特征和家庭特征，随着贫困人数占比的增加，村镇整体经济发展缓慢，建设用地扩张及使用受到很大限制，村庄留守人员数量增多，助力于村镇经济发展的村镇劳动力数量占比减少，降低了村镇建设用地利用效率，进而影响村镇建设用地资源承载力水平。

行动者的领导力/企业家精神（A5）和对所聚焦的 SES 的认知/思维方式（A7）主要是指行动者的建设用地资源经营和管理的模式及经验。因建设用地属于国有或集体所有，行动者对资源的重要性（依赖性）（A8）较强，针对现有的存量建设用地，依据批而未征、征而未供及供而未用，已建土地手续不全，零星分布低效利用等形成原因，采取"三旧"改造、建设用地指标调整、增存联动等建设用地资源开发、再利用方式盘活低效利用土地，实现建设用地集约节约利用和再开发，对村镇建设用地资源承载力提升具有积极作用。

### 2.3.2 村镇外部社会-生态系统对建设用地资源承载力影响及特征

#### 2.3.2.1 社会、经济和政治背景（S）影响建设用地利用和提升模式

社会、经济和政治背景对村镇建设用地资源数量和质量以及村镇建设用地资源承载力也具有较大影响。其中，经济发展（S1）和人口趋势（S2）对村镇建设用地资源承载力产生的影响与对村镇耕地资源承载力产生的影响类似，此处不再赘述。建设用地集约利用政策、建设用地整治体系等政策稳定性（S3）和建设用地整治的相关技术，以及相关的建设用地利用和监管措施，作用于建设用地资源

的合理利用过程中，进而对村镇建设用地资源承载力产生影响。它们是村镇建设用地资源承载力 SES 互动的重要外部驱动力，影响人们对村镇建设用地资源承载力利用和提升模式。

### 2.3.2.2　相关生态系统（ECO）改变建设用地的承载力水平

对于村镇建设用地资源承载力系统来说，相关生态系统（ECO）与村镇耕地资源承载力影响不同的是，气候情况（ECO1）、污染情况（ECO2）和所聚焦的 SES 的流入和流出（ECO3）中，气候情况（ECO1）包括光照、气温、降水等自然生态因素，其作为更大背景下的自然约束，控制和影响着村镇建设用地资源利用适宜程度；村镇系统外的污染情况（ECO2）也会伴随村镇与外界 SES 的流入和流出（ECO3）对村镇系统生态环境产生胁迫或缓解作用，进而对村镇系统中建设用地的规模、利用强度和方式产生外部影响，从而改变其建设用地承载力水平。

## 2.4　村镇生态用地资源承载力影响机制分析

村镇地区作为重要的人口和功能承载空间，在快速工业化和城镇化的冲击下，面临空间无序开发和生态环境破坏等重大问题。村镇生态用地是保护村镇生态环境、提升村镇生态系统服务功能的重要载体，村镇生态用地资源承载力是指生态用地的规模和布局为村镇生活、生产及生态提供的水源涵养、洪水调蓄、水质净化、土壤保持、气候调节、生境维持等生态系统服务。对于某一区域，村镇生态用地资源承载力强调的是村镇生态用地资源系统的承载功能，而突出的是村镇生态用地资源系统对人类活动的最大承受能力，即指在不破坏生态系统服务功能的前提下，村镇生态用地资源系统所能承受的人类活动的强度。这就需要明确村镇生态用地资源承载力的状态及其关键限制性因素，因此探讨村镇生态用地资源承载力的影响机制对于快速诊断村镇生态用地资源承载力薄弱环节、提升承载水平具有重要意义。

与村镇耕地资源承载力和村镇建设用地资源承载力类似，村镇生态用地资源承载力也会受到村镇内部和外部社会-生态系统诸多因素的影响。参考村镇耕地和建设用地资源的 SES 分析框架，以植被"绿度"为村镇生态用地资源承载力指标，结合村镇生态用地资源承载力的实际特点，对与耕地资源承载力影响机制一致的因素进行统一，着重解析特殊性因素，构建适用于解析影响村镇生态用地资源承载力的 SES 分析框架（表 2-5），分析各子系统对村镇生态用地资源承载力的影响机制。

表 2-5 村镇生态用地资源承载力 SES 影响变量

| O-SES：社会、经济和政治背景（S） | | |
|---|---|---|
| S1：经济发展（地区经济发展）；S2：人口趋势；S3：政策稳定性（生态保护政策稳定性和生态治理体系） | | |

| I-SES：资源系统（RS） | I-SES：治理系统（GS） |
|---|---|
| RS3：资源系统规模（土地开发强度、土壤质地、土壤养分、河流密度）<br><br>RS5：系统生产力（GDP）<br><br>RS8：系统可存储性（植被绿度）<br><br>RS9：位置（自然条件、交通密度） | GS1：政府机构<br>GS2：非政府组织（生态保护组织等）<br>GS3：网络结构（生态保护政策发布路径及相关政策冲突）<br>GS5：操作规则（生态保护和修复等）<br>GS6：集体选择规则（相关管制规则等）<br>GS7：宪制规则（村镇生态用地资源承载力的监管框架等）<br>GS8：监督和制裁规则（生态工程资金投入，包括退耕还林、荒山造林和封山育林及现金补助等） |

| I-SES：资源单位（RU） | I-SES：行动者（A） |
|---|---|
| RU1：资源单位可移动性（生态用地数量和质量变化）<br><br>RU4：经济价值（生态用地价格）<br><br>RU5：单位数量（造林面积）<br><br>RU7：时空分布特征（生态用地资源分布特征） | A1：相关行动者数量（人口密度）<br>A2：行动者的社会经济属性（行动者的收入）<br>A5：行动者的领导力/企业家精神<br>A7：对所聚焦的 SES 的认知/思维方式<br>A8：资源的重要性（依赖性）（对具有生态用地资源承载力提升的保护和修复方式的依赖程度或可替代性、生态用地保护和承载力提升技术） |

| O-SES：相关生态系统（ECO） | | |
|---|---|---|
| ECO1：气候情况（具有一定的稳定性）；ECO2：污染情况（生态用地资源污染物的迁移转化）；ECO3：所聚焦的 SES 的流入和流出（土壤及水相关污染物的输移） | | |

## 2.4.1 村镇内部社会-生态系统对生态用地资源承载力影响及特征

### 2.4.1.1 资源系统（RS）影响生态本底变化

资源系统影响生态用地的本底变化。资源系统（RS）中的资源可存储性（RS8）具有多元性特征，即生态用地的类型具有多样性，由于资源系统在不断变化中，气候、地形、土壤等自然因素通过对下垫面产生作用，生态本底发生变化。预测资源系统的动态变化对村镇生态用地资源承载力提升极为关键，通过对村镇各类型生态资源变化过程进行模拟分析，进而从各个环节对植被绿度进行提升。

自然条件、交通密度等位置（RS9）影响植被绿度和生态功能，自然条件好、交通密度大的区域，经济发达，植被覆盖度低，生态用地数量占比较小，生态用地资源承载力水平较低。资源系统规模（RS3）中的土地开发强度、经济发展和系统生产力（RS5）发展水平越高，土地资源多用于村镇建设和生产生活，生态用地资源被占用的现象频发，资源系统规模（RS3）中的土壤质地、土壤养分与河流密度等条件越好，植被绿度越大，进而影响村镇生态用地承载力水平。

### 2.4.1.2 资源单位（RU）提供生态系统服务

资源单位为人们提供必要的生态系统服务，代表区域生态资源环境的丰富程度，主要包括土地利用类型和造林面积等。资源单位（RU）子系统中，除单位数量（RU5）外，资源单位可移动性（RU1）、经济价值（RU4）以及时空分布特征（RU7），对村镇生态用地资源承载力产生的影响与对村镇耕地和建设用地资源承载力产生的影响类似，此处则不再赘述。

资源单位具有复杂的交互性，不仅包括资源系统内的水源、湿地、森林、草地各类生态用地资源存量、质量与自然、社会、经济等因素形成的复杂交互关系，也包括生态用地和建设用地、耕地等其他土地资源类型之间复杂的依存关系，邻域土地资源类型不同，村镇生态用地资源承载力差异明显。单位数量（RU5）在村镇生态用地资源承载力影响研究中可以用造林面积指标表征，在特定的社会-生态系统发展中，绿化造林等生态建设手段具有修复生态、美化环境等积极作用，造林面积直接影响村镇生态用地资源禀赋，进而影响村镇生态用地资源承载力水平。

### 2.4.1.3 治理系统（GS）保护生态用地功能

治理系统是政府部门为保护生态用地功能、提升生态系统服务所采取的措施。在该子系统中，政府机构（GS1）和非政府组织（GS2）仍为政府管理部门及集体经济组织、合作社和生态保护组织、公益性协会组织等。

网络结构（GS3）是指政府组织相关村镇生态用地保护及承载力政策或信息发布的路径，与村镇耕地和建设用地资源承载力影响的治理系统不同的是，政府组织和非政府组织的工作行为、治理政策及发布信息类型更多针对的资源类型是村镇生态用地资源而非其他资源。我国村镇生态用地资源开发、利用、保护的产权特征，包括所有权、使用权、经营权等。在我国，村镇生态用地资源为村镇集体所有或国家所有，但其使用权和经营权多归村集体或国家所有，同时也受到村镇居民、农户生态保护意识和保护行为的影响。

操作规则（GS5）和集体选择规则（GS6）均为政府制定的与村镇生态用地资源承载力相关的正式规则（如立法、规章文件、社区文件）和相关行动者根据当地环境、政治和经济条件确定的非正式规则。前者包括山水林田湖草生态保护和修复、生态空间用途管制、绿色矿山建设、流域水生态环境保护、国土空间生态修复规划等，后者包括生态用地保护和修复政策或相关管制规则等，均对村镇生态用地资源承载力提升起到积极作用。

宪制规则（GS7）是村镇生态用地资源保护修复法律法规、网格化监管制度等承载力提升行动相应的监管框架。

监督和制裁规则（GS8）是自然资源部门、农业农村部门、生态保护修复司等部门为生态用地变化而设定的监督及奖罚政策，此处重点指生态工程建设及资金投入，生态工程是植被增加的主要因素，主要通过资金投入来体现，具体包括退耕还林、荒山造林和封山育林及现金补助等。

### 2.4.1.4　行动者（A）维护和修复生态资源

行动者（A）主要是指使用、保护和修复村镇生态用地资源单位的用户，即居民、农户、企业等利益相关者，同时也包括这些利益相关者规模、社会经济属性特征，以及他们对资源的依赖度和所采用的生态用地修复技术等。

其中，相关行动者数量（A1）包括保护主体（村民委员会成员）、修复者（如专业企业）和生态服务受益者（如农户、居民等），保护主体通过编制生态用地保护和修复规划等布局村镇生态用地，影响村镇生态用地空间布局和保护程度，进而影响村镇生态用地资源承载力水平。生态用地修复者和生态服务受益者的修复过程和享受过程均以生态用地为载体，村镇人口密度大小直接影响生态用地的规模。行动者的社会经济属性（A2）是指行动者的收入、年龄、性别、富裕程度、受教育程度等个体特征，也包括集体或家庭拥有的资产、儿童或老人数量、生计来源等家庭特征。行动者的收入这一指标可直接表征行动者的社会经济属性，随着行动者收入的增加，村镇整体经济发展迅速，用于生态用地保护和修复的专项资金充足，使得村镇生态用地资源存量及承载力水平提升。

行动者的领导力/企业家精神（A5）和对所聚焦的 SES 的认知/思维方式（A7）主要是指行动者的生态用地资源经营和管理的模式和经验。因生态用地属于国有或集体所有，管理模式和经验多来自政府，且行动者对资源的重要性（依赖性）（A8）较强，按照山水林田湖草整体保护、系统修复、综合治理的要求，采取划定生态红线、编制国土空间生态保护和修复规划、实施生态环境整治和农村人居环境整治等生态用地资源保护修复方式，优化调整生态用地布局，保护和恢复乡村生态功能，维护生物多样性，提高防御自然灾害的能力，对村镇生态用地资源承载力提升具有积极作用。

## 2.4.2　村镇外部社会-生态系统对生态用地资源承载力影响及特征

### 2.4.2.1　社会、经济和政治背景（S）作用于生态用地利用和保护

社会、经济和政治背景对村镇生态用地资源数量和质量以及村镇生态用地资

源承载力也具有较大影响。其中，经济发展（S1）和人口趋势（S2）对村镇生态用地资源承载力产生的影响与对村镇耕地、建设用地资源承载力产生的影响类似，此处不再赘述。

生态保护政策和生态治理体系的政策稳定性（S3）、生态保护和治理技术以及相关的生态保护机制与监管措施作用于生态用地资源的利用和保护过程中，进而对村镇生态用地资源承载力产生影响。它们是村镇生态用地资源承载力社会-生态系统互动的重要外部驱动力。

### 2.4.2.2　相关生态系统（ECO）控制影响生态用地修复难度

对于村镇生态用地资源承载力系统来说，相关生态系统（ECO）与村镇耕地和建设用地资源承载力影响不同的是，气候情况（ECO1）、污染情况（ECO2）和所聚焦的 SES 的流入和流出（ECO3）中，气候情况（ECO1）包括光照、气温、降水等自然生态因素，作为更大背景下的自然约束，控制和影响着村镇生态用地资源利用、保护和修复的难易程度；村镇生态用地作为污染物的消纳空间，除了消纳吸附村镇系统内部产生的污染物外，村镇系统外的污染情况（ECO2）也会伴随所聚焦的 SES 的流入和流出（ECO3）对村镇生态用地承载力产生影响，如村镇系统内生态用地因外源污染过重而退化，或外部生态系统帮助消纳了村镇系统内部产生的多余污染物等情形，使得村镇生态用地承载力发生变化。

# 3 村镇土地资源承载力关键限制性因素识别

影响因素是村镇土地资源社会-生态系统中对村镇土地资源承载力具有影响能力的要素，土地资源承载力关键限制性因子是基于"短板效应"确定的影响土地资源承载力的重要指标。在村镇土地资源承载力的社会-生态影响机制分析的基础上，梳理村镇土地资源承载力影响因素识别方法，并采用 BP-DEMATEL 方法、障碍度模型、主成分分析法等方法识别典型区域村镇耕地、建设用地和生态用地资源承载力的影响因素及关键限制性因素，为村镇土地资源承载力关键限制性因子阈值的测算提供基础。

## 3.1 村镇土地资源承载力影响因素识别方法基础

影响因素指标体系的建立是对承载力进行表征的基础，识别影响因素，对影响因素进行约束和提高，可以显著改变承载力的承载水平。影响因素识别的方法主要有专家咨询法以及经验知识、主成分分析法、障碍度模型、系统累加法、DEMATEL 模型、BP-DEMATEL 方法、障碍度模型、地理探测器模型等。BP-DEMATEL 方法结合影响因素矩阵并对专家咨询信息转化，做到了一定程度上的主客观结合，识别村镇耕地资源的影响因素；障碍度模型客观计算因子贡献度和指标偏离度，模型简单易操作，能反映各影响因素对村镇建设用地承载力的障碍度差异；地理探测器模型通过分析研究对象背后影响因素在空间上或者时间上的异质性或者相似性，能避免因素的共线性特征而提高关键限制性影响因子筛选结果的精度。

因此本书分别采用 BP-DEMATEL 方法、障碍度模型、主成分分析法识别村镇土地资源承载力的影响因素及关键限制性因素。

### 3.1.1 村镇耕地资源承载力影响因素识别方法

DEMATEL 法是一种利用矩阵工具和图论对系统因素进行分析的方法，借助因果关系图确定系统中各因素的相互关联性，从而在众多的影响因素中识别出根本性的影响因素（侍孝瑞等，2018），已广泛应用于影响因素的识别，但计算过程中通过专家的主观经验判断得到直接关联矩阵，专家偏好判断具有模糊性和不确定性，降低了研究结论的科学性和可靠性（Bai and Sarkis，2013）。

BP-DEMATEL 方法基于传统 DEMATEL 模型，通过 BP 神经网络求解各指标之间的直接关联矩阵，有效解决专家打分偏好的主观性对结果影响的问题（崔强等，2013），使得研究结论的可信度更高。

BP 神经网络采用光滑活化函数，具有一个或多个隐层，相邻两层之间通过权值实现全连接。它是前传网络，即所处理的信息逐层向前流动。当学习权值时，根据理想输出与实际输出的误差，由前向后逐层更改权值（吴微，2003），如图 3-1 所示。

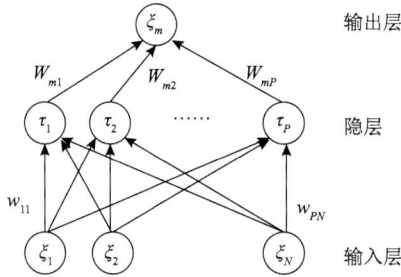

图 3-1　BP 网络结构概念图

BP 神经网络的训练过程就是通过学习过程求解权值矩阵 $W$ 和 $w$，使误差函数 $E(W, w)$ 达到极小的过程，计算过程如下。

（1）构建被解释变量矩阵 $Y$ 和解释变量矩阵 $X$。令 $Y = (y_{ik})_{m \times t}$ 为被解释变量矩阵，$X = (y_{ij})_{m \times n}$。其中，$m$ 为样本数量；$t$ 和 $n$ 分别为被解释变量及解释变量的数量，并且 $i = 1, 2, \cdots, m$；$k = 1, 2, \cdots, t$；$j = 1, 2, \cdots, n$。

（2）确定输入层与隐层的权值矩阵 $(w_{ij})_{l \times t}$、隐层与输出层的权值矩阵 $(W_{ij})_{m \times l}$。输出向量 $Y$ 和输入向量 $X$ 构成神经网络，为了提高收敛速度，运用引入动量项的自适应变速率的梯度下降法训练 BP 神经网络，多次训练后得到权值矩阵 $(W_{ij})_{m \times l}$ 和 $(w_{ij})_{l \times t}$，其中 $l$ 为隐层神经元个数。

（3）求解整体权值向量 $w$：

$$w = \text{mean}(|W| |w|) = (w_1, w_2, \cdots, w_n) \tag{3-1}$$

式中，$|W|$ 和 $|w|$ 分别表示对权值矩阵中的每个元素取绝对值；mean（）函数在 $|W||w|$ 的行数大于 1 时，计算每一列的平均值。

（4）计算各影响因素的直接关联矩阵：

$$B = (b_{ij})_{n \times n} = \begin{pmatrix} b_{11} & \cdots & b_{1n} \\ \vdots & & \vdots \\ b_{n1} & \cdots & b_{nn} \end{pmatrix} \tag{3-2}$$

式中，$b_{ii}=0$，$b_{ij}=\dfrac{w_i}{w_j}$（若 $w_j=0$，则 $b_{ij}=0$）为第 $i$ 个影响因素相对于第 $j$ 个影响因素的重要性。

（5）归一化直接关联矩阵：

$$X=\left(x_{ij}\right)_{n\times n}=\dfrac{1}{\max\limits_{1\leqslant i\leqslant n}\sum\limits_{j=1}^{n}b_{ij}}\cdot B \tag{3-3}$$

（6）计算全关联矩阵：

$$T=X\left(I-X\right)^{-1} \tag{3-4}$$

式中，$\left(I-X\right)^{-1}$ 为 $\left(I-X\right)$ 的逆矩阵；$I$ 为单位矩阵。

（7）计算各指标的中心度和原因度：

$$T=\left(t_{ij}\right)_{n\times n} \tag{3-5}$$

$$D=\left(t_{i.}\right)_{n\times 1}=\left(\sum_{j=1}^{n}t_{ij}\right)_{n\times 1} \tag{3-6}$$

$$C=\left(t_{.j}\right)_{1\times n}=\left(\sum_{i=1}^{n}t_{ij}\right)_{1\times n} \tag{3-7}$$

式中，影响度 $D$ 表示该因素对其他所有因素影响总值；被影响度 $C$ 表示该因素受其他所有因素的影响总值。将 $D+C$ 定义为指标的中心度，其值越大，说明该指标在系统中的重要程度越高（孙永河，2022）。将 $D–C$ 定义为指标的原因度，表示该因素与其他因素的因果逻辑关系程度，如果指标的原因度大于 0，表明该因素对其他因素的影响大，称为原因因素；否则，表明该因素受其他因素的影响大，称为结果因素。在指标体系中，中心度和原因度最大的因素表明其在系统中的重要性最高，同时也对其他因素影响较大，是系统中的关键因素。

## 3.1.2  村镇建设用地资源承载力影响因素识别方法

障碍度模型在国外已独立用于经济、生物等领域，在国内主要偏向于辅助证明评价指标的合理性和应用程度。现有的障碍度模型主要分为两种：一种是基于层次分析法，通过广泛调查障碍因素，得出各个障碍因素的重要程度，最后获得主要障碍因素。该方法操作简单，但主观性较强，主要是以相对重要性评价为基础。另一种应用较为广泛的是通过引入因子贡献度、指标偏离度而构建的障碍度模型，是层次分析法的改良版。该方法通过客观计算因子贡献度和指标偏离度，从而获得障碍度，模型简单易操作，且能反映各影响因素对村镇建设用地承载力的障碍度差异。

在构建障碍度模型之前，首先要明确村镇建设用地承载力评价中的因子贡献度、指标偏离度以及障碍度这 3 个定义的具体内涵。因子贡献度（$F_i$）是指标 $i$ 对总目标的贡献程度，即该指标的权重（$w_i$）；指标偏离度（$I_i$）是指标 $i$ 标准化后的值与理想村镇建设用地承载力之间的差距；指标层对总目标层障碍度（$O_i$）是指标 $i$ 对村镇建设用地承载力的影响程度。确定指标层对总目标层障碍度的具体步骤如下。

（1）确定村镇建设用地承载力评价的因子贡献度（$F_i$）。在本书中，我们采用熵权法获取指标 $c$ 的权重（$w_i$）。

a. 设村镇建设用地承载力的评价指标原始矩阵为

$$v = \left( x_{ij} \right)_{mn} = \begin{bmatrix} x_{11} & x_{12} & \cdots & x_{1n} \\ x_{21} & x_{22} & \cdots & x_{2n} \\ \vdots & \vdots & & \vdots \\ x_{m1} & x_{m2} & \cdots & x_{mn} \end{bmatrix} \qquad （3\text{-}8）$$

b. 通过极值法对各指标进行标准化处理，消除村镇建设用地承载力评价指标体系各指标间量纲和数量级的影响。

对于正向指标，公式为

$$x_{ij}{}' = \frac{x_{ij} - x_{\min}}{x_{\max} - x_{\min}} \qquad （3\text{-}9）$$

对于负向指标，公式为

$$x_{ij}{}' = \frac{x_{\max} - x_{ij}}{x_{\max} - x_{\min}} \qquad （3\text{-}10）$$

构建标准化矩阵，标准化后的矩阵为

$$v' = \left( x_{ij}{}' \right)_{mn} = \begin{bmatrix} x_{11}' & x_{12}' & \cdots & x_{1n}' \\ x_{21}' & x_{22}' & \cdots & x_{2n}' \\ \vdots & \vdots & & \vdots \\ x_{m1}' & x_{m2}' & \cdots & x_{mn}' \end{bmatrix} \qquad （3\text{-}11）$$

式中，$v$ 为初始评价矩阵；$v'$ 为标准化后的评价矩阵；$x_{mn}$ 为第 $m$ 个指标在第 $n$ 个村的初始值；$i=1, 2, \cdots, m$，$m$ 为评价指标个数；$j=1, 2, \cdots, n$，$n$ 为村庄个数；$x'_{mn}$ 为初始值标准化后的值；$x_{ij}$（$i=1, \cdots, m; j=1, \cdots, n$）表示决策样本值；$x'_{ij}$ 为决策样本值标准化后的值。

c. 指标权重确定。

$$
\begin{aligned}
e_i &= -\frac{1}{\ln n}\sum_{i=1}^{n} f_{ij}\ln f_{ij} \\
f_{ij} &= \frac{x'_{ij}}{\displaystyle\sum_{i=1}^{n} x'_{ij}} \\
d_i &= 1 - e_i \\
w_i &= \frac{d_i}{\displaystyle\sum_{i=1}^{n} d_i}
\end{aligned}
\qquad (3\text{-}12)
$$

式中，$e_i$ 为第 $i$ 项指标的信息熵；$f_{ij}$ 为第 $i$ 个指标在第 $j$ 个村庄的指标值比例；$d_i$ 为信息冗余程度；$w_i$ 为第 $i$ 项指标的权重。

（2）计算指标偏离度（$I_{ij}$）。指标偏离度（$I_{ij}$）为指标值与最优目标值之差，可通过 1 与各评价指标的标准化之差表示。

$$
I_{ij} = 1 - \mathrm{nor}_{ij} \qquad (3\text{-}13)
$$

式中，$\mathrm{nor}_{ij}$ 为第 $i$ 项指标在第 $j$ 个村庄的标准差。

（3）获取障碍度（$O_{ij}$）。

$$
O_{ij} = \frac{w_i I_{ij}}{\displaystyle\sum_{j=1}^{n}\left(w_i I_{ij}\right)}\times 100\% \qquad (3\text{-}14)
$$

式中，$O_{ij}$ 为第 $i$ 项指标在第 $j$ 个村庄的障碍度。

### 3.1.3　村镇生态用地资源承载力影响因素识别方法

利用主成分分析法（principal component analysis，PCA）处理自变量之间的多重共线性问题，得到影响因素的主成分分析结果和各成分的得分系数矩阵，分析主要因素对中国西南喀斯特地区植被"绿度"变化趋势及生态用地承载力的影响。

运用 SPSS 软件中的线性回归分析计算各指标的方差膨胀因子（VIF）值，根据此值反映指标之间是否存在多重共线性问题。若存在多重共线性问题，则原始的指标不能直接用于地理加权回归分析。

为解决此问题，本书利用 SPSS 软件中主成分分析方法对原始影响因子数据进行变换和处理，使原来多个相互影响的变量转换成几个互不相关的综合变量，既保留了原始影响因素的主要信息，又消除了变量间的多重共线性，得到影响植被变化的主导因素（王景雷等，2013）。本书用方差最大旋转矩阵将主成分中各变量的贡献率向最大和最小转变，使每个主成分上具有最高载荷的因子数最少，从而使得对主成分的解释更清晰（高吉喜等，2006；王莺等，2014）。

剔除与生长季归一化植被指数（the growing season NDVI，GSN）年际变化率不显著相关的变量，利用 PCA 方法处理剩余自变量之间的多重共线性，得到影响因素的主成分分析结果和各成分的得分系数矩阵。利用旋转成分矩阵及相关分析，可以更清晰地查看每个因素对各主成分的贡献率。每个主成分可以根据载荷较大的影响因素将主成分进行分类。将提取到的这 6 个主成分作为主导因素做进一步的研究。

## 3.2 基于 BP-DEMATEL 的村镇耕地资源承载力影响因素识别

### 3.2.1 村镇耕地资源承载力影响因素集构建

耕地资源是农民最基本的生产资料与生活保障，保障粮食安全、实现乡村振兴、助力生态文明建设是当前农业农村工作关注的热点，其核心是耕地资源承载力问题（陈秧分和李先德，2013）。我国东、中、西部自然资源和社会经济条件差距较大，导致耕地资源承载力差异显著，识别不同类型区耕地资源承载力的关键限制性因素对于快速诊断耕地承载力薄弱环节、提升承载水平具有重要意义，而构建更加全面的耕地资源承载力影响因素指标体系，可避免因修正因子的不适用导致承载力评估效果不佳的情况，是准确识别关键限制性因素的基础（孙燕君等，2020）。

村镇耕地资源承载力主要取决于耕地的粮食生产能力，其关键限制性因素主要指限制粮食产量提升的主要因素（周力和周应恒，2011；陈瑜琦等，2011；金涛等，2016；周志刚和郑明亮，2015），亦为耕地资源承载力的重要影响因素。此外，村镇耕地资源承载力还受到村镇内外部社会-生态系统的影响。根据村镇耕地资源承载力 SES 分析框架（表 2-3），结合村镇耕地资源承载力变化的时空特征和影响因子，从资源系统、资源单位、行动者、外部生态系统 4 个方面，考虑耕地面积、复种指数、种植结构、自然条件、农户行为对资源系统的开发利用及村镇耕地资源承载力的影响，构建村镇耕地资源承载力影响因素集（表 3-1）。

表 3-1 耕地资源承载力影响因素

| 目标层 | SES 层（准则层） | | 指标层 | 指标值 | 指标特征 | 研究方法 |
|---|---|---|---|---|---|---|
| 播种面积 | 资源系统（RS） | 耕地面积 | — | 实际值 | 具有政策属性，难以调整 | |
| | 资源单位（RU） | 复种指数 | — | 农作物播种面积/耕地面积 | 受农户种植偏好影响，可调整 | 统计数据分析 |
| | | 种植结构 | — | 粮食播种面积/农作物播种面积 | | |
| 粮食单产 | 外部生态系统（ECO） | 自然条件 | 气温、降水量 | 气候因子限制性系数 | 中小尺度差异较小，不可调控或难以调控 | AEZ 模型法 |
| | 资源单位（RU） | | 土壤属性数据集 | 土壤适宜性指标 | | |
| | 资源系统（RS） | | 耕地坡度 | 傅里叶指数 | | |
| | 行动者（A） | 农户行为 | 农户特征管理水平 | 农户调研数据 | 小尺度异质性较大，容易调控 | BP-DEMATEL 法 |

复种指数和种植结构受到当地热量、土壤、水分、肥料、劳力和科学技术水平等因素的制约（杨忍等，2015；Zuo et al.，2014）。复种指数是指一年内在同一块耕地上种植农作物的平均次数。而本书依据农业生态区法计算作物有效生长期，进而确定充分利用光热条件的最适宜的种植制度（作物类型和熟制），以求取不同粮食作物组合的最高产量。因此，本节中的复种指数为地区耕地复种规模的最大值，在本书中探讨复种指数的影响因素不具有现实意义。

同时，嵌入当前耕地种植结构以评估耕地总产能，并与现实产量进行验证以检验模型的有效性，种植结构的影响因素亦不是研究重点。反之，粮食单产是总产的构成因素，提高单产是增加粮食总产最有效的方式之一。随着我国人口的不断增长，保障粮食安全已经成为国家重要的任务之一。为了满足市场需求，提高粮食单产已经成为解决当前人口压力的必要措施。与发达国家相比，我国粮食单产水平虽有所提升，但在人均方面仍存在较大差距，需要进一步加强农业科技创新和管理水平，以提高粮食生产效率，保障国家粮食安全（高鸣和胡原，2023）。单产作为粮食总产的关键影响因素，其本身受自然条件、农户管理和投入水平等因素的综合影响。

### 3.2.1.1 粮食单产影响因素——自然条件

自然条件决定了粮食生长的适宜性，充足的光照和水分、适宜的温度和土壤以及地形条件有利于作物生长，作物的单产通常较高。在全国等大中尺度上，气候和土壤等自然因素的空间变异加大，自然条件的限制作用更加凸显，研究气候、土壤等因素对粮食生产的影响具有实际意义，而中小尺度上（如镇、村）的气候条件同质性较高，无法体现其对粮食生产的影响的差异性。另外，农户作为农业生产经营主体，其对生产条件和资源的感知因农户异质而不同，农户异质性会导致个人行为动机有所侧重（孙涛和欧名豪，2020），对粮食生产行为产生影响。因此，在自然因素的基础上进一步考虑农户行为因素的影响，有助于获取更接近耕地实际产出水平的生产潜力。研究表明，镇村尺度耕地资源承载力的差异性主要源于人文因素的差异性（靳相木和李陈，2018），研究农户行为对耕地资源承载力的影响更能体现县域内不同单元承载力的动态特征，对评估耕地资源承载力和制定针对性的承载力提升措施更具有指导意义。

### 3.2.1.2　粮食单产影响因素——农户行为

结合耕地利用的关键问题诊断结果和相关文献的研究成果（温亮等，2017；何刚等，2018），综合考虑调研数据的可及性和研究需求，主要从行动者属性（农户特征）、行动者能动性（管理水平和要素投入）构建耦合农户行为的耕地资源承载力影响因素指标体系（表3-2），指标基本涵盖了土地、劳动力（黄祖辉等，2014）、资本和技术（周密等，2015）等主要生产要素，评价指标能够反映不同区域耕地资源承载力的变化特征，具有合理性。

**表 3-2　基于农户行为的耕地资源承载力关键限制性因素评价体系**

| SES 层 | 准则层 | 指标层 | 指标含义 | 变量定义与赋值 |
| --- | --- | --- | --- | --- |
| 耕地资源承载力 | 粮食产量 | 亩均产量 | 粮食总产量/耕地面积 | 斤/亩 |
| 行动者属性 | 农户特征 | 年龄 | 农户年龄 | 实际值 |
| | | 家庭人口数 | 家庭总人口 | 人 |
| | | 农业劳动力比重 | 农业劳动力/家庭劳动力 | % |
| | | 农户文化程度 | 种粮农户学历 | 1=小学及以下；2=初中；3=高中或中专；4=本科或大专；5=硕士及以上 |
| | | | 家中最高学历 | |
| | | 农业收入比重 | 农业收入/家庭总收入 | % |
| 行动者能动性 | 管理水平 | 农业管理水平 | 农业技术培训 | （人·次）/年 |
| | | 种植意愿 | 农户种粮意愿 | 1=极低，2=低，3=一般，4=高，5=极高 |
| | | 耕地破碎度 | 农户耕地块数 | 块 |
| | | 规模化经营程度 | 规模化对生产的影响 | 1=分散；2=集中但规模小；3=集中连片 |
| | | 灌溉保证情况 | 水资源对粮食生产的影响 | 1=无法保障；2=一般保障；3=充分保障 |

续表

| SES 层 | 准则层 | 指标层 | 指标含义 | 变量定义与赋值 |
|---|---|---|---|---|
| 行动者能动性 | 要素投入 | 耕作面积 | 实际用于种粮耕地面积 | 亩 |
| | | 人均耕地面积 | 总耕地面积/人口 | 亩/人 |
| | | 施肥强度 | 单位种植面积化肥施用量 | 斤/亩 |
| | | 农药投入 | 农药投入成本 | 元/亩 |
| | | 农机投入 | 农机投入成本 | 元/亩 |

注：1 斤=500 g。

指标的具体含义如下：

1）农户特征因素

农户特征因素包括年龄、家庭人口数、农业劳动力比重、农户文化程度和农业收入比重等六个因素，主要考察农户个体和家庭禀赋的差异对粮食生产的影响。

（1）一般来说，随着年龄的增长，农民农业生产经验更丰富，在农业生产中能够发挥年龄的优势，从而有助于产量的提升。但当农民年龄增长到一定程度时，可能由于体能衰退满足不了农业劳作反而不适宜粮食生产。事实上，当前中国农村由于年轻劳动力流失，普遍存在种粮农户"老龄化"的问题。

（2）家庭人口数量反映了家庭劳动力状况，家庭人口越多，投入到农业生产中的劳动力越多，而农业劳动力比重（刘浩然等，2019）是指家庭用于农业生产的人数与总人口的比重，反映了农户实际用于农业生产的劳动力。不考虑机械化因素条件下，家庭劳动力越多、农业劳动力比重越大，越有利于粮食生产。

（3）农户文化程度对于家庭生产决策的影响越来越明显（李博伟等，2016），家庭平均教育程度可以影响人力资本水平，教育水平越高，对新技术、新事物的接受能力和掌握能力越强，对产量增加有积极贡献（许恒周等，2012）。农户文化程度包括两个方面：一是被访用户的文化程度，二是农户家庭成员的最高学历，前者主要考虑作为种粮主体的农户的学历对粮食生产的影响，后者主要考察家庭成员的学历对农户种粮行为的外部性。

（4）农业收入比重是指农民家庭农业收入占家庭总收入的比重，该指标的值越大说明农业在家庭经济中的重要性越高，那么农户可能将精力或生产物质倾向于农业生产，有利于提高粮食产量。同时，农业收入越多，表明农民农业生产可支配资金越充足，会激励农户增加生产投入以及长期固定资本投资，对粮食生产具有正向影响。

2）管理水平因素

管理水平包括农业管理水平、种植意愿、耕地破碎度、规模化经营程度和灌溉保证情况五个因素，主要考察农户管理能力和主观认知的差异对粮食生产的影响。

（1）农业管理水平反映农户农业生产技术对粮食生产的影响。使用农民每年接受的农业技术培训次数衡量农户农业管理水平，农民接受的农业技术培训次数越多，那么农民获得的专业、实时的农业信息越多，有可能在良种选择、作物育种、施肥、灌排水、收获等方面改善农业经营管理，从而促进粮食增产。

（2）种植意愿考察农户主观种粮意愿对粮食生产的影响。农民种粮意愿越强烈，投入到粮食生产中的精力和资金越充足，越有可能改善对粮食生产的管理水平，对粮食生产正向作用越大（易小燕和陈印军，2010）。反之，种粮意愿低下可能减少对粮食生产的资金和技术投入、疏忽对粮食生产的管理等，进而导致粮食产量下降。

（3）耕地破碎度主要用于考察农户耕作的便利性对粮食生产的影响，本书使用农户耕地的实际地块数量衡量耕地破碎度。我国依据耕地质量等级分田到户，农户耕地数量在不同等级耕地间平均分配，一般来说，耕地质量不同的地块在空间上有差异。因此，农户地块越多说明其耕地越分散，农户耕作的便利性越差，导致农户耕作的时间成本和交通成本上升，不利于农民对农田的管理和投入。同时，分散的耕地导致单块耕地面积小，也不利于机械化的投入和使用，亦不利于粮食产量提升。

（4）耕地的规模化经营程度主要考察耕地的集聚程度对粮食生产的影响。农户通过承包土地实现耕地适度规模化、集约化经营，集中连片的耕地便于大型机械的投入和使用，有利于提高粮食产量。

（5）灌溉保证情况反映了耕地的灌溉情况对粮食生产的影响。水稻、小麦和玉米是我国主要粮食作物，水稻全生育期需水量大，产量受水资源限制性较大，充足的灌溉水是保障水稻稳产增产的基础；另外，我国小麦和玉米生产区域分布在低地平原、丘陵和高原山区等不同自然条件下，各地区灌溉条件不一，能够有效灌溉直接影响作物产量和布局（郭延景和肖海峰，2021）。

3）要素投入因素

要素投入因素包括耕作面积、人均耕地面积、施肥强度、农药投入和农机投入五个方面，主要考察农户要素投入水平的差异对粮食生产的影响。

（1）耕地“占补平衡”政策基本保障了我国耕地面积总量稳定，但是耕地抛荒、闲置和低效利用等现象屡见不鲜，造成耕地产能下降。因此，与现有研究中选取耕地总面积（李月等，2016）评估其对粮食生产影响不同，本书主要考察农户实际耕作面积和人均耕地面积对粮食生产的影响，指标选取上更能反映农户实际耕作情况且能够排除区域耕地资源禀赋差异，便于区域间的对比分析。耕作面积是指农户实际种植粮食作物的耕地面积，人均耕地面积是指家庭耕地总面积与人口的比例，反映了家庭的耕地资源禀赋，当耕作规模在农民家庭劳动能力之内时，农民通过精耕细作、增加投入等方式有助于提高耕地生产效率，而当种植规模超出农民家庭的经营能力时可能导致单位面积生产要素不足，进而导致耕地生产效率下降。

（2）本书中施肥强度用施肥量表征，其数值为耕作面积上农民实际施用的各类化肥中 N、$P_2O_5$、$K_2O$ 的总量。通常，农用肥料中 N 主要来源于尿素和复合肥等，$P_2O_5$ 主要来源于磷肥（磷酸二铵）和复合肥等，$K_2O$ 主要来源于单质钾肥和复合肥等。

（3）常用农药有瓶装水剂和袋装粉剂两种类型，农民通过兑水后进行喷洒，导致真实使用量难以量化，且通过实地调研也发现当询问农民具体农药使用量时往往难以获取有效信息。因此，本书以农药支出替代农药使用量以考察农药投入对粮食生产的影响，包括购买农药、喷洒农药过程中各种费用的综合，以及相关技术费用、人工费等，为便于比较，以单位耕作面积农药支出作为农药投入指标。

（4）农业机械在粮食生产中发挥着重要的作用，机械替代人力能够有效降低粮食生产成本，且大幅度提升粮食生产效率，进而促进粮食产量和效益增加（朱志猛，2013）。统计数据中使用地区的农业机械总动力反映农业机械化水平，但是通过实际调研发现，农民大多租用机械进行整地、播种或收割，且由于农民自身对于机械动力的概念模糊，未能提供机械动力的有效信息，因此，本书通过询问农户每年机械的支出，用单位耕作面积机械总投入替代机械总动力以考察机械化水平对粮食生产的影响。

## 3.2.2　不同区域村镇耕地资源承载力关键限制性因素识别

耕地资源承载力关键限制性因素用于修正 AEZ 模型，而县域内不同地区关键限制性因素可能存在差异，即基于限制性因素的修正系数有所差别，若在县级层面应用相同修正系数对不同区域生产潜力进行修正可能导致评估结果与实际偏差较大。因此，以我国东、中、西部典型市、区（东部溧阳市、中部沅江市、西部甘州区）为例，依据耕地资源承载力影响因素的特征和适用尺度，从微观农户行为层面，应用 BP-DEMATEL 法，分别识别区域农户行为因素中限制耕地资源承载力的关键因素。

### 3.2.2.1　东部-溧阳市耕地资源承载力关键限制性因素识别

溧阳市辖 10 个乡镇、1 个街道（2019 年）①，本书以社渚镇为例，基于农户

---

① 溧阳市现辖 9 个镇、3 个街道，本书根据研究时段采用 2019 年行政区划。

调研数据，根据式（3-3）～式（3-7），通过各影响因素的影响度和被影响度计算中心度和原因度（表 3-3），绘制影响因素的因果关系图，用可视化的图形表示因素在系统中的重要性（孙鸿鹄等，2015）（图 3-2）。

表 3-3　社渚镇耕地资源承载力影响因素中心度和原因度

| 影响因素 | 影响度 $D_i$ | 被影响度 $C_i$ | 中心度 $M_i$ | 原因度 $R_i$ |
|---|---|---|---|---|
| 年龄 | 1.470 | 2.395 | 3.864 | −0.925 |
| 家庭人口数 | 2.106 | 1.672 | 3.779 | 0.434 |
| 农业劳动力比重 | 2.791 | 1.258 | 4.049 | 1.533 |
| 本人学历 | 2.053 | 1.716 | 3.769 | 0.338 |
| 最高学历 | 2.047 | 1.721 | 3.768 | 0.326 |
| 农业收入比重 | 1.909 | 1.845 | 3.755 | 0.064 |
| 农业管理水平 | 1.518 | 2.319 | 3.837 | −0.802 |
| 种植意愿 | 1.660 | 2.122 | 3.782 | −0.462 |
| 耕地破碎度 | 2.186 | 1.611 | 3.797 | 0.574 |
| 规模化经营程度 | 1.984 | 1.776 | 3.760 | 0.208 |
| 灌溉保证情况 | 2.425 | 1.451 | 3.876 | 0.974 |
| 耕作面积 | 2.594 | 1.355 | 3.949 | 1.239 |
| 人均耕地面积 | 1.418 | 2.481 | 3.899 | −1.064 |
| 施肥强度 | 1.276 | 2.753 | 4.029 | −1.478 |
| 农药投入 | 1.452 | 2.423 | 3.875 | −0.971 |
| 农机投入 | 1.568 | 2.185 | 3.753 | −0.377 |

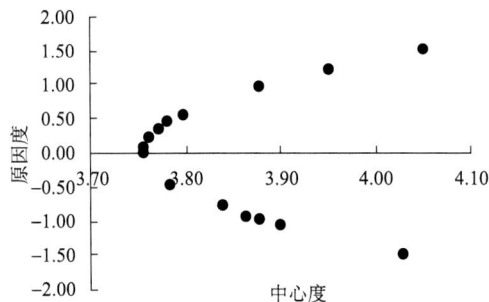

图 3-2　社渚镇耕地资源承载力影响因素因果关系图

由表 3-3 可知，对影响度而言，农业劳动力比重、耕作面积和灌溉保证情况对其他因素的影响最大，主要因为劳动力是生产经营主体，一切农业活动都必须依靠农业劳动力开展，是农业生产最基本的生产要素，对粮食生产的其他因素影响较大。耕作面积需要相匹配的劳动力，同时也影响家庭农业收入。耕作面积与耕地破碎度和规模化经营程度密切相关，耕地分散不利于耕作面积提升，而耕作面积增加有助于促进耕地规模化经营；另外，随着耕作规模扩大，粮食生产对灌溉的需求更大，且农药、化肥及机械等生产要素的投入量大幅上升；灌溉条件直接关系家庭劳动力和农机投入，同时还影响农民的种植意愿和耕作面积，在灌溉条件较好的地区，农民往往更愿意扩大粮食种植规模。对被影响度而言，施肥强度、人均耕地面积、农药投入、年龄和农业管理水平受其他因素影响显著，提高耕地资源承载力需要关注这些因素的改善难易程度。

由表 3-3 可以看出，社渚镇耕地资源承载力影响因素中，农业劳动力比重和施肥强度的中心度最大，处于核心位置，说明这两个指标在整个指标体系中的重要性最高。在因果关系图中，原因度大于 0 的因素为原因因素，原因因素不仅对系统有明显影响，亦对其他因素有较大影响，是影响区域耕地资源承载力最根本的因素。原因度小于 0 的因素为结果性因素，表明该因素受其他因素的影响大。社渚镇耕地资源承载力原因因素共有 9 个，降序排列前三因素分别为农业劳动力比重、耕作面积和灌溉保证情况，其他原因因素的原因度相对较小，其余因素为结果性因素，表明受其他因素影响。

由此可见，社渚镇耕地资源承载力影响因素中，农业劳动力比重的中心度和原因度均最大，表明这些因素不仅在影响因素体系中处于核心位置，而且是重要的原因因素，对其他因素影响显著，是整个乡镇耕地资源承载力影响因素中最根本的因素。因此，农业劳动力比重为社渚镇耕地资源承载力的关键限制性因素，其余因素的中心度和原因度相对较小，故不作为关键因素。应用以上方法，可分别识别出溧阳市各乡镇耕地资源承载力的关键限制性因素，由于数据的处理过程相似，各乡镇分析结果不在此显示。综合以上识别结果，各乡镇耕地资源承载力关键限制性因素及其频率分布如表 3-4 所示。

**表 3-4　溧阳市各乡镇耕地资源承载力关键限制性因素及其频率分布**

| 乡镇 | 年龄 | 农业劳动力比重 | 农业收入比重 | 耕作面积 | 人均耕地面积 | 施肥强度 | 农药投入 | 农机投入 |
|---|---|---|---|---|---|---|---|---|
| 社渚镇 | | √ | | | | | | |
| 上黄镇 | | | | | | √ | √ | |

续表

| 乡镇 | 年龄 | 农业劳动力比重 | 农业收入比重 | 耕作面积 | 人均耕地面积 | 施肥强度 | 农药投入 | 农机投入 |
|---|---|---|---|---|---|---|---|---|
| 竹箦镇 | | | | | | | √ | √ |
| 昆仑街道 | √ | √ | | | | | | |
| 戴埠镇 | | | | | √ | | | |
| 天目湖镇 | | | | | | √ | | |
| 埭头镇 | | √ | | | | | | |
| 溧城镇 | √ | | √ | | | | | √ |
| 南渡镇 | √ | | | √ | | | | |
| 别桥镇 | √ | | | | | | | |
| 上兴镇 | | | | | | | | √ |
| 频率/% | 36.36 | 27.27 | 9.09 | 9.09 | 9.09 | 18.18 | 18.18 | 27.27 |

注："√"表示溧阳市各乡镇耕地资源承载力的关键限制性因素。

由表 3-4 可知，溧阳市耕地资源承载力关键限制性因素依次为年龄、农业劳动力比重、农业收入比重、耕作面积、人均耕地面积、施肥强度、农药投入和农机投入，且年龄在所有乡镇的关键限制性因素中出现的频率最高（36.36%），其次为农业劳动力比重和农机投入（27.27%）。由此可见，在所有限制性因素中，年龄、农业劳动力比重和农机投入是溧阳市耕地资源承载力最普遍的限制因素，符合实际调研基本情况。

### 3.2.2.2　中部-沅江市耕地资源承载力关键限制性因素识别

沅江市辖 10 个乡镇（2019 年）[①]，其中，新湾镇主导产业为林果业，耕地主要用于种植果树，该乡镇农户调研样本中仅有一户种植水稻，因此，调研数据不能充分反映该乡镇粮食生产情况，综合考虑，本书不对新湾镇耕地资源承载力关键限制性因素进行分析。参照上述研究方法，分别识别各乡镇耕地资源承载力的关键限制性因素。

以草尾镇为例，基于农户调研数据，计算各影响因素的影响度和被影响度，进而计算各因素的中心度和原因度，如表 3-5 和图 3-3 所示。

表 3-5　草尾镇耕地资源承载力影响因素中心度和原因度

| 影响因素 | 影响度 $D_i$ | 被影响度 $C_i$ | 中心度 $M_i$ | 原因度 $R_i$ |
|---|---|---|---|---|
| 年龄 | 1.695 | 1.817 | 3.512 | −0.121 |

---

① 沅江市现辖 10 个镇、2 个街道，本书根据研究时段采用 2019 年行政区划。

续表

| 影响因素 | 影响度 $D_i$ | 被影响度 $C_i$ | 中心度 $M_i$ | 原因度 $R_i$ |
|---|---|---|---|---|
| 家庭人口数 | 1.488 | 2.069 | 3.557 | −0.581 |
| 农业劳动力比重 | 1.740 | 1.770 | 3.510 | −0.031 |
| 本人学历 | 1.468 | 2.097 | 3.565 | −0.629 |
| 最高学历 | 2.667 | 1.151 | 3.818 | 1.517 |
| 农业收入比重 | 1.710 | 1.801 | 3.511 | −0.091 |
| 耕作面积 | 2.365 | 1.300 | 3.665 | 1.066 |
| 人均耕地面积 | 1.455 | 2.115 | 3.570 | −0.660 |
| 耕地破碎度 | 1.344 | 2.288 | 3.632 | −0.944 |
| 规模化经营程度 | 1.479 | 2.082 | 3.560 | −0.603 |
| 灌溉保证情况 | 1.684 | 1.829 | 3.513 | −0.145 |
| 施肥强度 | 1.647 | 1.870 | 3.517 | −0.223 |
| 农药投入 | 2.184 | 1.409 | 3.593 | 0.775 |
| 农业管理水平 | 2.317 | 1.327 | 3.644 | 0.990 |
| 种植意愿 | 2.650 | 1.126 | 3.776 | 1.524 |
| 农机投入 | 1.511 | 1.974 | 3.485 | −0.462 |

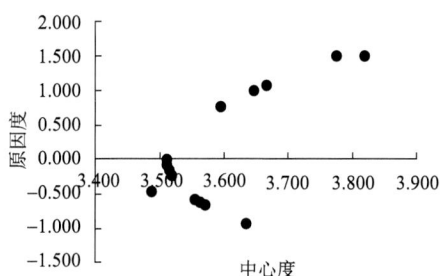

图 3-3　草尾镇耕地资源承载力影响因素因果关系图

由表 3-5 和图 3-3 可以看出，草尾镇耕地资源承载力影响因素中，最高学历和种植意愿中心度较大，说明该指标在整个指标体系中的重要性最高，在整个指标体系中处于核心位置。草尾镇耕地资源承载力原因因素共有 5 个，降序排列前三因素分别为种植意愿、最高学历和耕作面积，表明这些因素对其他因素的影响程度大。其余因素为结果性因素，为原因因素的影响结果。

由此可见，草尾镇耕地资源承载力影响因素中，最高学历和种植意愿的中心度和原因度均较大，表明这两个因素不仅在影响因素体系中处于核心位置，而且是重要的原因因素，对其他因素影响显著，是整个村镇耕地资源承载力影响因素中最根本的因素。因此，最高学历和种植意愿是草尾镇耕地资源承载力的关键限制性因素。

综合沅江市 9 个乡镇耕地资源承载力关键限制性因素识别结果，各乡镇耕地资源承载力关键限制性因素及其频率分布如表 3-6 所示。

**表 3-6　沅江市各乡镇耕地资源承载力关键限制性因素及其频率分布**

| 乡镇 | 本人学历 | 最高学历 | 耕作面积 | 施肥强度 | 农药投入 | 农业管理水平 | 种植意愿 |
|---|---|---|---|---|---|---|---|
| 草尾镇 | | √ | | | | | √ |
| 茶盘洲镇 | | | | | √ | | |
| 共华镇 | | | | | √ | | √ |
| 黄茅洲镇 | | | √ | | | | |
| 南大膳镇 | | | | | √ | | |
| 南嘴镇 | | | | | | √ | |
| 四季红镇 | | | | | | | √ |
| 泗湖山镇 | √ | | | | | | √ |
| 阳罗洲镇 | | | | √ | | | |
| 频率/% | 11.11 | 11.11 | 11.11 | 11.11 | 33.3 | 11.11 | 44.45 |

注：“√”表示沅江市各乡镇耕地资源承载力的关键限制性因素。

由表 3-6 可知，沅江市耕地资源承载力关键限制性因素依次为本人学历、最高学历、耕作面积、施肥强度、农药投入、农业管理水平和种植意愿，且种植意愿在所有乡镇限制性因素中出现的频率最高（44.45%），其次为农药投入（33.3%）。可见，在所有限制性因素中，种植意愿和农药投入是沅江市耕地资源承载力最普遍的限制性因素，符合实际调研基本情况。

### 3.2.2.3　西部-甘州区耕地资源承载力关键限制性因素识别

甘州区辖 18 个乡镇（2019 年）[①]，通过实地调研发现，蔬菜种植为长安乡的主导产业，大部分耕地种植蔬菜，该乡镇 30 个调研对象中仅有两户农户种植玉米，因此，调研数据不能充分反映该乡镇粮食生产现状。另外，平山湖蒙古族乡（简称平山湖乡）主要土地类型为草地，农民主要收入来源为畜牧业，且乡镇耕地面积少，用于粮食生产的耕地面积更少，在实地调研中未收集到充足有效的问卷。综合考虑，本书不对长安乡和平山湖乡耕地资源承载力关键限制性因素进行分析。参照上述研究方法，分别识别其余乡镇耕地资源承载力关键限制性因素。

---

① 甘州区现辖 5 个乡、13 个镇，本书根据研究时段采用 2019 年行政区划。

　　以安阳乡为例，基于农户调研数据，计算各影响因素的影响度和被影响度，进而计算各因素的中心度和原因度，如表 3-7 和图 3-4 所示。

表 3-7　安阳乡耕地资源承载力影响因素中心度和原因度

| 影响因素 | 影响度 $D_i$ | 被影响度 $C_i$ | 中心度 $M_i$ | 原因度 $R_i$ |
|---|---|---|---|---|
| 年龄 | 2.466 | 1.711 | 4.177 | 0.755 |
| 家庭人口数 | 1.370 | 3.072 | 4.442 | −1.702 |
| 农业劳动力比重 | 1.944 | 2.171 | 4.116 | −0.227 |
| 本人学历 | 2.544 | 1.658 | 4.202 | 0.885 |
| 最高学历 | 1.838 | 2.297 | 4.135 | −0.459 |
| 农业收入比重 | 2.497 | 1.689 | 4.187 | 0.808 |
| 耕作面积 | 1.849 | 2.283 | 4.132 | −0.433 |
| 人均耕地面积 | 1.351 | 3.115 | 4.466 | −1.765 |
| 耕地破碎度 | 2.309 | 1.828 | 4.137 | 0.480 |
| 规模化经营程度 | 1.513 | 2.786 | 4.299 | −1.273 |
| 灌溉保证情况 | 2.000 | 2.111 | 4.111 | −0.111 |
| 施肥强度 | 2.453 | 1.720 | 4.173 | 0.733 |
| 农药投入 | 2.961 | 1.422 | 4.383 | 1.539 |
| 农业管理水平 | 2.623 | 1.608 | 4.231 | 1.015 |
| 种植意愿 | 2.231 | 1.858 | 4.089 | 0.373 |
| 农机投入 | 1.626 | 2.549 | 4.175 | −0.923 |

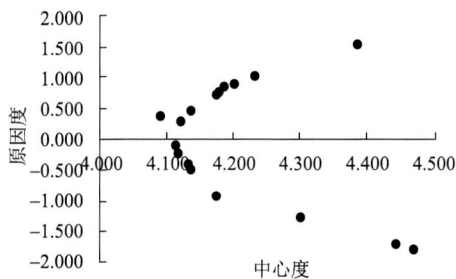

图 3-4　安阳乡耕地资源承载力影响因素因果关系图

　　由表 3-7 和图 3-4 可以看出，安阳乡耕地资源承载力影响因素中，人均耕地面积、家庭人口数和农药投入中心度较大，说明其在指标体系中的重要性最高。由图 3-4 可知，影响因素中原因因素共有 8 个，降序排列前三因素分别为农药投入、农业管理水平和本人学历，表明这些因素对其他因素的影响程度大。其余因素为结果性因素，为原因因素的影响结果。

由此可见，安阳乡耕地资源承载力影响因素中，农药投入的中心度和原因度均最大，表明该因素不仅在影响因素体系中处于核心位置，而且是重要因素，对其他因素影响显著，是整个村镇耕地资源承载力影响因素中最根本的因素。因此，将农药投入作为安阳乡耕地资源承载力的关键限制性因素，其余因素的中心度和原因度相对较小，故不作为关键因素。综合甘州区16个乡镇关键限制性因素分析结果，各乡镇耕地资源承载力关键限制性因素及其频率分布如表3-8所示。

表 3-8  甘州区各乡镇耕地资源承载力关键限制性因素及其频率分布

| 乡镇 | 年龄 | 农业收入比重 | 耕作面积 | 施肥强度 | 农药投入 | 农业管理水平 | 种植意愿 |
|---|---|---|---|---|---|---|---|
| 安阳乡 | | | | | √ | | |
| 大满镇 | | | | √ | √ | | |
| 党寨镇 | | | | | √ | | |
| 甘浚镇 | √ | | | | | | |
| 花寨乡 | | | | | | √ | |
| 碱滩镇 | | | | | √ | | |
| 靖安乡 | | | | √ | | | √ |
| 梁家墩镇 | | | | | | √ | |
| 龙渠乡 | | | | √ | | | |
| 明永镇 | | | √ | | | √ | √ |
| 三闸镇 | | √ | | | √ | | |
| 沙井镇 | | | | | | | √ |
| 上秦镇 | | √ | | | √ | √ | |
| 乌江镇 | | | | | √ | | |
| 小满镇 | | | | √ | √ | | |
| 新墩镇 | | | | √ | √ | | |
| 频率/% | 6.25 | 12.5 | 6.25 | 31.25 | 56.25 | 31.25 | 12.5 |

甘州区耕地资源承载力关键限制性因素依次为年龄、农业收入比重、耕作面积、施肥强度、农药投入、农业管理水平和种植意愿，且农药投入在所有乡镇关键限制性因素中出现的频率最高（56.25%），其次为施肥强度和农业管理水平（31.25%），可见，在所有限制性因素中，农药投入、施肥强度和农业管理水平是甘州区耕地承载力最普遍的限制性因素，符合实际调研基本情况。

## 3.2.3 不同区域村镇耕地资源承载力关键限制性因素差异分析

我国地域间自然、社会、经济差距显著，识别不同类型区耕地资源承载力的关键限制性因素为快速诊断承载力薄弱环节、弥补粮食生产短板、因地制宜制定差别化的粮食生产策略提供了科学支撑。我国东、中、西部典型区耕地资源承载力关键限制性因素如表 3-9 所示。

**表 3-9 不同研究区耕地资源承载力关键限制性因素**

| 研究区 | 调研诊断 | BP-DEMATEL 法识别结果 | | | 普遍性限制因素 |
| --- | --- | --- | --- | --- | --- |
| | | 农户特征 | 管理水平 | 要素投入 | |
| 溧阳市 | 劳动力不足、耕地利用率低 | 年龄、农业劳动力比重、农业收入比重 | — | 耕作面积、人均耕地面积、施肥强度、农药投入和农机投入 | 年龄、农业劳动力比重和农机投入 |
| 沅江市 | 耕地"非粮化"、种粮意愿低下 | 本人学历、最高学历 | 农业管理水平和种植意愿 | 耕作面积、施肥强度和农药投入 | 种植意愿、农药投入 |
| 甘州区 | 降雨少、温差大、农业生产条件差 | 年龄、农业收入比重 | 农业管理水平和种植意愿 | 耕作面积、施肥强度和农药投入 | 农业管理水平、农药投入和施肥强度 |

通过实地调研诊断和模型识别结果，得出以下基本结论：

（1）不同类型研究区耕地资源承载力的关键限制性因素呈现差异性和共通性的特征。耕作面积、施肥强度和农药投入为三个研究区共同的限制性因素，说明其对粮食生产的影响具有普遍性，亦为耕地资源承载力提升的主要方向。其中，耕作面积反映粮食种植规模，表明在不同地区粮食生产的影响因素中，耕作面积始终具有重要地位，这是因为耕地作为粮食生产的基础性要素，其他所有因素对粮食产量的影响均通过耕地表达，也间接地说明了保护耕地、增加粮食播种面积是粮食稳产增产的重要措施。化肥农药为重要的农业生产物质，其广泛在我国粮食持续增产中发挥着重要的作用，但我国农业中同样存在过度施用农药化肥的问题，造成水土污染和农产品质量降低，威胁到农业的可持续生产，特别在当前"农业高品质生产""生态环境建设""绿色农业"等背景下，如何高效使用化肥农药以促进生态环境建设和粮食安全等目标之间的耦合协同是亟待研究的重大课题。

（2）通过实地调研发现，溧阳市粮食生产中存在劳动力不足和耕地抛荒、闲置等耕地利用效率低下的问题，是限制粮食产量提升的关键因素。同时，模型识别结果表明，"年龄"因素在溧阳市所有乡镇中频率最高，其次为"农业劳动力比重"和"农机投入"，这是因为溧阳市第二、第三产业发达（2018 年第二、第三产业生产总值占比为94.54%），非农就业机会较多，产业快速"非农化"吸引大量农村年轻劳动力非农就业，进而造成种粮人口老龄化，一定程度上限制了粮食种植规模的扩大和粮食产量的提升，模型识别结果与实地调研结论一致。另外，农业劳动力减少且剩余劳动力年龄偏大势必增加对农用机械的依赖程度，机械化水平成为粮食生产的另一关键限制性因素。可见，对于溧阳市而言，需要特别关注种粮主体的资源禀赋对粮食生产的影响，并利用区域经济条件推广农业机械的使用，以降低劳动力不足对粮食生产的限制性。

（3）通过实地调研发现，沅江市粮食生产中存在耕地"非粮化"严重、农户种粮意愿低下等问题，是限制粮食产量提升的关键因素。同时，模型识别结果表明，"种植意愿"因素在沅江市所有乡镇中频率最高，其次为"农药投入"，可能的原因为沅江市主要粮食作物生长期内高温多雨潮湿，农业病虫害易发，粮食生产对农药的依赖性较强。另外，沅江是全国棉、猪、橘的重要产地，是湖南省重要的农副产品出口基地，2019年地区经济作物播种面积占农作物播种面积比例为51.64%，农业副业产值占农业总产值的比例为49.56%，经济作物和农副产品的高收益及种粮的低收益导致农民种粮意愿低下，经济作物挤占了粮食生产空间，与实地调研结论一致。可见，对于沅江市，农民的主观种粮意愿是耕地粮食生产能力提升的关键。

（4）通过实地调研发现，甘州区全年降雨量较小，且粮食作物生长受低温、干旱等极端气候限制强烈。同时，模型识别结果表明，"农药投入"在所有乡镇中频率最高，其次为"施肥强度"和"农业管理水平"，主要因为甘州区经济发展相对滞后，地区在农业管理和投入方面的资金难以保障，科技投入水平也相应减少，农户无法获得最优的生产条件，不利于农业生产效率的提高。可见，对于甘州区，应从减弱自然条件的限制性、改善农户管理和投入水平等方面探讨耕地资源承载力提升路径。

## 3.3　基于障碍度模型的村镇建设用地承载力影响因素识别

村镇建设用地是进行经济、文化及其他公益事业等建设所占用和使用的土地，是实现乡村振兴与乡村可持续发展的重要载体。村镇建设用地承载力是城乡一体化背景下，村镇建设用地承担某种功能所具备的资源禀赋和生态环境对社会经济规模以及人类物质需求的支持能力，是村镇地域系统资源环境与社会经济关系的映射，可为制定乡村振兴及其可持续发展规划提供参考依据。村镇地域系统是一个复杂的开放巨系统，村镇地域系统内部与外部的影响因素相互作用，使得村镇建设用地资源环境承载力发生变化。在确定村镇建设用地资源承载力评价方法时，应重点考虑村镇建设用地承载力关键限制性因素的可得性，避免因影响因素难以获得而影响村镇建设用地承载力的评估效果。

本节以溧阳市作为案例区，根据实地调研收集的溧阳市 179 个村庄的统计数据，并结合土地利用数据、夜间灯光数据、归一化植被指数（normalized differential vegetation index，NDVI）和路网数据等，通过统计分析手段，采用障碍度模型识别村镇建设用地承载力关键限制性因素。

### 3.3.1 村镇建设用地承载力影响因素集构建

村镇地域系统是人地关系系统在村镇尺度空间的具体体现，是认知现代城乡关系、透视乡村发展问题的重要依据。村镇建设用地是乡村振兴与乡村可持续发展的载体，乡村振兴与可持续发展的实现前提是明确村镇建设用地承载力的状态及其关键限制性因素。村镇建设用地承载力涉及资源、环境、生态、社会、经济等多个维度，受到资源、行动者、人地交互作用过程和结果的影响。根据 SES 框架，结合村镇建设用地承载力的特点，从资源子系统、行动者子系统、人地交互子系统和结果子系统 4 方面，考虑人均自然资源占比、行动者系统的属性、行动者系统对自然系统的开发利用以及生态、社会和经济结果等因素对村镇建设用地承载力的影响，从而构建村镇建设用地承载力影响因素集（表 3-10）。其中，资源子系统为村民居住提供必要的物质基础，代表区域资源环境的丰富程度，主要包括人均耕地面积、人均林地面积、人均水资源和人均生态空间等。行动者子系统是村镇建设用地的承载对象，农村劳动力和农业生产是行动者子系统的主要特征，这里通过人口密度、贫困人数占比、村庄留守人员和家庭农场表征其属性。人地交互子系统体现了行动者子系统对资源子系统的利用状态，可通过耕作便利度、生态空间可达性、建设占用耕地、人均农村居民点面积、土地开发强度和交通可达性表示。结果子系统为资源子系统与行动者子系统交互结果的总体表现，可分为生态、社会和经济三个方面。生态方面，NDVI 和人居环境指数（HEI）较好地反映了村镇地域系统相互作用的生态表现。社会方面，村内商店数量和基础设施完善度代表了人地交互作用的结果。村集体收入和人均收入是村镇地域系统互动结果的经济体现。

**表 3-10  村镇建设用地资源承载力影响因素集**

| 子系统 | 特点 | 指标 | 趋向 |
|---|---|---|---|
| 资源<br>子系统 | 人均自然资源占比 | 人均耕地面积（$x_1$） | 正向 |
| | | 人均林地面积（$x_2$） | 正向 |
| | | 人均水资源（$x_3$） | 正向 |
| | | 人均生态空间（$x_4$） | 正向 |

| 子系统 | 特点 | 指标 | 趋向 |
|---|---|---|---|
| 行动者子系统 | 行动者系统的属性 | 人口密度（$x_5$） | 正向 |
| | | 贫困人数占比（$x_6$） | 负向 |
| | | 村庄留守人员（$x_7$） | 负向 |
| | | 家庭农场（$x_8$） | 正向 |
| 人地交互子系统 | 行动者系统对自然系统的开发利用 | 耕作便利度（$x_9$） | 正向 |
| | | 生态空间可达性（$x_{10}$） | 正向 |
| | | 建设占用耕地（$x_{11}$） | 负向 |
| | | 人均农村居民点面积（$x_{12}$） | 负向 |
| | | 土地开发强度（$x_{13}$） | 负向 |
| | | 交通可达性（$x_{14}$） | 正向 |
| 结果子系统 | 生态结果 | NDVI（$x_{15}$） | 正向 |
| | | HEI（$x_{16}$） | 正向 |
| | 社会结果 | 村内商店数量（$x_{17}$） | 正向 |
| | | 基础设施完善度（$x_{18}$） | 正向 |
| | 经济结果 | 村集体收入（$x_{19}$） | 正向 |
| | | 人均收入（$x_{20}$） | 正向 |

注：留守人员包括儿童、老人和妇女。基础设施主要包括统计年鉴中的图书馆、幼儿园、诊所、养老院等基础设施。

以溧阳市为例，通过实地走访收集的村社会经济基本情况表（简称"村卡"）和相关统计公报，结合土地利用数据、夜间灯光数据、NDVI 和路网数据等，获取溧阳市 179 个行政村的基础数据，基于获取的基础数据绘制溧阳市村镇建设用地承载力关键限制性因子集，如图 3-5 所示。

从资源子系统看，溧阳市人均耕地面积较人均林地面积、人均水资源和人均生态空间更大，且人均耕地丰富区域多集中于溧阳市西北部，而人均林地面积、人均水资源和人均生态空间资源较为有限。行动者子系统中的人口密度、贫困人数占比和村庄留守人员标准化后的数值均较低，而家庭农场高值区多分布于溧阳市南部区域。从人地交互子系统中看，耕作便利度呈现出较高的集聚性，其中高值区集中在西部，低值区主要集中在东部和中部；生态空间可达性的空间分布趋势与耕地便利度的分布趋于一致；建设占用耕地、人均农村居民点面积和土地开发强度的高值区较少，且均分布在中心城区周边；交通可达性则呈现出由周边向

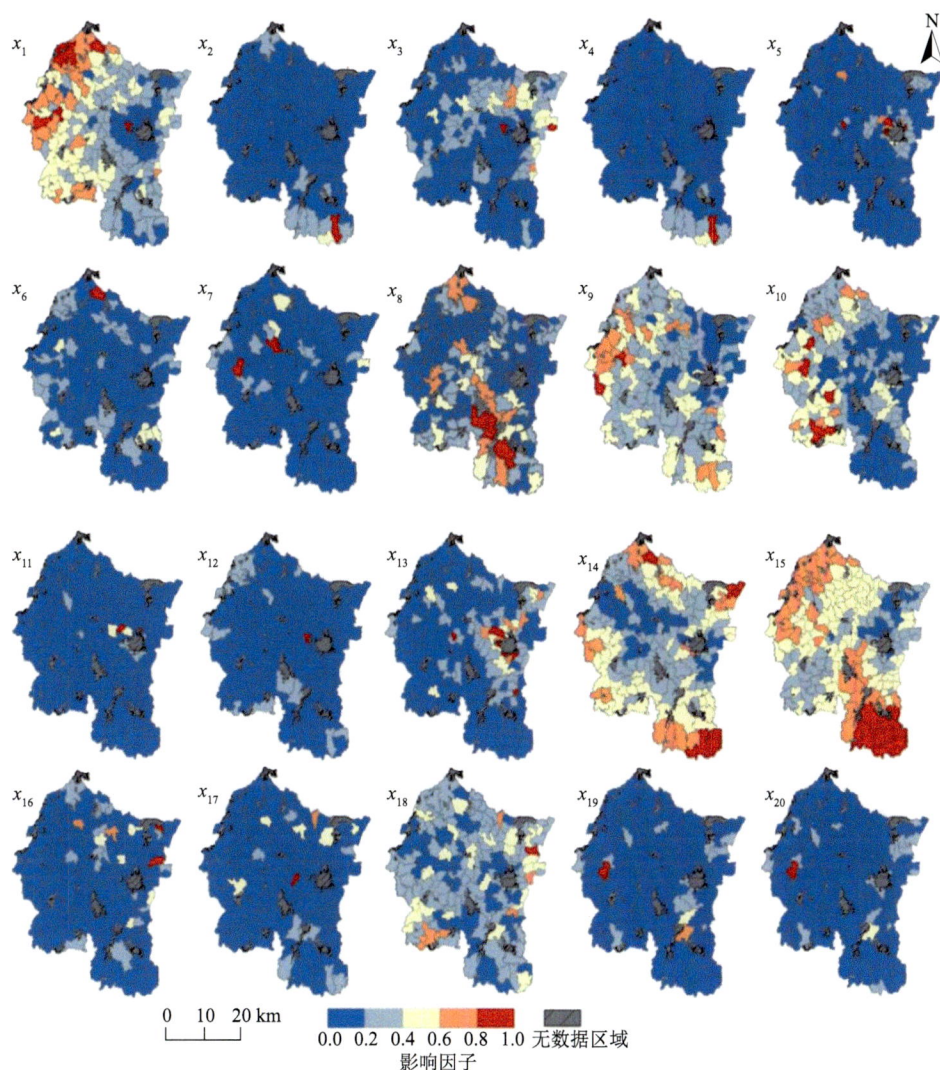

图 3-5　空间类关键限制性影响因子识别结果

$x_1$：人均耕地面积；$x_2$：人均林地面积；$x_3$：人均水资源；$x_4$：人均生态空间；$x_5$：人口密度；$x_6$：贫困人数占比；$x_7$：村庄留守人员；$x_8$：家庭农场；$x_9$：耕作便利度；$x_{10}$：生态空间可达性；$x_{11}$：建设占用耕地；$x_{12}$：人均农村居民点面积；$x_{13}$：土地开发强度；$x_{14}$：交通可达性；$x_{15}$：NDVI；$x_{16}$：HEI；$x_{17}$：村内商店数量；$x_{18}$：基础设施完善度；$x_{19}$：村集体收入；$x_{20}$：人均收入

中心递减的趋势。结果子系统中，NDVI 的高值区集中在溧阳市南部丘陵地区，低值区多分布在中东部的中心城区；HEI 和村内商店数量的值普遍较低；基础设施完善度高的村庄多分布于中东部的中心城区周边；村集体收入和人均收入的值普遍不高。

### 3.3.2　溧阳市村镇建设用地承载力关键限制性因素识别

障碍度模型可以定量化诊断村镇建设用地承载力提升过程中存在的关键限制性影响因素,在数量上显示村镇建设用地承载力关键限制性影响因素的轻重程度,从而通过技术、经济等手段对村镇建设用地承载力进行改善和优化,以此弱化关键限制性影响因素的消极作用,最终达到提升村镇建设用地承载力的目的,助力乡村振兴与乡村可持续发展。

基于 SES 框架得到的村镇建设用地承载力表征响应变量 $Y$,以限制性影响因子集的各个村庄影响因子为自变量 $X$,通过障碍度模型,计算各个乡镇的建设用地承载力关键限制性因素的障碍度（图 3-6）。

图 3-6　不同乡镇关键限制性因素的障碍度

根据计算得到的各乡镇障碍度系数,统计各限制性因素的障碍度系数大于均值（0.558）的乡镇出现的频率占比,如图 3-7 所示。

根据统计结果,建设占用耕地（$x_{11}$）是各个乡镇建设用地承载力最主要的关键限制性因素。溧阳市 11 个乡镇中,10 个乡镇的建设用地承载力均受到建设占用耕地（$x_{11}$）的制约,其次土地开发强度（$x_{13}$）对村镇建设用地承载力的限制较

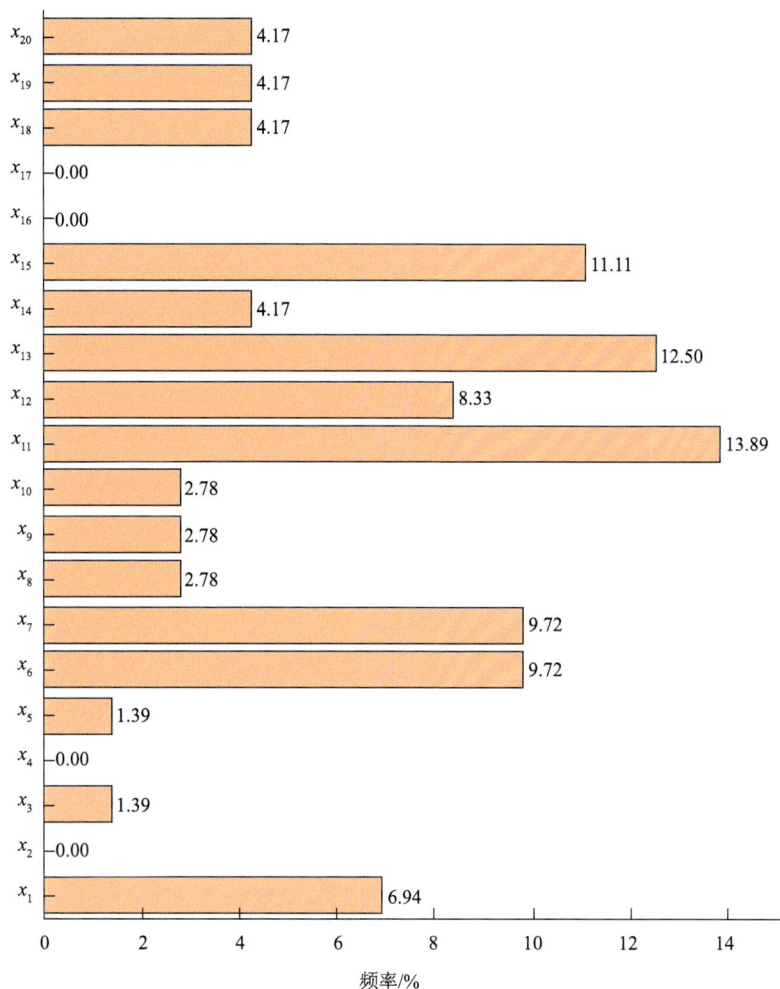

图 3-7　不同乡镇关键限制性因素的障碍度大于均值出现的频率

高，再次是 NDVI（$x_{15}$）。建设占用耕地（$x_{11}$）、土地开发强度（$x_{13}$）和 NDVI（$x_{15}$）的频率均超过 10%，因此被识别为不同乡镇村镇建设用地承载力的关键限制性因素。

同时，本书以基于 SES 框架得到的村镇建设用地承载力表征响应变量 $Y$，以限制性影响因子集的各个村庄影响因子为自变量 $X$，通过障碍度模型，计算不同承载水平的村镇建设用地承载力关键限制性因素的障碍度（图 3-8）。

根据计算得到的各乡镇障碍度系数，统计各限制性因素的障碍度系数大于均值（0.558）的乡镇出现的频率占比，如图 3-9 所示。

图 3-8　不同承载水平的关键限制性因素的障碍度

根据统计结果，贫困人数占比（$x_6$）、村庄留守人员（$x_7$）和建设占用耕地（$x_{11}$）是不同承载水平的村镇建设用地承载力最主要的关键限制性因素，在溧阳市的高、较高、中等、较低和低承载水平的 5 个等级中均受到了建设占用耕地（$x_{11}$）、贫困人数占比（$x_6$）和村庄留守人员（$x_7$）的限制。其次是人均农村居民点面积（$x_{12}$）、土地开发强度（$x_{13}$）、交通可达性（$x_{14}$）和 NDVI（$x_{15}$）在 5 个不同的承载水平等级中限制了村镇建设用地承载力的状态，其中除较高村镇建设用地承载力水平的村庄外，人均农村居民点面积（$x_{12}$）对其他承载水平的村庄均有较高的限制作用；土地开发强度（$x_{13}$）和 NDVI（$x_{15}$）对低水平、较低水平、中等水平和较高水平的村镇建设用地承载力状态有较高的影响；交通可达性（$x_{14}$）不会限制低水平村镇建设用地承载力的村庄，对其他承载水平的村庄均有一定程度的限制。贫困人数占比（$x_6$）、村庄留守人员（$x_7$）、建设占用耕地（$x_{11}$）、人均农村居民点面积（$x_{12}$）、土地开发强度（$x_{13}$）、交通可达性（$x_{14}$）和 NDVI（$x_{15}$）的频率均超过 10%，因此被识别为不同承载水平的村镇建设用地承载力的主要关键限制性因素。

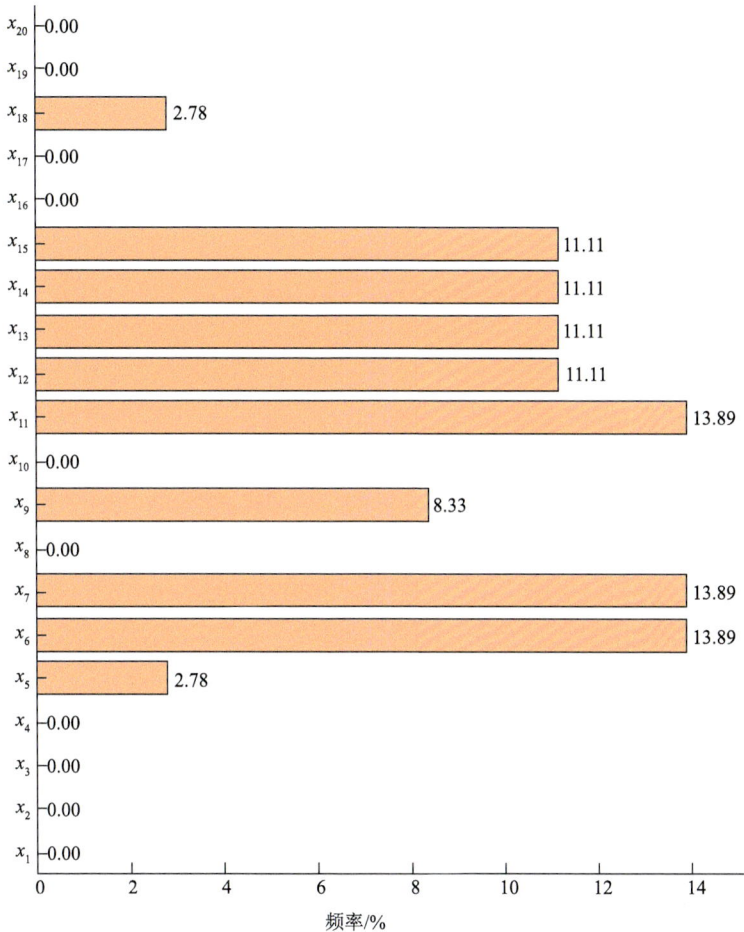

图 3-9　不同承载水平关键限制性因子的障碍度大于均值出现的频率

## 3.4　基于主成分分析法的村镇生态用地承载力影响因素识别

喀斯特是全球主要地貌类型之一，约占陆地面积的 15%，喀斯特分布面积大于 5 万 km² 或面积比例大于 20% 的国家有 88 个，影响着 18 亿人的生产和生活。中国是喀斯特面积最大、分布最广的国家，约占国土陆地面积的 1/3，其中以滇桂黔为中心的西南喀斯特地区是世界上面积最大的集中连片分布区，也是我国四大生态环境脆弱区（喀斯特、黄土、沙漠、高寒）之一。西南喀斯特地区位于长江和珠江流域的上游，是"两江"流域重要的生态和水资源安全屏障。受碳酸盐岩地质背景制约，碳酸盐岩风化成土速率极其缓慢，导致喀斯特地区土壤瘠薄，资源环境承载力低，是我国石漠化土地退化区。

相比干旱、半干旱地区的荒漠化，石漠化是发生在湿润、半湿润地区的土地退化过程，是一种特殊的荒漠化类型。石漠化指在热带、亚热带湿润、半湿润气候条件和岩溶极其发育的自然背景下，受人为活动干扰，地表植被遭受破坏，造成土壤侵蚀程度严重，基岩大面积裸露，土地退化的表现形式。截至 2021 年底全国仍有石漠化土地 722 万 $hm^2$。喀斯特地区地带性植被为常绿阔叶林和季节性雨林，但在土层较薄的石灰岩和白云岩基质上发育的主要是常绿与落叶阔叶混交林和含有较多落叶成分的季节性雨林，受人为干扰的影响，大部分地区目前为次生的矮林和灌草丛，其中有相当部分已退化为石漠化的山地。因此，石漠化治理以退化喀斯特生态系统的植被恢复和重建为目的，区域植被覆盖及生长状况（植被"绿度"）是喀斯特地区生态承载能力的主要表征和体现。

大规模生态保护与修复下，我国西南喀斯特地区成为近 20 年来全球"变绿"的热点区之一，以全球陆地总面积的 0.036%贡献了全球植被地上生物量增加最快地区的 5%。然而，目前仍缺乏植被变绿与生态工程之间存在关系的直接统计证据，同时，不同喀斯特区域自然背景差异大，识别影响不同喀斯特地貌类型区植被恢复格局的主导因素对促进喀斯特脆弱生态区植被恢复及提升区域生态用地承载能力具有重要意义。

### 3.4.1 村镇生态用地资源承载力影响因素集构建

村镇生态用地承载力涉及资源、环境、生态、社会、经济等多个维度，受到资源、行动者、人地交互作用过程和结果的影响。根据 SES 框架，以植被"绿度"为生态用地承载力指标，从资源系统、资源单位、行动者、外部生态系统 4 个方面，考虑影响植被变化的气候因子、土壤质地因子、土壤养分因子、人类活动干扰因子、社会经济条件因子和生态工程因子 6 个方面，具体主要包括气温、积温、降水等气象数据，不同土壤、植被覆盖条件下土壤有机碳含量和土壤有机氮等土壤养分数据，砂土含量等土壤质地数据，不同喀斯特地貌类型（中高山岩溶山地、岩溶断陷盆地、岩溶高原、岩溶峡谷、峰丛洼地、岩溶槽谷、峰林平原、溶丘洼地等）等地质背景数据，土地利用类型、人口密度和 GDP 平均值统计数据，以及生态工程资金投入和造林面积数据等共 22 个影响因子（表 3-11），探讨社会-生态系统作用下西南喀斯特地区生态用地承载力的关键影响因素。

表 3-11　村镇生态用地资源承载力影响因素集

| 子系统 | 特点 | 指标 |
| --- | --- | --- |
| 资源系统 | 土壤属性 | 黏粒含量 |
|  |  | 粉粒含量 |

续表

| 子系统 | 特点 | 指标 |
|---|---|---|
| 资源系统 | 土壤属性 | 砂粒含量 |
| | | 土壤厚度 |
| | | 有机氮含量 |
| | | 不同土壤条件下土壤有机碳含量 |
| | | 不同植被条件下土壤有机碳含量 |
| | 系统产出 | GDP |
| | 水文条件 | 河流密度 |
| | 地质背景 | 工程地貌类型 |
| | | 坡度 |
| 资源单位 | 生态工程 | 造林面积 |
| | | 资金投入 |
| 行动者 | 人类活动 | 人口密度 |
| | | 道路密度 |
| | | 土地利用类型 |
| 外部生态系统 | 气象因素 | 多年平均气温 |
| | | >0℃积温 |
| | | >10℃积温 |
| | | 年均降水量 |
| | | 湿度指数 |
| | | 干燥度 |

### 3.4.1.1 气象数据

气象数据来自中国气象数据网(http://data.cma.cn/),包括逐年年均气温、>0℃积温、>10℃积温、年均降水量、湿度指数、干燥度等,在 ArcGIS 中利用空间分析工具裁剪出滇桂黔三省的范围,再取多年的均值,获得各县多年的平均值指标。

### 3.4.1.2 专题数据

人口密度、GDP、土地利用类型、坡度、土壤有机氮含量、不同植被和土壤条件下土壤有机碳含量等数据从中国科学院资源环境科学数据中心(http://www.

resdc.cn/）下载；其中，土壤质地数据分为砂粒含量（％）、粉粒含量（％）、黏粒含量（％）三大类，空间分辨率为 1 km；土壤厚度数据来源于寒区旱区科学数据中心（http://www.ncdc.ac.cn/）的 NC 文件，利用 ArcGIS 中的多维工具转换成矢量数据，再统计出每个县域的平均值。

生态工程资金投入和造林面积数据分别由滇桂黔三省林业厅提供。生态工程资金投入包括退耕还林、荒山造林和封山育林及现金补助 4 个部分，取每县多年总资金投入作为该县生态工程资金投入，造林面积亦然。由于生态工程数据为县域尺度上的数据，为了统计一致性，本书的 NDVI 数据和所有的影响因素数据都利用 ArcGIS 中的分区统计工具统计了县域尺度上的平均值。同时，本书对以上各因素进行了归一化，使各指标的取值落在[0,1]的区间内，确保计量单位的统一性。归一化计算公式为

$$X_{norm} = \frac{x_i - x_{min}}{x_{max} - x_{min}} \tag{3-15}$$

式中，$X_{norm}$ 为归一化后的指标值；$x_i$ 为归一化之前的指标值；$x_{min}$ 为指标中的最小值；$x_{max}$ 为指标中的最大值。

### 3.4.2 西南喀斯特地区村镇生态用地承载力关键限制性因子识别

利用主成分分析法（principal component analysis，PCA）处理自变量之间的多重共线性问题，得到影响因素的主成分分析结果和各成分的得分系数矩阵，分析主要因素对中国西南喀斯特地区植被"绿度"变化趋势及生态用地承载力的影响。

#### 3.4.2.1 多重共线性检验

运用 SPSS 软件中的线性回归分析计算各指标的方差膨胀因子（VIF）值，得到 $R^2=0.57$ 及各指标的 VIF。各指标的 VIF 值有近一半大于 $1/(1-R^2)\approx2.13$（表3-12），其中>0℃积温和>10℃积温的 VIF 值远大于 10。这说明部分指标之间的相关性强于与被解释变量之间的相关关系，存在多重共线性问题。因此，原始的指标不能直接用于地理加权回归分析。

表 3-12  变量的方差膨胀因子

| 变量 | 方差膨胀因子 | 变量 | 方差膨胀因子 |
| --- | --- | --- | --- |
| 资金投入 | 4.56 | GDP | 1.31 |
| 造林面积 | 4.14 | 坡度 | 2.91 |
| 土壤厚度 | 3.15 | 粉粒含量 | — |

续表

| 变量 | 方差膨胀因子 | 变量 | 方差膨胀因子 |
|---|---|---|---|
| 不同植被条件下土壤有机碳含量 | 1.82 | 砂粒含量 | 1.81 |
| 不同植被条件下土壤有机碳含量 | 2.11 | 土地利用类型 | 1.24 |
| 有机氮含量 | 1.52 | 道路密度 | 1.47 |
| >0℃积温 | 156.58 | 年均降水量 | 3.45 |
| 多年平均气温 | 6.60 | 干燥度 | 1.34 |
| >10℃积温 | 154.47 | 河流密度 | 1.72 |
| 人口密度 | 3.84 | | |

### 3.4.2.2 影响植被"绿度"变化的主导因素提取

为解决此问题，本书利用 SPSS 软件中主成分分析方法对 22 个原始影响因子数据进行变换和处理，将原来多个相互影响的变量转换成几个互不相关的综合变量，既保留了原始影响因素的主要信息，又消除了变量间的多重共线性，得到影响植被变化的主导因素（王景雷等，2013）。本书用方差最大旋转矩阵将主成分中各变量的贡献率向最大和最小转变，使每个主成分上具有最高载荷的因子数最少，从而使得对主成分的解释更清晰（高吉喜等，2006；王莺等，2014）。

剔除与 GSN 年际变化率不显著相关的变量，利用 PCA 方法处理剩余自变量之间的多重共线性，得到影响因素的主成分分析结果和各成分的得分系数矩阵。利用旋转成分矩阵（表 3-13 和表 3-14）及相关分析，可以更清晰地查看每个因素对各主成分的贡献率。可以根据载荷较大的影响因素将主成分进行分类（表3-15）。本书结果显示，前 6 个主成分（PCA1~PCA6）的累计贡献率为 75.82%，可较好地表征原数据（Karamizadeh et al.，2013），并将提取到的这 6 个主成分作为主导因素做进一步的研究。

**表 3-13　主成分可解释的总方差**

| 成分 | 初始特征值 | | | 提取平方和载入 | | | 旋转平方和载入 | | |
|---|---|---|---|---|---|---|---|---|---|
| | 合计 | 方差百分比/% | 累计贡献率/% | 合计 | 方差百分比/% | 累积贡献率/% | 合计 | 方差百分比/% | 累计贡献率/% |
| 1 | 5.50 | 32.34 | 32.34 | 5.50 | 32.34 | 32.34 | 4.23 | 24.90 | 24.90 |
| 2 | 2.21 | 13.00 | 45.34 | 2.21 | 13.00 | 45.34 | 2.13 | 12.55 | 37.45 |
| 3 | 1.51 | 8.87 | 54.21 | 1.51 | 8.87 | 54.21 | 2.06 | 12.11 | 49.56 |
| 4 | 1.40 | 8.21 | 62.42 | 1.40 | 8.21 | 62.42 | 1.64 | 9.67 | 59.23 |
| 5 | 1.19 | 7.01 | 69.43 | 1.19 | 7.01 | 69.43 | 1.45 | 8.55 | 67.78 |
| 6 | 1.09 | 6.39 | 75.82 | 1.09 | 6.39 | 75.82 | 1.37 | 8.04 | 75.82 |

注：将特征值大于 1 的选为主成分。

表 3-14　旋转成分矩阵

| 各因子贡献率 | 6 个主成分 | | | | | |
|---|---|---|---|---|---|---|
| | 1 | 2 | 3 | 4 | 5 | 6 |
| 资金投入 | 0.02 | 0.09 | 0.91 | 0.07 | 0.12 | 0.08 |
| 造林面积 | 0.07 | 0.00 | 0.93 | 0.03 | 0.11 | 0.12 |
| 土壤厚度 | 0.73 | 0.20 | 0.04 | 0.01 | 0.31 | 0.13 |
| 不同植被条件下土壤有机碳含量 | 0.20 | 0.07 | 0.02 | 0.06 | 0.83 | 0.07 |
| 有机氮含量 | 0.52 | 0.02 | 0.03 | 0.02 | 0.32 | 0.04 |
| >0℃积温 | 0.88 | 0.24 | 0.05 | 0.12 | 0.27 | 0.02 |
| 多年平均气温 | 0.88 | 0.22 | 0.11 | 0.06 | 0.17 | 0.02 |
| >10℃积温 | 0.89 | 0.24 | 0.04 | 0.10 | 0.24 | 0.04 |
| 人口密度 | 0.02 | 0.19 | 0.21 | 0.71 | 0.01 | 0.00 |
| GDP | 0.29 | 0.30 | 0.19 | 0.29 | 0.22 | 0.49 |
| 坡度 | 0.25 | 0.41 | 0.34 | 0.55 | 0.24 | 0.22 |
| 黏粒含量 | 0.39 | 0.85 | 0.08 | 0.02 | 0.08 | 0.05 |
| 砂粒含量 | 0.23 | 0.89 | 0.03 | 0.06 | 0.17 | 0.00 |
| 土地利用类型 | 0.06 | 0.20 | 0.20 | 0.76 | 0.10 | 0.03 |
| 道路密度 | 0.06 | 0.19 | 0.16 | 0.03 | 0.07 | 0.85 |
| 年均降水量 | 0.78 | 0.06 | 0.08 | 0.02 | 0.32 | 0.01 |
| 河流密度 | 0.16 | 0.17 | 0.26 | 0.35 | 0.35 | 0.55 |

提取方法：主成分。旋转法：具有 Kaiser 标准化的正交旋转法。

表 3-15　各主成分对应的主导因素

| 变量 | 主导因素 |
|---|---|
| 常数项 | 基础自然条件 |
| PCA1 | 气候因子 |
| PCA2 | 土壤质地 |
| PCA3 | 生态工程 |
| PCA4 | 人类活动干扰 |
| PCA5 | 土壤养分 |
| PCA6 | 社会经济条件 |

　　6 个主导因素的详细构成特征如下：第 1 个主成分的贡献率为 24.90%，在 >0℃
积温（0.88）、多年平均气温（0.88）、>10℃积温（0.89）和年均降水量（0.78）

等指标上载荷较高，将该主导因素归纳为气候因子；第 2 个主成分的贡献率为12.55%，在砂粒含量（0.89）、黏粒含量（0.85）等土壤质地指标上有较高的载荷，故该主导因素归纳为土壤质地；第 3 主成分的贡献率为12.11%，较多地反映了造林面积（0.93）、生态工程资金投入（0.91）等信息，将该主导因素归纳为生态工程；第 4 主成分的贡献率为9.67%，更多地反映了人口密度（0.71）、土地利用类型（0.76）的信息，故命名为人类活动干扰；第5 主成分的贡献率为8.55%，在不同植被条件下土壤有机碳含量（0.83）上的载荷较大，将其命名为土壤养分；第 6 主成分的贡献率为8.04%，在道路密度（0.85）上的载荷较大，故归纳为社会经济条件。

# 4 村镇土地资源承载力关键限制性因子阈值测算

村镇土地资源承载力关键限制性因子阈值是一定时期和一定区域范围内，在符合可持续发展需求的情况下，影响区域土地资源和环境功能的关键限制性因子的最低管理要求以及所能承载的社会经济活动的最大能力。依据村镇土地资源承载力社会-生态系统耦合关系机理分析和关键限制性因素识别结果，以耕地和建设用地承载力关键限制性因子为对象，梳理村镇土地资源承载力关键限制性因子阈值测算方法，并基于短板理论、面板门槛模型、边界线分析法等方法分别测度种植结构、复种指数、土地开发强度、人均宅基地面积的阈值，为采取科学合理的管控策略提供基础，有利于完善村镇土地资源承载力的理论体系以及系统测算方法，对推进乡村振兴具有一定的理论与实践意义。

## 4.1 村镇土地资源承载力关键限制性因子阈值测算方法基础

阈值（threshold value）是任何事物的发展不能超过所依附的另一事物所能承载的能力。当外界和土地资源本身的压力超过了土地系统的适应能力时，土地资源状态将发生改变，承载力也随之变化。土地资源承载力关键限制性因子是基于"短板效应"确定的影响土地资源承载力的重要指标。

村镇耕地、建设用地、生态用地资源承载力也受制于不同侧面的关键限制因素阈值影响，对村镇土地资源承载力关键限制性因子阈值的测算可为采取科学合理的管控策略提供基础，有利于完善资源环境承载力的理论体系以及系统评估方法，对推进乡村振兴具有一定的理论与实践意义。

### 4.1.1 村镇耕地承载力关键限制性因子阈值测算方法

耕地资源承载力阈值测算，即根据村镇耕地资源在一定的物质及技术投入水平条件下的食物生产能力，推算可供养的某一生活水平的人口数量，衍生出"人均耕地警戒值""人均耕地阈值""人均耕地资源安全底线""最小人均耕地面积"等诸多概念，具有农业经济产值、粮食产量、农业发展资源消耗等多元目标，以此构建目标函数并进行约束条件设置与计算。边界线法由于在厘清多要素关系，判断各要素贡献率大小上具有理想效果，广泛应用于作物产量、耕地可持续生产力、资源要素利用边界识别等方面。本书主要测算种植结构和要素投入 2 个关键限制性因子的阈值。

#### 4.1.1.1 种植结构阈值测算方法

粮食生产以耕地为基础，耕地对粮食安全的保障作用主要取决于耕地面积、单产、种植结构和复种指数。种植结构与粮食产量、耕地面积、单产和复种指数的关系用以下公式表示：

$$\text{Pstr} = Y_g / (Y_u \times \text{Area} \times \text{MCI}) \tag{4-1}$$

式中，$Y_g$ 为区域粮食总产量（kg）；$Y_u$ 为单位播种面积粮食产量（kg/hm$^2$）；Area 为耕地面积（hm$^2$）；MCI 为农作物播种面积占耕地面积的比例，即复种指数；Pstr 为粮食作物播种面积占农作物播种面积的比例，即种植结构。

由式（4-1）可知，保持粮食总产量和耕地面积不变，在最高单产和最大复种指数约束下，反推计算得到种植结构的值为极限值（阈值）。因此，需要首先确定粮食总产量、单产、耕地面积和复种指数。

耕地复种指数分为实际复种指数和复种潜力，出于求解耕地种植结构极小值的研究目的，式（4-1）中复种指数指耕地的复种潜力。耕地复种潜力主要取决于自然条件，其中，温度和降水是决定耕地复种潜力的重要因素，运用积温、降水与复种指数的外包络线方程测算耕地潜在复种指数（范锦龙和吴炳方，2004）。公式如下：

$$M_T = \begin{cases} 100 & ,T < 3400 \\ (T-3400) \times 0.125 + 100, & 3400 \leqslant T < 4200 \\ 200 & ,4200 \leqslant T < 5200 \\ 300 & ,T \geqslant 5200 \end{cases} \tag{4-2}$$

$$M_R = \begin{cases} 100 & ,R < 500 \\ (R-500) \times 0.14 + 200, & 500 \leqslant R < 1200 \\ 300 & ,R \geqslant 1200 \end{cases} \tag{4-3}$$

式中，$M_T$ 为温度决定的复种潜力；$T$ 为日均温 $\geqslant 0\,^{\circ}\text{C}$ 的年均积温；$M_R$ 表示降雨决定的复种潜力；$R$ 为年总降雨量（mm）。耕地复种潜力 $M_P = \min(M_T, M_R)$。

在此基础上，通过预测区域人口，计算区域粮食需求并作为粮食总产量目标，进而利用式（4-1）测度耕地种植结构的下限阈值。

#### 4.1.1.2 要素投入阈值测算方法

1）边界线分析法

任何两个有着因果关系的变量存在一条于数据体边界上的、表示群体中最佳表现的线，称为边界线（boundary line）。边界线分析法可从复杂的多因素中孤立出某个因素，单独分析其对因变量的影响。该方法的基本假设为：在不同自变量水平下，因变量获得最高水平的趋势线，而该自变量以外的其他因素对边界线上因变量的影响可以忽略不计。边界线分析法能够避免应用一般线性模型分析变量间关系时其他变量对结果的干扰及变量间共线性等问题。近年来，该方法在测算作物产量差、分析单因素对产量的限制程度和解析限制因子最适值等研究中应用广泛。

边界线分析法解析作物产量差主要步骤如下：①将自变量和因变量一一对应生成二变量散点图，并剔除异常值；②每个数据点对应的 $X$ 值均有一个对应的最高 $Y$ 值（某一影响因素对应的产量最高的点），此点称为边界点，提取所有边界点（按照自变量排序后，利用 Excel 表格中的 IF 公式求出）；③所有边界点连接构成产量趋势线，利用不同函数对趋势线拟合，选取决定系数（$R^2$）最大的趋势线作为边界线，以反映影响因素与产量的关系；④将某点影响因素数值代入边界线方程得到此点的模拟产量，边界线上的模拟产量值代表每一个因素观测值对应的最大产量；⑤捕捉边界线上斜率为 0 的点或者边界线拐点，该点对应最高产量则为产量最大预测值，最大预测产量对应的 $X$ 值则为该限制因子的最适值；⑥依据产量差定义计算总产量差和可解释产量差。

2）粮食产量差的边界线分析

粮食生产受多种因素的综合作用，以粮食生产影响因素作为限制因素，粮食产量作为响应变量作散点图，根据边界线分析法的基本原理可知，存在一条边界线使得边界线上产量仅受到该影响因素的限制作用，粮食生产的边界线分析如图 4-1 所示。

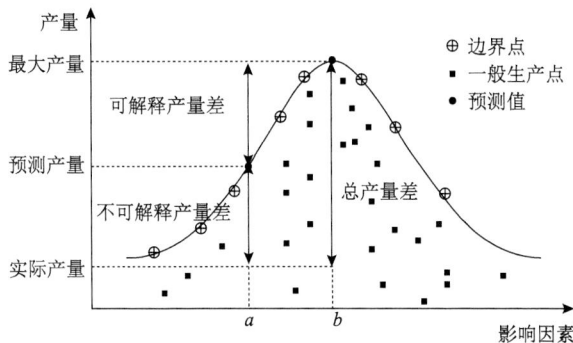

图 4-1　粮食生产边界线分析示意图

曲线为边界点拟合的粮食产量变化的趋势线，上中下三条横虚线分别代表最大预测产量、每个观测值的预测产量和样本实际产量，$a$ 为某个观测值的可解释产量差，$b$ 为观测值阈值

产量差分为可解释产量差和不可解释产量差，其中，可解释产量差是指最大预测产量与边界线上实际预测产量的差值，可解释产量差仅受到该因素的影响，与其他因素无关。对于某个限制因素，依据边界线分析法预测的最大产量是唯一的，则某个观测值（a）对应的可解释产量差越大说明实际预测产量越小（位于边界线上的点），即该点与生产目标的差距越大，说明该点的观测值对产量的限制作用越大。为识别关键限制性因子，本书引入了贡献率（contribution rate）的概念，以比较因素对产量差的限制作用。可解释产量差可定量某一因素对产量差的贡献量，用可解释产量差与总产量差的比值表示该因素对产量差的贡献率。贡献率越大说明该因子对产量差的限制越大，对于某个因素，其贡献率为所有观测值贡献率的平均值，而产量差的关键限制因素为平均贡献率最大的因素。由前文分析可知，边界线上的点为限制因素观测值的预测产量，最大预测产量对应的限制因素的观测值（b）被认定为其阈值，由此可见，当限制因素偏离最适值时无法实现粮食产量最大化，而围绕最适值对限制因素进行约束或提高，是缩小产量差、实现粮食增产的重要途径。

## 4.1.2　村镇建设用地承载力关键限制性因子阈值测算方法

建设用地承载力可理解为不同时间尺度、不同城市等级的城市建设用地所能承载的城市内部的一切社会经济活动，是对区域内人口、经济、环境的全面阐释。据此，学者们多采用数理统计结合 GIS 空间分析方法构建组态指标体系对其进行评价和警戒预估，常使用的方法包括：均方根误差法、粗糙集、模糊物元模型、投影寻踪模型等评测模型，但根据测算综合水平对比其他区域标准或是本地区生产经验阈值参数均无法判断准确的趋势转折点，而门限回归模型可以准确把握当某一参数达到特定数值后会引起另一参数发生急剧变化，转化为其他发展形式的现象。相比传统的门限回归模型，双门限回归模型可根据残差平方和最小原理进行阈值估计，结果精确、稳定。因此，本书在测度村庄"空心化"水平、评价生境质量的基础上，采用双门限回归模型预测村镇建设用地承载力关键限制性因子阈值。

### 4.1.2.1　村庄"空心化"水平测度

考虑到有的村庄可能既有外出人口，也有外来人口的情况（如城市郊区的农村），本书采用户籍人口和常住人口的比重来界定村庄"空心化"程度，如式（4-4）所示：

$$\mathrm{Hollow\_Level} = \frac{\mathrm{Pop_{household}} - \mathrm{Pop_{permanent}}}{\mathrm{Pop_{household}}} \qquad (4\text{-}4)$$

式中，Hollow_Level 为村庄"空心化"程度；$Pop_{household}$ 为村庄户籍人口数量；$Pop_{permanent}$ 为村庄常住人口数量。

广义的村庄"空心化"是指人口净流出的村庄，即户籍人口大于常住人口的村庄。借鉴现有研究，本书按照村庄人口情况，将其"空心化"水平按照程度差异分为 5 种类型，如表 4-1 所示。

表 4-1 村庄"空心化"水平测度

| "空心村"判定 | 类型 | 含义 |
| --- | --- | --- |
| 不存在"空心化" | 人口流入村 | Hollow_Level ∈ (·, −5%) |
| | 人口稳定村 | Hollow_Level ∈ [−5%, +5%) |
| 存在"空心化" | 轻微"空心化" | Hollow_Level ∈ [+5%, +10%) |
| | 一般"空心化" | Hollow_Level ∈ [+10%, +50%) |
| | 剧烈"空心化" | Hollow_Level ∈ [+50%, ·) |

### 4.1.2.2 生境质量评价

采用 InVEST 模型中的 Habitat Quality 模块定量测度生境质量，该模型通过分析每种威胁的相对影响，每种栖息地类型对威胁的相对敏感性，栖息地与威胁源之间的距离以及土地受到保护的程度，用栖息地质量作为生境质量的代表。本书考虑了五种威胁，这些威胁代表着人为主导的景观中的人为干扰，包括水田、旱地以及城市、农村居民点和其他建筑用地。网格单元 $y$ 对栖息地单元 $x$ 的威胁 $i_{rxy}$ 用如下公式表示：

$$i_{rxy} = \begin{cases} 1 - \left( \dfrac{d_{xy}}{d_{rmax}} \right) & （线性） \\ \exp\left[ -\left( \dfrac{2.99}{d_{rmax}} \right) d_{xy} \right] & （指数） \end{cases} \qquad （4-5）$$

式中，$d_{xy}$ 为网格单元 $y$ 与栖息地单元 $x$ 的欧氏距离；$d_{rmax}$ 为威胁的最大影响距离。指数关系被用于城市、农村居民点和其他建筑用地的影响，线性关系被用于水田和旱地。

栖息地单元 $x$ 受到地类 $j$ 的总威胁程度用式（4-6）表示：

$$D_{xj} = \sum_{r=1}^{R} \sum_{y=1}^{Y_r} \frac{w_r}{\sum_{r=1}^{R} w_r} r_y i_{rxy} \beta_x S_{jr} \tag{4-6}$$

式中，$R$ 为威胁源的个数；$Y_r$ 为威胁源 $r$ 的斑块数量；$w_r$ 为威胁源的权重；$r_y$ 为斑块 $y$ 的威胁强度；$\beta_x$ 为受保护的土地；$S_{jr}$ 为 $j$ 类土地利用类型对威胁类型 $r$ 的敏感性。

生境质量 $Q_{xj}$ 表示斑块 $x$ 在土地利用类型 $j$ 的生境质量，用式（4-7）表示：

$$Q_{xj} = H_j \left( 1 - \left( \frac{D_{xj}^z}{D_{xj}^z + k^z} \right) \right) \tag{4-7}$$

式中，$H_j$ 为土地利用类型 $j$ 的生态适宜性；$j$、$k$ 和 $z$ 均为常数。生境质量的取值从 0～1 逐渐递增。

### 4.1.2.3 阈值测算模型

Hansen（1999）提出了门限回归模型，解决了如何分析变量相互影响的非线性问题。从模型的设想、提出，到模型的检验、验证，Hansen（1999）都给予了详细的论证。门限回归模型分为单门限回归模型以及多门限回归模型，在多门限回归模型中，最常用的是双门限回归模型，即

$$y_{it} = \beta_1' x_{it} I(q_{it} \leqslant \gamma_1) + \beta_2' x_{it} I(\gamma_1 < q_{it} \leqslant \gamma_2) + \beta_3' x_{it} I(q_{it} > \gamma_2) + u_i + \varepsilon_{it} \tag{4-8}$$

其中，示性函数

$$I(q_{it} \leqslant \gamma_1) = \begin{cases} 1, q_{it} \leqslant \gamma_1 \\ 0, q_{it} > \gamma_1 \end{cases}$$

$$I(\gamma_1 < q_{it} \leqslant \gamma_2) = \begin{cases} 1, \gamma_1 < q_{it} \leqslant \gamma_2 \\ 0, q_{it} \leqslant \gamma_1 | q_{it} > \gamma_2 \end{cases} \tag{4-9}$$

$$I(q_{it} > \gamma_2) = \begin{cases} 1, q_{it} > \gamma_2 \\ 0, q_{it} \leqslant \gamma_2 \end{cases}$$

$y$ 为被解释变量；$x$ 为解释变量；$q$ 为门限变量；$\gamma$ 为具体门限值；$\varepsilon_{it}$ 服从独立同分布。其估计原理主要是根据残差平方和最小原理进行估计。

由于 $\gamma$ 取值不能超过 $q_{it}$ 的取值范围，否则门限模型与 $q_{it}$ 无关，则

$$\gamma \in \left\{ q_{it} : i = 1, 2, \cdots, N, t = 1, 2, \cdots, T \right\} \tag{4-10}$$

即最多 $NT$ 种取值，可从中选择一个 $\hat{\gamma}$，使得 $\mathrm{RSS}(\hat{\gamma})$ 最小化的参数估计量 $\hat{\beta}_1(\hat{\gamma})$ 和 $\hat{\beta}_2(\hat{\gamma})$。进而对门限效应进行检验：

$$\begin{cases} H_0: & \beta_1 = \beta_2 \text{或者} \beta_{1j} = \beta_{2j}, j = 1, 2, \cdots, k \\ H_1: & \text{对于} j = 1, 2, \cdots, k, \beta_{1j} \text{与} \beta_{2j} \text{不全相等} \end{cases} \tag{4-11}$$

进而构建 LR 检验统计量：

$$\mathrm{LR} = \frac{\mathrm{RSS}^* - \mathrm{RSS}(\hat{\gamma})}{\mathrm{RSS}(\hat{\gamma}) / N(T-1)} \tag{4-12}$$

其中，$\mathrm{RSS}^*$ 为无门限效应时模型的残差平方和；$\mathrm{RSS}(\hat{\gamma})$ 为存在门限效应时的残差平方和。若门限效应存在，继续进行门限值的检验：

$$H_0: \quad \gamma = \gamma_0 \tag{4-13}$$

构建 LR 检验统计量：

$$\mathrm{LR}(\gamma) = \frac{\mathrm{RSS}(\gamma) - \mathrm{RSS}(\hat{\gamma})}{\mathrm{RSS}(\hat{\gamma}) / N(T-1)} \tag{4-14}$$

其中，$\mathrm{RSS}(\gamma)$ 为 $H_0$ 成立时门限模型的残差平方和。

## 4.2 基于边界线分析法的村镇耕地资源承载力关键限制性因子阈值测算

以极限-适度理论作为研究区域耕地资源承载状况的重要基础理论,从极限标准和适度标准两方面切入，研究制定制约不同区域/类型村镇耕地承载提升的、多目标约束下村镇耕地承载力关键阈值测定指标体系；即模拟关键限制因子在耕地资源环境与人口经济合理规模约束下的极限阈值，参考政策法规、标准规范测算耕地质量及耕地利用格局变化下耕地粮食产能、耕地生态保护等关键指标参数，结合国内外相关阈值标准和专家经验知识，测定不同村镇耕地空间管控目标约束下的适度标准的村镇耕地资源承载力关键限制因子阈值。

### 4.2.1 村镇耕地资源承载力的种植结构极限值测算

利用研究区统计数据，通过预测人口和粮食需求，确定区域粮食生产目标，进而测度耕地种植结构的极限值。溧阳市耕地面积、农作物和粮食作物播种面积、产量和人口统计数据如表4-2所示。

表 4-2  溧阳市统计数据

| 年份 | 耕地面积/万亩 | 播种面积/万亩 | | 复种指数/% | 种植结构 | 总产量/万t | 单产/（kg/hm²） | 常住人口/万人 |
|---|---|---|---|---|---|---|---|---|
| | | 农作物 | 粮食作物 | | | | | |
| 2009 | 83.74 | 140.51 | 96.99 | 167.78 | 0.69 | 49.78 | 7698 | 74.62 |
| 2010 | 86.45 | 143.84 | 105.29 | 166.37 | 0.73 | 52.72 | 7510 | 74.95 |
| 2011 | 86.38 | 143.27 | 107.70 | 165.85 | 0.75 | 54.47 | 7587 | 75.58 |
| 2012 | 86.38 | 142.55 | 106.01 | 165.02 | 0.74 | 54.52 | 7715 | 76.03 |
| 2013 | 86.44 | 141.57 | 102.57 | 163.78 | 0.72 | 53.63 | 7843 | 76.02 |
| 2014 | 86.65 | 141.32 | 103.17 | 163.09 | 0.73 | 53.89 | 7835 | 76.02 |
| 2015 | 86.90 | 139.20 | 102.80 | 160.18 | 0.74 | 53.90 | 7865 | 76.09 |
| 2016 | 87.64 | 136.47 | 99.81 | 155.71 | 0.73 | 48.66 | 7313 | 76.16 |
| 2017 | 88.76 | 127.53 | 92.40 | 143.68 | 0.72 | 45.75 | 7427 | 76.25 |
| 2018 | 89.89 | 120.29 | 92.94 | 133.82 | 0.77 | 45.56 | 7354 | 76.33 |

数据来源：2010～2019年《溧阳市统计年鉴》。

随着社会的发展，消费结构的变化，人均粮食消费量不断增多，参考 FAO 公布的人均营养热值标准和中国国家卫生健康委员会公布的标准（肖鹏南等，2020），温饱型、小康型和富裕型生活水平下的粮食消费标准分别为 400 kg/a、450 kg/a 和 550 kg/a，并以最高标准的人均粮食消费量预测粮食需求量。除此之外，溧阳市作为粮食主产区，应保持较高的粮食自给率，地区粮食供给不仅需要保障当地人口的粮食需求，而且要填补粮食主销区的粮食缺口，以维持较大区域内粮食的"产销平衡"，因此，地区粮食生产目标应包括为满足其他区域粮食需求的粮食产量。由 2018 年溧阳市常住人口、人均粮食消费量和粮食总产量，计算得到 2018 年溧阳市粮食自给率为 108.52%（粮食生产量/粮食消费量）。基于溧阳市 2009～2018 年常住人口数据，运用时间序列法和GM（1,1）模型（两者取均值）预测得到 2025 年地区常住人口为 78.16 万人，假设粮食自给率保持不变，进而计算得到地区粮食生产目标为 46.52 万t（总人口×人均粮食消费×自给率）。

2018 年溧阳市≥0℃积温为 6345.4℃，年总降雨量为 1123.5 mm，利用式（4-2）和式（4-3）计算得到溧阳市 2018 年耕地复种潜力为287.29%，对比统计数据（133.82%）可以发现，溧阳市耕地复种指数仍有较大的挖掘空间。假设溧阳市耕地面积保持不变（以 2018 年数据为基准），以统计数据最高和最低单产分别作为 2025 年粮食作物目标单产，利用式（4-1）计算得到种植结构的阈值区间，如表 4-3 所示。

**表 4-3 2025 年溧阳市耕地种植结构极限值**

| 产量目标/万 t | 耕地面积/万亩 | 复种潜力/% | 单产/（kg/hm²） | 种植结构 |
|---|---|---|---|---|
| 46.52 | 89.89 | 287.29 | 7313 | 0.37 |
| | | | 7865 | 0.34 |

由表 4-3 可知，以耕地复种潜力和统计数据最高、最低单产作为目标单产计算得到 2025 年溧阳市耕地种植结构分别为 0.34 和 0.37，由于该种植结构为耕地复种潜力条件下的极限值，而实际复种指数难以达到复种潜力水平，因此，在现有单产水平下，为保障粮食安全，溧阳市耕地种植结构的下限阈值为 0.34~0.37，即耕地"非粮化"比例的上限为 0.63~0.66。统计数据表明，2009~2018 年溧阳市耕地种植结构为 0.69~0.77，约为种植结构下限的两倍，但是由于耕地实际复种指数不足复种潜力的一半，因此，种植结构与复种指数叠加效应下的耕地利用水平基本满足该地区未来粮食生产需求。需要注意的是，地区耕地利用集约度偏低，表明耕地存在较大的复种空间，导致这种现象的原因可能有两个方面：一是溧阳市第二、第三产业发达，非农行业占据主导地位，导致农业用地比例低。同时，大量农村劳动力非农就业导致耕地抛荒、闲置和低效利用现象严重，降低了耕地有效利用率。二是快速城市化、工业化进程中占用大量优质耕地，而耕地"占优补劣"导致耕地质量下降，降低了农民的种植意愿，造成作物播种面积下降。

### 4.2.2 村镇耕地资源承载力的粮食产量边界线测算

#### 4.2.2.1 复种指数与粮食产量的边界线

应用 Origin Pro 2020 软件进行边界线拟合并作图，如图 4-2（a）所示。随着复种指数的提高，粮食产量以一种衰减的速度上升，可能的原因是随着复种指数的逐步提高，即农民的粮食作物播种面积逐渐增大，可能导致农民的经营能力无法满足其耕地种植规模需求，因此，可能导致粮食总产量以减缓的速度上升。当复种指数为 2.17 时，边界线的斜率为 0，由阈值定义可知，江苏省耕地复种指数对粮食产量的影响存在阈值（2.17），由于复种指数取决于地区光温水条件，因此复种指数的阈值可以认为是地区耕地复种规模的极限值，极限值下耕地粮食产量为 718.58 万 t。另外，通过对样本的统计分析可知，所有样本数据的复种指数均小于阈值，说明江苏省耕地复种潜力仍具有提升空间，提高耕地利用强度，将复种指数提升至极限值是挖掘耕地生产潜力、保障粮食安全的重要途径。

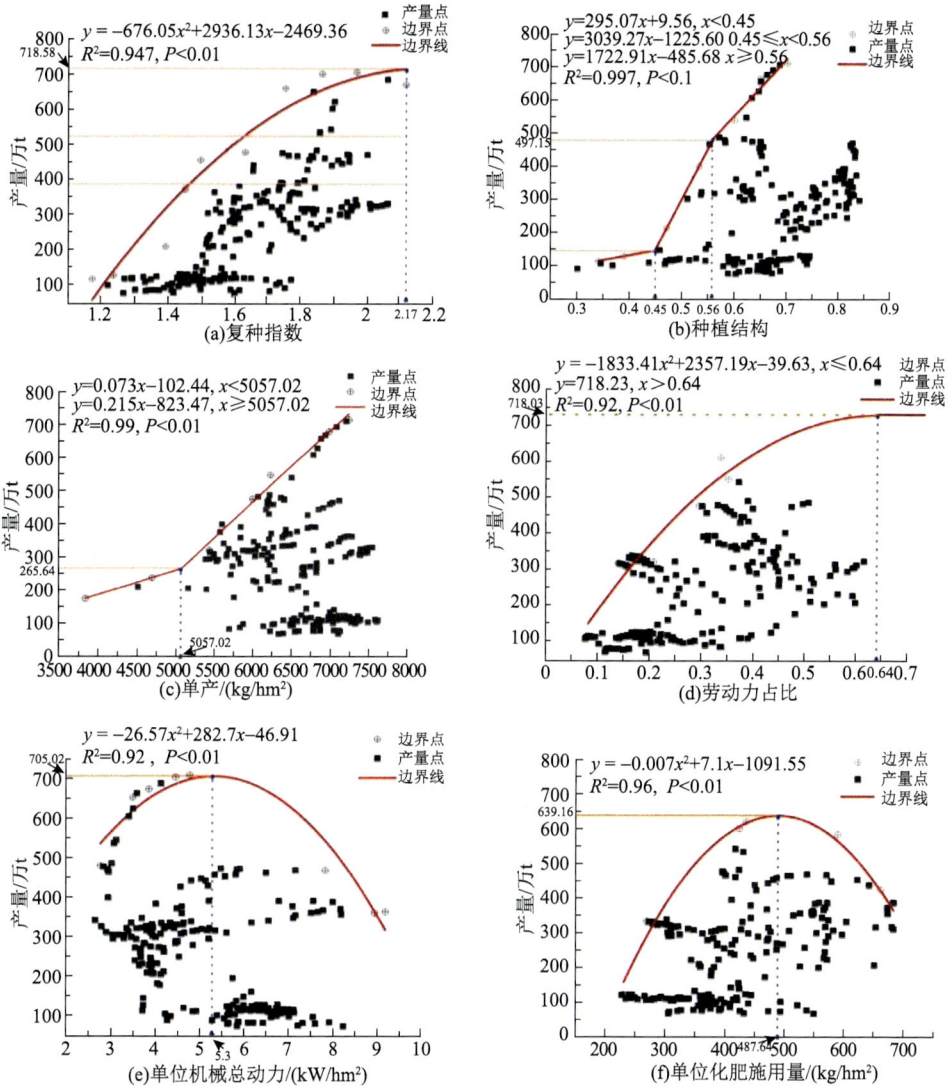

图 4-2　边界线拟合结果

### 4.2.2.2　种植结构对粮食产量的边界线

　　分段线性函数对种植结构的趋势线拟合最好，通过 1% 水平上的显著性检验。由图 4-2（b）可知，种植结构对粮食产量的函数曲线发生两次突变，表明种植结构对粮食产量的影响存在两个"拐点"。当种植结构为 0.45 时（Th1），农户耕地粮食生产处于均衡状态。当种植结构超过 0.45 时，表示存在外在动力驱动农户提高粮食作物种植规模，从而对粮食生产的投入与关注上升，进而提高了粮食生产效率。外部性因素改变了农户耕地粮食生产的均衡状态，在种植结构为 0.56

（Th2）时，粮食生产处于新的均衡点。随着粮食种植规模的进一步扩大，农户的农业生产物质无法满足种植规模扩大的需求，导致单位播种面积农业生产物质下降，从而导致粮食生产效率下降；也可能是因为农户获得的种粮补贴无法弥补其经济作物的经济损失，因此，农民的种粮积极性下降，导致粮食生产积极性下降，从而导致粮食生产效率的降低。

### 4.2.2.3　粮食单产对粮食产量的边界线

分段线性函数对粮食单产的趋势线拟合最好，通过 1% 水平上的显著性检验。由图 4-2（c）所示，粮食单产对粮食产量的函数曲线发生一次突变，表明单产对粮食产量的影响存在一个阈值，其值为 5057.02 $kg/hm^2$，当单产小于阈值时，单产每增加一个单位，粮食产量增加 0.073 个单位；当单产大于阈值时，单产每增加一个单位，粮食产量增加 0.215 个单位。统计样本中，粮食单产大于阈值的样本占比为 98.56%，但是统计样本中粮食单产最大值仅为 7600 $kg/hm^2$，单产在 7000 $kg/hm^2$ 以上的样本占比为 30.29%，这说明江苏省各地区粮食单产较高，但是单产呈现出"停滞"的趋势，未达到粮食单产的"天花板"，单产仍然具有较高的提升空间，鼓励农民"单改双"和种植单产较高的粮食作物能够提高综合单产，提升粮食增产空间。

### 4.2.2.4　劳动力占比对粮食产量的边界线

二次项函数对劳动力占比的趋势线拟合最好，通过 1% 水平上的显著性检验。如图 4-2（d）所示，随着劳动力比例的提高，粮食产量以一种衰减的速度上升，在劳动力占比为 0.64 时，粮食产量最大，该点处劳动力对产量的函数曲线的斜率为 0，表明劳动力的阈值为 0.64。劳动力投入扩大了农业生产规模，促进了粮食增产。随着农业劳动力比例的增加，粮食生产的劳动力数量饱和，劳动力对粮食生产的促进作用达到顶峰，耕地的自然资源禀赋（气候因素、土壤质量）和农业生产物质（农药、化肥、机械化水平等）对粮食生产的约束性逐渐凸显，粮食产量并不会随着劳动力增加而持续上升，而是保持一个相对平稳的水平。统计样本中，所有样本的劳动力占比均小于阈值，说明江苏省粮食生产存在劳动力"短缺"的问题。需要注意的是，当劳动力占比大于阈值时，农业劳动力数量持续增加，而粮食产量止步不前，则需要释放"过剩"的农业劳动力，通过引导农村劳动力再就业，或通过成立农业合作社等方式缓解劳动力压力，将农业劳动力水平控制在阈值附近，既有利于粮食生产，又可缓解农业劳动力过剩引发的社会矛盾。

### 4.2.2.5　机械总动力对粮食产量的边界线

二次项函数对单位机械总动力的趋势线拟合最好，通过 1% 水平上的显著性检验。如图 4-2（e）所示，随着单位面积机械总动力的增加，粮食产量先上升后下降，当机械总动力为 5.3 kW/hm² 时，粮食产量最大，且此处粮食生产曲线的斜率为 0，说明该点为机械总动力的阈值。当单位机械总动力小于阈值时，随着机械总动力的增加，粮食产量上升；而当机械总动力超出阈值时，随着机械总动力的增加，粮食产量下降。统计样本中，机械总动力大于阈值的样本占比为 46.63%，说明江苏省的粮食生产中存在过度机械化的现象。机械化强度（单位面积机械总动力）过高可能破坏耕地的耕作层，从而造成耕地地力衰退，进而导致粮食产量下降，而且，过高的机械化本身对农业劳动力具有一定的替代作用，因此，将机械化水平控制在阈值附近，不仅有助于提高粮食产量，而且有利于缓解当前阶段江苏省劳动力短缺的问题。

### 4.2.2.6 化肥施用量对粮食产量的边界线

二次项函数对单位化肥施用量的趋势线拟合最好，通过 1%水平上的显著性检验。如图 4-2（f）所示，随着单位面积化肥施用量的增加，粮食产量先上升后下降，当单位化肥施用量为 487.64 kg/hm² 时，粮食产量最大，且此处粮食生产曲线的斜率为 0，说明该点为化肥施用量的阈值。当单位化肥施用量小于阈值时，随着化肥施用量的增加，粮食产量上升；而当化肥施用量超出阈值时，随着化肥施用量的增加，粮食产量下降。统计样本中，化肥施用量小于阈值的样本数占比为 75.25%，说明江苏省大部分区域化肥施用量不足，化肥施用强度未达到最佳水平；化肥施用量大于阈值的样本占比为 24.75%，说明江苏省粮食生产存在一定程度的过量施肥的现象。由理论分析可知，增加化肥施用量可以有效促进粮食产量提升，但是过量施用化肥可能导致其边际效应的递减，不仅导致粮食产量下降，而且容易破坏土壤质地和造成环境污染。因此，应该控制化肥施用量，使其投入强度控制在阈值附近。

## 4.3 基于双门限回归模型的村镇建设用地资源承载力 关键限制性因子阈值测算

建设用地承载力即以建设用地为承载体，对于人类生产生活支持的最高限度，超限会导致区域资源环境的不可持续。根据此内涵，将建设用地承载力分为两个维度，即在区域资源禀赋、政策条件、宏观经济等约束下，通过优化建设用地配置结构，区域所能达到的最大经济产出以及最适居民生活条件。

关键限制性因素 1：建设用地面积。建设用地面积直接影响了建设用地对于经济产出的承载水平。一方面，建设用地面积越大，理论上区域可发展空间就越充分，在投入水平一定的条件下亦能够具备更高的产出水平；另一方面，当建设用地扩张至一定水平后，占用了较多生态用地，同时社会经济活动不断加剧，因而会对当地生态本底产生负面影响，如果这种影响超过了当地环境自净能力，就可能导致发展的不可持续问题。综上，村镇建设用地开发强度存在上限约束，因此，选择建设用地面积作为建设用地承载力的关键限制性因素之一。

关键限制性因素 2：人均建设用地规模。人均建设用地规模直接影响了建设用地对于居民生活的承载水平。一方面，当人均建设用地规模较小时，居民生活较为拥挤，因此居民的生活满意度水平较低；另一方面，当人均建设用地规模较大时，虽然居民居住和生活空间得到满足，但是较大的空间会导致荒废化现象明显，不仅会影响居民对于建设用地空间的感知水平，而且会产生用地浪费现象。因此，探索既能使村民居住满意度不降低，又能避免村庄"空心化"现象发生的人均建设用地规模，是建设用地承载力的关键限制性因素之一。

本书选择溧阳市作为研究区域，采取"关键参数选择→阈值测算"两个步骤开展建设用地承载力关键限制性因子阈值测算研究，首先，基于经济发展、生活质量两个建设用地的承载对象，选择影响建设用地承载对象的关键限制性因素。然后，在所构建的建设用地承载力测算模型的基础上，选择模型中关键待定参数作为阈值测算对象（在本书中选择村庄土地开发强度和村庄人均宅基地面积），运用突变理论、门槛理论和边际理论分析其阈值存在的理论机理，对其阈值的存在性进行判断。最后，构建人均宅基地面积与村庄"空心化"、土地开发强度与生境质量的相关关系，运用门限回归模型定量测算关键限制性因素的阈值（图4-3）。

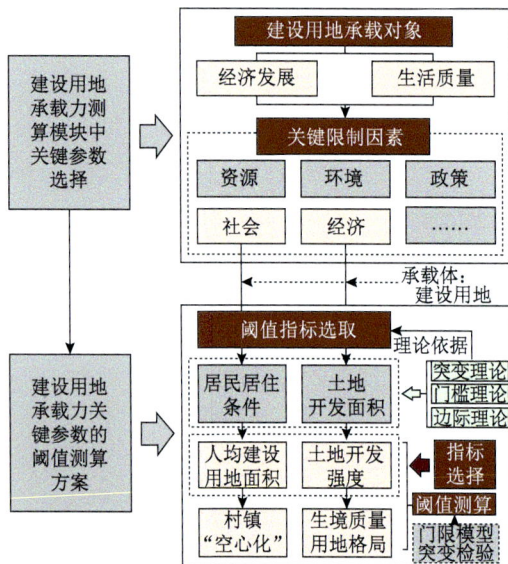

图 4-3　技术路线图

### 4.3.1 村镇建设用地承载力的村庄"空心化"水平测度

按照本书所述的"空心化"水平的界定，本书针对溧阳市各个行政村的空心化水平进行测度，结果如图 4-4 所示。从数量上看，溧阳市有接近半数的村庄存在"空心化"现象，较少部分村庄为人口流入村，还有接近半数村庄人口水平较为稳定；从"空心化"现象的强度看，大部分"空心村"的空心化水平都在轻微和一般水平，也就是说，在接近村庄总数二分之一的"空心村"中，约有半数村庄人口流出率在 5%～10%，另外半数村庄人口流出率在 10%～50%，仅有 3 个村的"空心化"水平较为严重；从空间分布上看，溧阳市北部的"空心化"程度存在较强空间异质性，且大部分"空心村"分布于此。

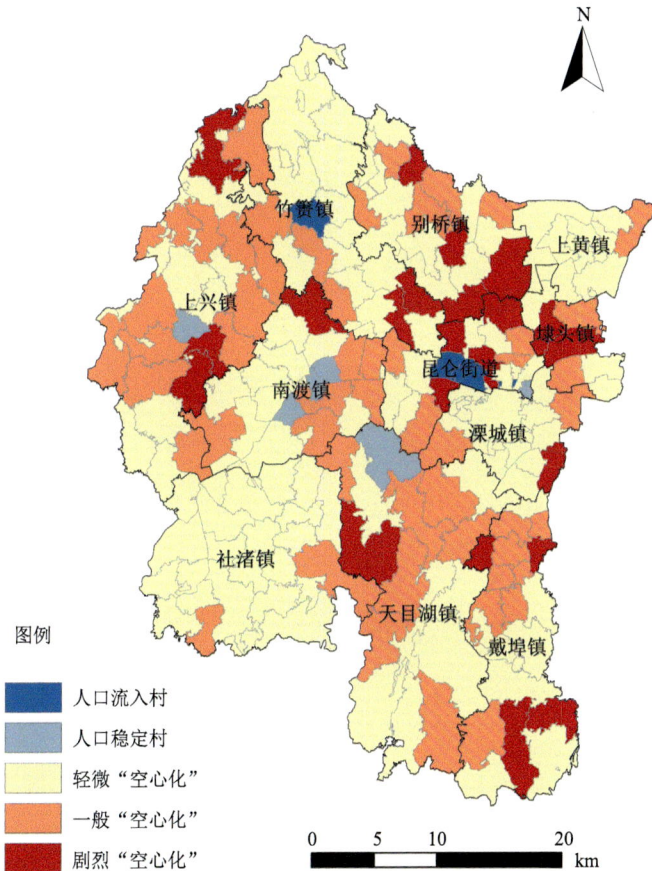

图 4-4　溧阳市村庄"空心化"水平

本书主要依托国家重点研发计划项目（课题）"村镇建设土地资源环境评价、承载力测算及空间管控研究"（编号 2018YFD1100103；2018—2022 年），受课题研究周期限制，所采用的行政区划数据多为 2018～2019 年，可能存在与现有最新行政区划不一致之处，特此说明

综上所述，虽然溧阳市处于苏南地区，经济发展水平相对较高，但是其村庄"空心化"现象依然普遍存在。值得注意的是，溧阳市南部地区人口流入型村庄与人口流出型村庄并存，一定程度上体现了村庄人口向"中心村"集聚的趋势。考虑溧阳市土地利用的空间布局现状，发现"空心村"现象大部分存在于"产粮区"（即耕地面积较大的地区），对我国粮食安全战略产生影响。

### 4.3.2 村镇建设用地承载力的生境质量测算

利用 InVEST 模型中 Habitat Quality 模块对溧阳市生境质量进行测算，结果如图 4-5 所示。从空间分布格局上看，溧阳市的生境质量呈现出"南高北低"的显著特征，南部丘陵区较多，生态本底较为优良，生境质量高的区域分布较为集中，而北部地区生境质量整体水平较低，空间分布破碎，生态安全受到较大威胁。

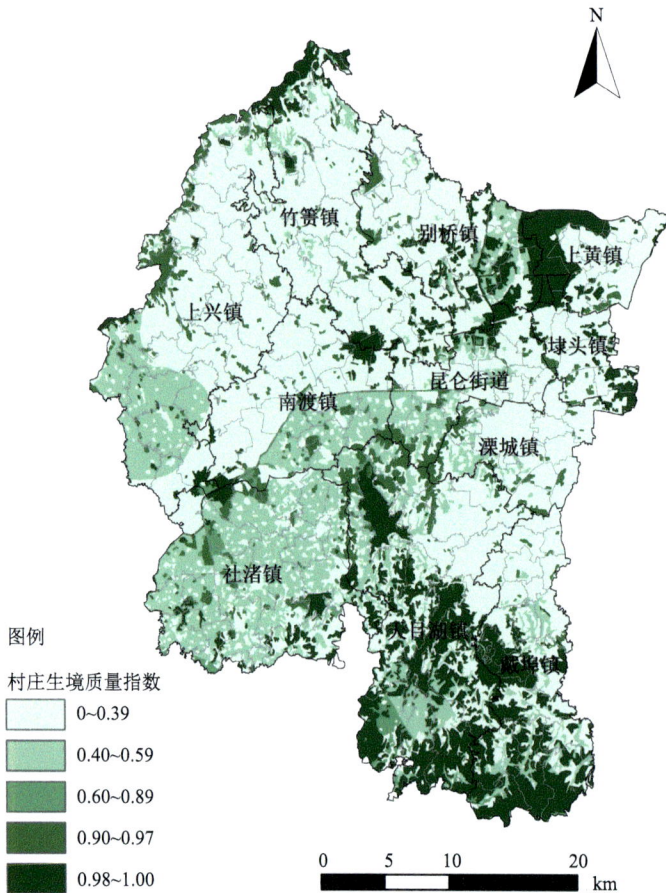

图 4-5　溧阳市村庄生境质量

### 4.3.3　村镇建设用地承载力的关键限制性因素阈值测算

#### 4.3.3.1　关键待定参数空间分布

溧阳市土地开发强度的空间分布如图 4-6 所示。从数量上看，溧阳市大部分村庄的土地开发强度在 17% 以下，在《溧阳市土地利用总体规划 2006—2020》所要求的合理范围内，溧阳市区、中心村的开发强度较高。从空间布局上看，土地开发强度呈现出明显的梯度分异格局，各个镇的中心村土地开发强度最高，其他村的土地开发强度围绕中心村梯度递减。

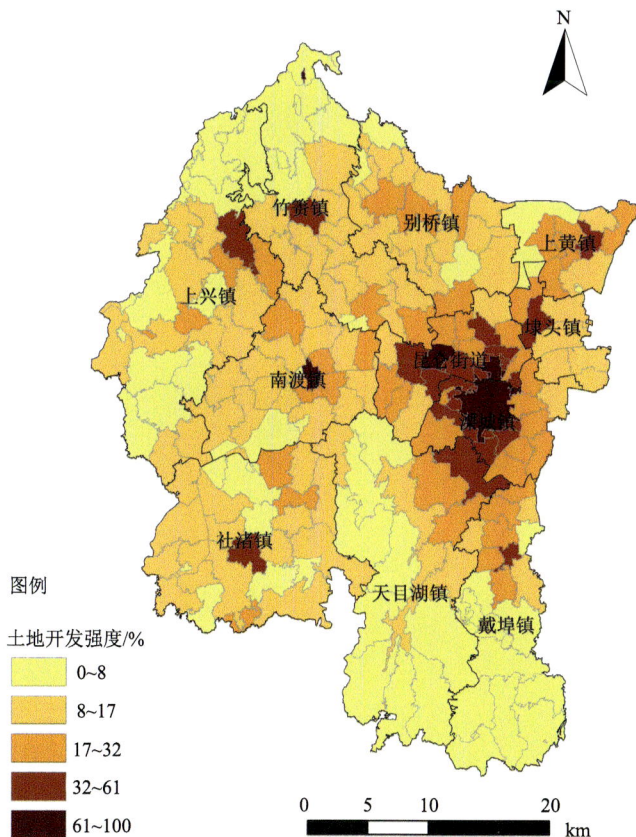

图 4-6　溧阳市村庄土地开发强度

溧阳市村庄人均宅基地面积的空间分布如图 4-7 所示。从数量上看，溧阳市整体人均宅基地面积较高，大部分村庄的人均宅基地面积在 110～175 m²/人。从空间分布上看，人均宅基地面积呈现出"外围高、中心低"的分布态势，除了水库、林场、草场等特殊区域，中心城区外围的人均农村宅基地面积相对较小，而远离中心城区或中心村的人均农村宅基地面积数值较大，呈现出与土地开发强度的空间分布相反的逆梯度分布特征。

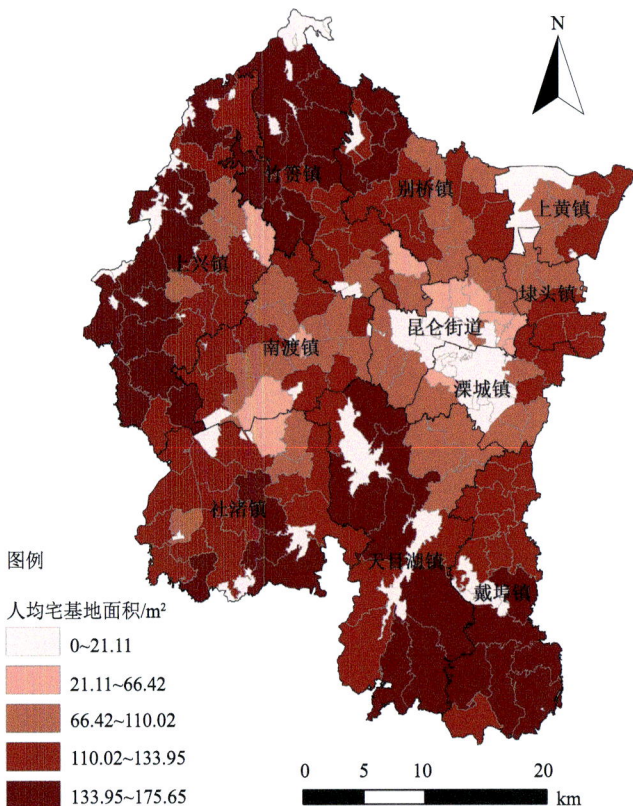

图 4-7　溧阳市村庄人均宅基地面积

### 4.3.3.2　关键限制性因素阈值测算

1）农村人均宅基地面积阈值测算

首先，分析农村人均宅基地面积与村庄空心率之间的关系，图 4-8 是二者关系的散点图，可以发现人均宅基地面积越大，高数值的村庄空心率出现的概率越高。说明人均宅基地面积高的村庄与空心率高的村庄可能同时发生，一定程度上体现了开展农村居民点整理工作的必要性。

为了进一步将农村人均宅基地面积的阈值得到清晰反映，本书将人均宅基地面积从 50～150 m² 按相等频数分成 20 等份，计算每一等份中村庄"空心化"出现的概率，结果如图 4-9 所示。可以直观地发现，当人均宅基地面积大约大于 100 m² 时，村庄"空心化"现象开始逐渐出现，且随着人均宅基地面积进一步上升，村庄"空心化"现象出现的概率迅速上升。

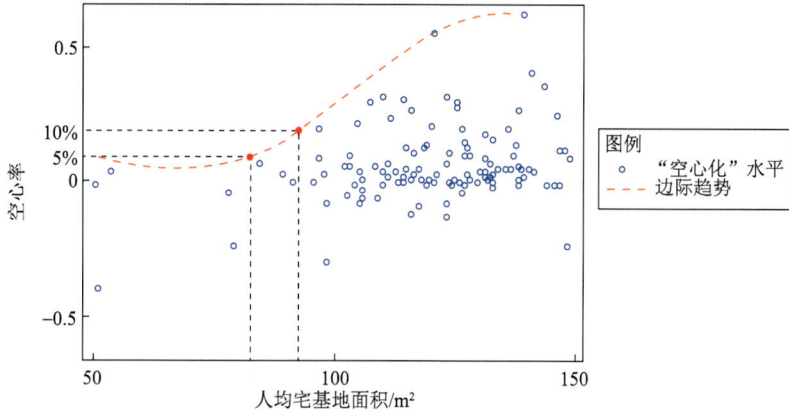

图 4-8 农村人均宅基地面积与村庄空心率的关系

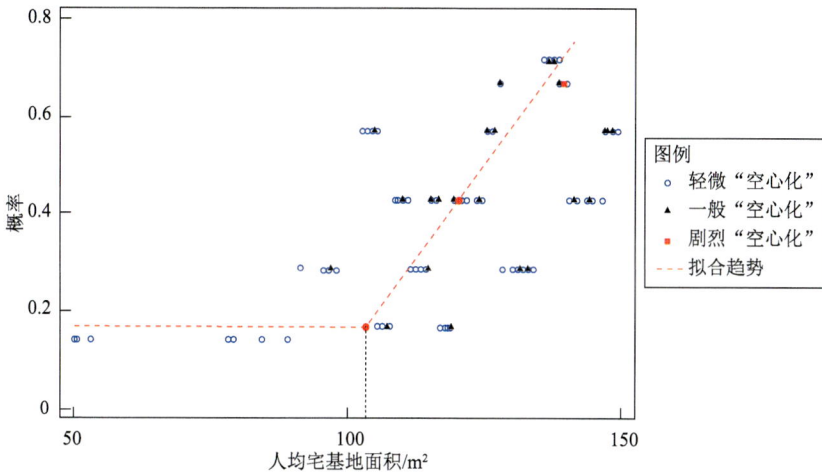

图 4-9 不同人均宅基地面积下村庄"空心化"出现概率

进而利用门限效应模型精确测算溧阳市人均宅基地面积的阈值,结果如表 4-4 所示,人均宅基地面积的阈值为 105.19 m²,超过这个值时村庄"空心化"的概率会大大提高。

表 4-4 人均宅基地面积与村庄"空心化"的门限回归结果

| 自变量 | 系数 | 标准误 | z | P>\|z\| |
| --- | --- | --- | --- | --- |
| Region 1 | | | | |
| 人均宅基地面积 | 0.0076*** | 0.0014 | 5.44 | <0.001 |
| 常数项 | −0.3521*** | 0.1283 | −2.74 | 0.006 |

| 自变量 | 系数 | 标准误 | z | P>|z| |
|---|---|---|---|---|
| | | Region 2 | | |
| 人均宅基地面积 | 0.0809*** | 0.0292 | 3.05 | 0.002 |
| 常数项 | −0.6893** | 0.3380 | −2.04 | 0.041 |

注：阈值个数为1，阈值点为105.19，阈值变量为人均宅基地面积。Region 1和Region 2分别表示门限回归的第一阶段和第二阶段。*表示在90%置信水平下显著；**表示在95%置信水平下显著；***表示在99%置信水平下显著。下同。

2）土地开发强度阈值测算

首先，分析土地开发强度与生境质量之间的关系，图4-10是二者关系的散点图。随着土地开发强度增加，生境质量迅速下降至5000左右，转而缓慢下降。说明当土地开发强度较小时，开发建设行为对生境影响的敏感程度较高；而当土地开发强度超过一定数值后，开发建设行为对生境影响的敏感程度变小，而此时生境质量往往处于较低水平。从某种程度上说，在"精明收缩"的导向下，村庄复垦整理是其未来趋势，只有将村庄土地开发强度控制在较低水平时，对村庄建设用地的整治才会产生可观的生态恢复效应。因此，将土地开发强度的阈值定位为维持高生境敏感度所必要的土地开发强度上限。

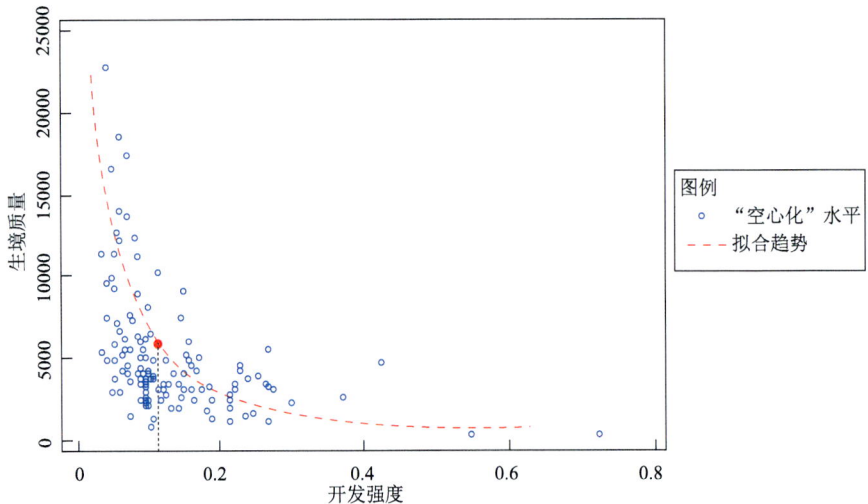

图4-10 土地开发强度与生境质量的关系

在此基础上，运用门限回归模型测算溧阳市村域土地开发强度的阈值，结果如表4-5所示，土地开发强度的阈值为8.76%，超过这个阈值会导致区域单位面积生态恢复成本显著上升。

**表 4-5　土地开发强度与生境质量的门限回归结果**

| 自变量 | 系数 | 标准误 | z | P>|z| |
|---|---|---|---|---|
| | | Region 1 | | |
| 土地开发强度 | −60371.84* | 33860.45 | −1.78 | 0.075 |
| 常数项 | 12314.54*** | 2212.559 | 5.57 | <0.001 |
| | | Region 2 | | |
| 土地开发强度 | −5402.34* | 3098.64 | −1.74 | 0.081 |
| 常数项 | 4481.63*** | 581.32 | 7.71 | <0.001 |

注：阈值个数为 1，阈值点为 0.0876，阈值变量为土地开发强度。

# 5　村镇土地资源承载力测算

村镇土地资源承载力是对既定村镇土地资源承载人类活动的能力和水平的刻画，具有多重目标。本章在建立土地资源承载力分析的理论框架、测算关键限制性因子阈值的基础上，梳理村镇土地资源承载力测算方法基础，基于 AEZ 法的参数和订正方案动态嵌入农户管理和投入水平的限制性因子，评估村镇耕地资源承载力；构建基于 MOP 的建设用地测算模型，系统考虑国土空间的多目标需求，测算村镇建设用地资源承载力，并提出土地综合整治、整合优化基础设施用地等优化路径；采用生态足迹模型的生态用地承载力测算方法，分别预测环江县乡镇级和村级的生态用地资源承载力，为耕地合理利用和开发、村镇建设、村庄规划以及粮食生产政策的制定和优化提供科学支撑。

## 5.1　村镇土地资源承载力测算方法基础

早期的土地承载力主要集中在一定生活水准下，一定区域内土地生产的食物可以稳定供养的最大人口数量（白景锋和张海军，2018）。随着研究内容的深入，土地承载力的研究范畴由耕地拓展到建设用地、生态用地等领域，承载人口也由粮食承载人口总量向人口环境容量、生产空间人口承载力等综合性承载人口总量发展。结合村镇规划的应用需求，从"多维度-多目标-多尺度"视角，采用多目标决策分析方法，确定村镇地域系统各类用地的最优组合，实现多目标下适宜人口数、最佳产业发展类型与规模综合测算。

### 5.1.1　村镇耕地承载力测算方法

耕地承载力测算方法主要参考 FAO 和国际应用系统分析研究所（International Institute for Applied Systems Analysis，IIASA）开发的 GAEZ 模型，逐级修正估算作物光合生产潜力-光温生产潜力-气候生产潜力-土地生产潜力（邓祥征等，2005）。

#### 5.1.1.1　光合生产潜力

光合生产潜力是指除太阳能以外的其他生产条件均适宜时，理想作物群体在当地光照条件下单位面积上所形成的最高产量，即通过模拟作物生物量表示仅在温度和太阳辐射作用下的农田生产潜力（黄祖辉等，2014；姬兴杰等，2015，2020）。计算公式为

$$Y_1 = Cf(Q) \tag{5-1}$$

式中，$Y_1$ 为光合生产潜力（kg/hm²）；$C$ 为单位换算系数；$Q$ 为作物生长期内太阳总辐射（MJ/m²）。

主要粮食作物的光合生产潜力如下：玉米为 $0.0006688Q$；小麦为 $0.000482Q$；水稻为 $0.0008481Q$。

### 5.1.1.2 光温生产潜力

光温生产潜力是指作物在保持水肥最适宜状态时，由辐射和温度条件共同决定的作物生产潜力。对光合生产潜力（$Y_1$）进行温度系数修正，得到光温生产潜力（$Y_2$），公式如下：

$$Y_2 = Y_1 \times f_T \tag{5-2}$$

主要粮食作物温度修正系数为
玉米、小麦：

$$f_T = \frac{(T-11.5)(30.6-T)^{0.63}}{41.49} \tag{5-3}$$

水稻：

$$f_T = \frac{(T-12.4)(31.2-T)^{0.64}}{40.85} \tag{5-4}$$

式中，$T$ 为作物生长期的平均气温。

### 5.1.1.3 气候生产潜力

在雨养（rain-fed）条件下，作物水分缺少可能发生在作物生长的不同阶段，从而导致作物减产，作物水分需求主要考虑土壤水分平衡和地表实际蒸散。本书考虑了经济投入灌溉用水，即灌溉情景下的光温水生产潜力，其又称为气候生产潜力：

$$Y_3 = Y_2 \big[ f(W)(1-I_r) + I_r \big] \tag{5-5}$$

式中，$I_r$ 为灌溉系数；$Y_2$ 为光温生产潜力；$Y_3$ 为气候生产潜力，其主要粮食作物的水分修正系数 $f(W)$ 为小麦：$f(W)=0.304+R/12422.5$；玉米、水稻：$f(W)=R/7950.4-0.0875$；其中，$R$ 为年总降雨量（mm）。

### 5.1.1.4　土地生产潜力

在气候生产潜力的基础上考虑土壤限制性，得到作物的土地生产潜力（$Y_4$），计算公式为

$$Y_4 = Y_3 f_L \qquad (5\text{-}6)$$

选择影响土壤有效性的因子，并按其对土壤性状（土壤质地、pH、耕层厚度）、土壤养分（有机质、全氮、全磷、全钾）和立地条件（坡度、坡向）的相对重要性建立判断矩阵，确定土壤有效性因子的权重系数（$W_i$）；根据各因子对农作物生长发育及产量形成的促进与制约作用，将各因子按其数值划分成一定数量的等级，并分别赋予不同的分数，获得土壤有效性因子分级评分体系。

$$f_L = \sum_i A_i W_i \qquad (5\text{-}7)$$

式中，$A_i$ 和 $W_i$ 分别为因子的评分和权重。

### 5.1.1.5　耕地生产潜力修正评估

（1）指标权重值确定。权重值应分别依据二、三级指标对应区域整体耕地资源承载力的影响程度确定。各指标的权重值为 0～1，各指标权重值之和、同一二级指标下的各三级指标权重值之和均为 1。

（2）指标标准化。指标标准化采用当量因子法，计算公式如下：

$$Z = \frac{X}{\overline{X}} \qquad (5\text{-}8)$$

式中，$Z$ 为耕地资源承载力修正因子的当量值；$X$、$\overline{X}$ 为修正因子的数量值和平均值。

（3）指标等级评分。指标等级的划分采用 SPSS 快速聚类分析法和专家经验判断相结合的方法，按照各指标对耕地资源承载力的影响程度大小划分为若干等级，并根据相关研究人员经验、专家经验意见建立等级评分体系。

（4）修正系数确定。应用多因素综合评价法确定耕地资源承载力的修正系数，计算公式如下：

$$f_M = \sum_{i=1}^{n} W_i \times A_i \tag{5-9}$$

式中，$f_M$、$A_i$ 和 $W_i$ 分别为修正系数、指标 $i$ 的评分值及权重；$n$ 为研究区耕地资源承载力修正因子的个数。

（5）耕地生产潜力测算。修正土地生产潜力达到耕地生产潜力，计算公式为

$$Y_L = Y_4 \times f_M \tag{5-10}$$

式中，$Y_L$ 为修正后的耕地生产潜力。

（6）耕地资源承载力评估方法。基于土地利用现状成果图斑，提取耕地空间分布及各种粮食作物空间分布数据，明确粮食作物的种植类型和面积。将耕地粮食生产潜力与耕地布局进行叠加分析，计算栅格尺度的耕地粮食生产能力。通过统计汇总得到乡镇-县-市等各行政区的粮食产能。耕地资源人口承载力是指在一定消费水平下，区域生产的粮食能够持续供养的人口数量。采用承载指数判断地区耕地承载状态，计算公式如下：

$$\text{LCC} = G / G_{\text{pc}} \tag{5-11}$$

$$\text{LCCI} = \text{LCC} / P_{\text{a}} \tag{5-12}$$

式中，LCC 为耕地人口承载力；$G$ 为区域粮食生产能力；$G_{\text{pc}}$ 为人均粮食消费水平；$P_{\text{a}}$ 为实际人口数量。依据承载人口与实际人口的大小关系，将耕地承载状态分为 5 个级别，分别为：当 LCCI≤0.5 时，处于严重超载状态；当 0.5<LCCI≤0.875 时，处于超载状态；当 0.875<LCCI≤1.125 时，处于基本平衡状态；当 1.125<LCCI≤1.5 时，处于富裕状态；当 LCCI>1.5 时，处于盈余状态。

## 5.1.2 村镇建设用地承载力测算方法

村镇建设用地承载力测算模型以 MOP 的建设用地测算模型为核心，其经典函数表达式如下：

$$\begin{cases} V \sim \min \quad F(x) \\ \text{s.t.} \quad\quad g_i(x) \geqslant 0 \, (i=1,2,\cdots,m) \\ \quad\quad\quad\quad h_i(x) = 0 \, (i=1,2,\cdots,l) \end{cases} \tag{5-13}$$

式中，$x = [x_1, x_2, \cdots, x_n]^{\text{T}}$；$F(x) = [f_1(x), f_2(x), \cdots, f_p(x)]$。

令 $R = \{x \mid g_i(x) \leqslant 0, i = 1, 2, \cdots, m; h_i(x) = 0, i = 1, 2, \cdots, l\}$，$R$ 被称作可行域，$V \sim$ $\min F(x)$ 为目标函数的集合。

基于以上基础模型，土地资源承载力测算模型的表达式如下。

### 5.1.2.1　目标函数

以建设用地经济产出最大化、耕地粮食产量最大化为目标，构建目标函数。

经济产出最大化目标：

$$\max f_1(x) = \left[ \sum_{i=1}^{9} a_i x_i \bigg/ \left( \sum_{i=1}^{9} a_i x_{i\text{-now}} \right) \right] \times \text{INCOME} \qquad （5\text{-}14）$$

式中，$f_1$ 为经济产出目标；$x_i$ 为某种用地的面积；$x_{i\text{-now}}$ 为某种用地的现状面积，其中，$x_{1\text{-now}}$ 为居住用地现状面积，$x_{2\text{-now}}$ 为工业用地现状面积，$x_{3\text{-now}}$ 为商业服务业用地现状面积，$x_{4\text{-now}}$ 为基础设施与交通道路用地现状面积，$x_{5\text{-now}}$ 为耕地现状面积，$x_{6\text{-now}}$ 为林地现状面积，$x_{7\text{-now}}$ 为草地现状面积，$x_{8\text{-now}}$ 为水域现状面积，$x_{9\text{-now}}$ 为其他土地现状面积；INCOME 为农村人均纯收入；$a_i$ 为相关系数（$i=1\sim$ 9），其中，$a_1$ 为居住用地经济系数，$a_2$ 为工业用地经济系数，$a_3$ 为商业服务业用地经济系数，$a_4$ 为基础设施与交通道路用地经济系数，$a_5$ 为耕地经济系数，$a_6$ 为林地经济系数，$a_7$ 为草地经济系数，$a_8$ 为水域经济系数，$a_9$ 为其他土地经济系数。

粮食产量最大化目标：

$$\max f_2(x) = \sum_{j=1}^{n} b_j x_{5-j} \qquad （5\text{-}15）$$

式中，$f_2$ 为粮食产量目标，决策变量为居住用地面积（$x_1$）、工业用地面积（$x_2$）、商业服务业用地面积（$x_3$）、基础设施与交通道路用地面积（$x_4$）、耕地面积（$x_5$）、林地面积（$x_6$）、草地面积（$x_7$）、水域面积（$x_8$）、其他土地面积（$x_9$）。

### 5.1.2.2　约束条件

（1）政策约束，维持研究区土地开发强度不大于 16%。

$$\frac{A + \sum_{i=1}^{4} x_i / Q}{\text{Area}} \leqslant 16\% \qquad （5\text{-}16）$$

式中，$A$ 为城市土地面积；$Q = \dfrac{\text{Area}_{\text{rural}}}{\text{Area}}$，表示村域发展权，其中，Area 为县域

土地总面积，$Area_{rural}$ 为目标村土地总面积。

保证居住用地面积不增加，同时保证基本住宅用地需求：

$$x_{1\text{-prin}} \times Pop_{future} \leqslant x_1 \leqslant x_{1\text{-now}} \tag{5-17}$$

式中，$x_{1\text{-prin}}$ 为人均居住用地标准；$Pop_{future}$ 为目标人口数量；$x_{1\text{-now}}$ 为居住用地现状面积。

落实中央一号文件要求，建设用地增量指标 10%划归经营性建设用地（谷青悦，2013）：

$$x_2 + x_3 \geqslant x_{2\text{-now}} + x_{3\text{-now}} + \left(10\% \times X_{plan}\right) \times Q \tag{5-18}$$

式中，$X_{plan}$ 为规划建设用地增量，其值等于县域城镇村建设用地区减去县域现状建设用地面积；$x_{2\text{-now}}$ 为工业用地现状面积；$x_{3\text{-now}}$ 为商业服务业用地现状面积；$Q$ 为村域发展权。

落实乡村振兴战略，大力发展乡村基础设施：

$$x_4 \geqslant x_{4\text{-now}} \tag{5-19}$$

式中，$x_4$ 为基础设施与交通道路用地面积；$x_{4\text{-now}}$ 为基础设施与交通道路用地现状面积。

（2）规划约束，用耕地约束和林地约束表征。

耕地约束：

$$x_5 \geqslant x_{5\text{-now}} \tag{5-20}$$

式中，$x_5$ 为耕地面积；$x_{5\text{-now}}$ 为耕地现状面积。

林地约束：

$$x_6 \geqslant x_{6\text{-now}} \tag{5-21}$$

式中，$x_6$ 为林地面积；$x_{6\text{-now}}$ 为林地现状面积。

（3）经济约束，用协调发展约束表征。

$$d^- \leqslant x_i \frac{x_{j\text{-now}}}{x_{i\text{-now}}} - x_j \leqslant d^+ \tag{5-22}$$

式中，$d^+$ 和 $d^-$ 均为松弛变量，约束条件个数视实际情况而定；$i$、$j$ 均为协调发展控制变量。

（4）资源环境约束，用水供需约束和碳平衡约束表征。

水供需约束：

$$W_{1\text{-consume}}x_1 + W_{2\text{-consume}}x_2 + W_{3\text{-consume}}x_3 + W_{4\text{-consume}}x_4 + W_{\text{agri}} \leqslant W_{\text{produce}} \qquad (5\text{-}23)$$

式中，$W_{1\text{-consume}}$ 为居住用地需水系数；$W_{2\text{-consume}}$ 为工业用地需水系数；$W_{3\text{-consume}}$ 为商业服务业用地需水系数；$W_{4\text{-consume}}$ 为基础设施与交通道路用地需水系数；$W_{\text{agri}}$ 为单位面积灌溉用水量；$W_{\text{produce}}$ 为产水量。

碳平衡约束：

$$C_{\text{builtup}}(x_1 + x_2 + x_3 + x_4) + C_{\text{arable}}x_5 + C_{\text{forest}}x_6 + C_{\text{grass}}x_7 + C_{\text{water}}x_8 + C_{\text{others}}x_9 \leqslant 0 \qquad (5\text{-}24)$$

式中，$C_{\text{bulitup}}$ 为建设用地碳排放系数；$C_{\text{arable}}$ 为耕地碳排放系数；$C_{\text{forest}}$ 为林地碳排放系数；$C_{\text{grass}}$ 为草地碳排放系数；$C_{\text{water}}$ 为水域碳排放系数；$C_{\text{others}}$ 为其他土地碳排放系数。

（5）客观条件约束：

$$x_i \geqslant 0 \qquad (5\text{-}25)$$

$$\sum_{i=1}^{9} x_i = \text{Area}_{\text{rural}} \qquad (5\text{-}26)$$

式中，$\text{Area}_{\text{rural}}$ 为目标村土地总面积。

### 5.1.3 村镇生态用地承载力测算方法

#### 5.1.3.1 生态承载力计算

生态承载力根据生态承载力模型计算，其具体公式如下：

$$\text{EF} = \sum_{j=1}^{6} a_j \times r_j \times y_j \qquad (j = 1,2,3,\cdots,6) \qquad (5\text{-}27)$$

$$\text{ef} = \sum_{i=1}^{n} a_i = \sum_{i=1}^{n} W_i \times \frac{C_i}{P_i} \qquad (i = 1,2,\cdots,n) \qquad (5\text{-}28)$$

$$\text{EFC} = \frac{\text{EF}}{\text{ef}} \qquad (5\text{-}29)$$

式中，EF 为生态承载量（$\text{hm}^2$）；EFC 为生态承载力，即生态承载量与人均生态足迹之比；$a_j$ 为实际的 $j$ 类生物生产性土地面积（$\text{hm}^2$）；$r_j$ 为均衡因子；$y_j$ 为产量因子，即当地人均产量比全国平均产量；ef 为人均生态足迹（$\text{hm}^2$）；$a_i$ 为 $i$ 种物质人均占用的生物生产性土地面积（$\text{hm}^2$）；$W_i$ 为对应土地利用类型的均衡因子；$C_i$ 为 $i$ 种物质标准消费量（kg/人）；$P_i$ 为 $i$ 种物质的全国平均生产力（$\text{kg/hm}^2$），即全国单位面积平均产量；$n$ 为物质的数量。

基于《中国居民膳食指南（1997）》确定标准理想情况下的人均生态足迹（夏显力，2005）。主要数据及摄入标准参考中国居民膳食指南（何志谦和顾景范，1998）。生态承载力模型中的生物生产性土地分为六类，包括耕地、草地、林地、水域、建设用地和化石燃料用地。其中：耕地主要提供粮食及其他主要农产品，包括主要粮食作物、油料作物、蔬菜等；草地主要提供畜牧业产品，包括牛羊肉类、奶类、禽蛋、羊毛等；林地主要为人类提供林产品及木材；水域主要提供渔业产品（包括淡水海产品）；建设用地包括各类人居设施及道路所占用的土地，一般这类设施大都建在肥沃的土地上，主要包括电力能源消费；化石燃料用地理论上是指专门用于吸收化石燃料燃放排放的 $CO_2$ 的土地。就中国平均均衡因子而言，农地和建筑用地为 1.21，林地和能源用地为 0.81，畜牧地为 0.44，渔业水域为 0.35。结合中国平均产量因子与环江县实际情况，本书设定各类生物生产性用地产量因子为农地为 0.95，建筑用地为 0.15，林地为 0.23，畜牧地为 0.34，渔业水域为 0.18。

### 5.1.3.2　生态承载指数计算

生态承载指数根据生态足迹模型计算，其具体公式如下：

$$EFCI = \frac{P_a}{EFC} \tag{5-30}$$

式中，EFCI 为生态资源承载指数；$P_a$ 为区域实际人口数（万人）；EFC 为生态资源承载力。

## 5.2　基于 AEZ 法的村镇耕地资源承载力测算

江苏省是全国 13 个粮食主产省份之一，是中国重要的粮食主产区。同时，江苏省又是快速城镇化地区，2018 年末，城镇化率为 69.61%，位列全国第五，GDP 仅次于广东省，位列全国第二。溧阳市，江苏省县级市，由常州市代管，地处江苏西南部，位于苏浙皖三省接壤之处，市辖 10 个乡镇，1 个街道，全市面积 1535.87 km²，其中耕地面积 89.89 万亩。截至 2018 年末，溧阳市常住人口为 76.33 万人，其中城镇人口 46.11 万人，城镇化率为 60.41%，且城镇化率稳步提高。溧阳市境内地势平坦，气候属亚热带季风气候，四季分明，雨量充沛，常年平均气温 17.5℃，无霜期长，区内沟塘纵横分布，河流和湖泊面积为 42.6 万亩，水源充足，满足主要粮食作物对温度和水分的需求。2018 年，全年粮食播种面积为 92.94 万亩，占江苏省和常州市粮食作物总播种面积的比例分别为 1.13% 和 56.58%，在稳定常州市及江苏省粮食播种面积中发挥着重要的作用。溧阳市作为常州市的"粮仓"，承担着重要的粮食生产任务，但溧阳市耕地后备资源不足，是粮食生产能力提升的瓶颈（蒋敏等，2019）。数据表明，2018 年溧阳市耕地资源占土地总面积的比例为 39.03%，人均耕地面积 1.14 亩，小于全国平均水平（1.46 亩），且快速城镇化和工业化进程中占用大量优质耕地，第二、第三产业的迅猛发展伴随农业劳动力的大量流失也威胁到地区粮食可持续性生产。因此，溧阳市为典型的经济发达地区快速城镇化特征的粮食主产区，研究溧阳市耕地承载的粮食产能对于摸清地区粮食安全本底，为耕地合理利用和开发以及粮食生产政策的制定和优化提供科学支撑。

通过对江苏省作物生长周期计算可知，2018 年日均温 ≥5℃ 作物生长期为 278～326 天，日均温 ≥10℃ 作物生长期为 237～277 天，满足一年两熟制的熟制划分条件。通过实地调研发现，溧阳市主要粮食作物为水稻、小麦和玉米，实行一熟轮作制。其中，溧阳市种植冬小麦，一般在每年十一月上旬播种，在冬季日均温 ≤5℃ 时停止生长，进入冬眠期，次年春季日均温 ≥5℃ 后开始生长，进入生长期，一般在六月中上旬收割。小麦收割结束种植水稻或（夏）玉米，水稻或玉米一般在十月下旬或者十一月上旬收割。结合作物生长期和实地调研资料，为充分利用作物有效生育期内温度和水分，从而获得最高产量，本书将溧阳市粮食作物熟制划分为"冬小麦—水稻"或"冬小麦—玉米"两种类型。

### 5.2.1　耕地光合生产潜力测算

计算得到溧阳市主要粮食作物的光合生产潜力，如图 5-1 所示。

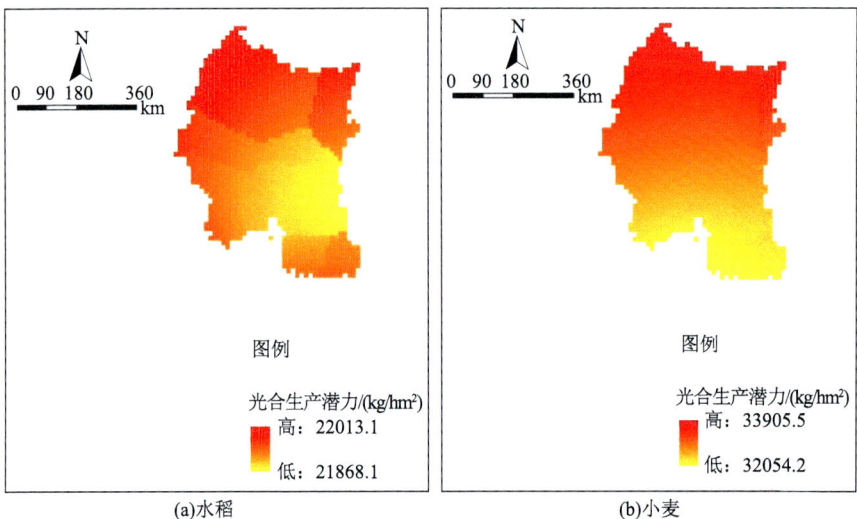

(a)水稻　　　　　　　　　　　(b)小麦

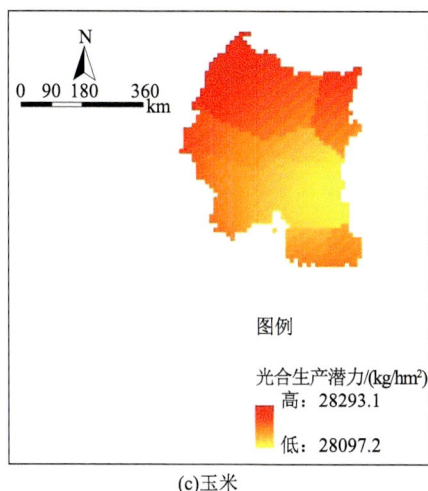

(c)玉米

图 5-1　溧阳市主要粮食作物光合生产潜力

由图 5-1 可知,溧阳市水稻、小麦和玉米光合生产潜力在空间上呈现由南向北递增的特征,说明溧阳市北部地区具备良好的粮食生产所需的光照条件。其中,水稻光合生产潜力的变化范围为 21868.1~22013.1 kg/hm²,小麦光合生产潜力的变化范围为 32054.2~33905.5 kg/hm²,玉米光合生产潜力的变化范围为 28097.2~28293.1 kg/hm²。可见,小麦光合生产潜力最大,其次为玉米,而水稻的光合生产潜力最小,这是因为作物的光合生产潜力主要取决于作物生长期内的光合作用。江苏省冬小麦生长期一般为 11 月份至次年 6 月,生长期为 140 d 左右(越冬前35 d,越冬后 105 d),FAO 将作物生育期划分为初始期、营养期、生殖期和成熟期,小麦成熟期一般在 4~5 月,此时小麦叶面积指数(叶面积指数指单位土地面积上植物叶片总面积占土地面积的倍数)最大,光照条件适宜光合作用,植株固碳能力更强,故而小麦光合生产潜力较大;玉米和水稻生长期为 6~11 月,成熟期一般在 8 月,此时光照强度减弱(太阳直射角南移),降低了作物的光合速率,减缓了作物的干物质积累。另外,应用 AEZ 模型评估作物光合生产潜力首先需要测算作物的净生物生产量,进而考虑不同作物的收获指数[收获指数指作物收获时经济产量(籽粒、果实等)与生物产量之比,收获指数越大,作物对光能的转化率越高]计算得到光合生产潜力,本书采用 FAO 指定的作物最高投入水平下的收获指数,冬小麦、玉米和水稻收获指数分别为 0.5、0.45 和 0.45,可见,小麦的收获指数亦高于水稻和玉米。综合以上分析,小麦的光合生长潜力大于玉米和水稻。

## 5.2.2　耕地光温生产潜力测算

光温生产潜力是指在水分、土壤、品种以及其他农业技术条件都处于适宜条件下，由自然光温条件决定的农作物产量水平，是灌溉农业的产量上限。利用式（5-3）和式（5-4）可求得溧阳市主要粮食作物的温度修正系数，如图5-2所示。

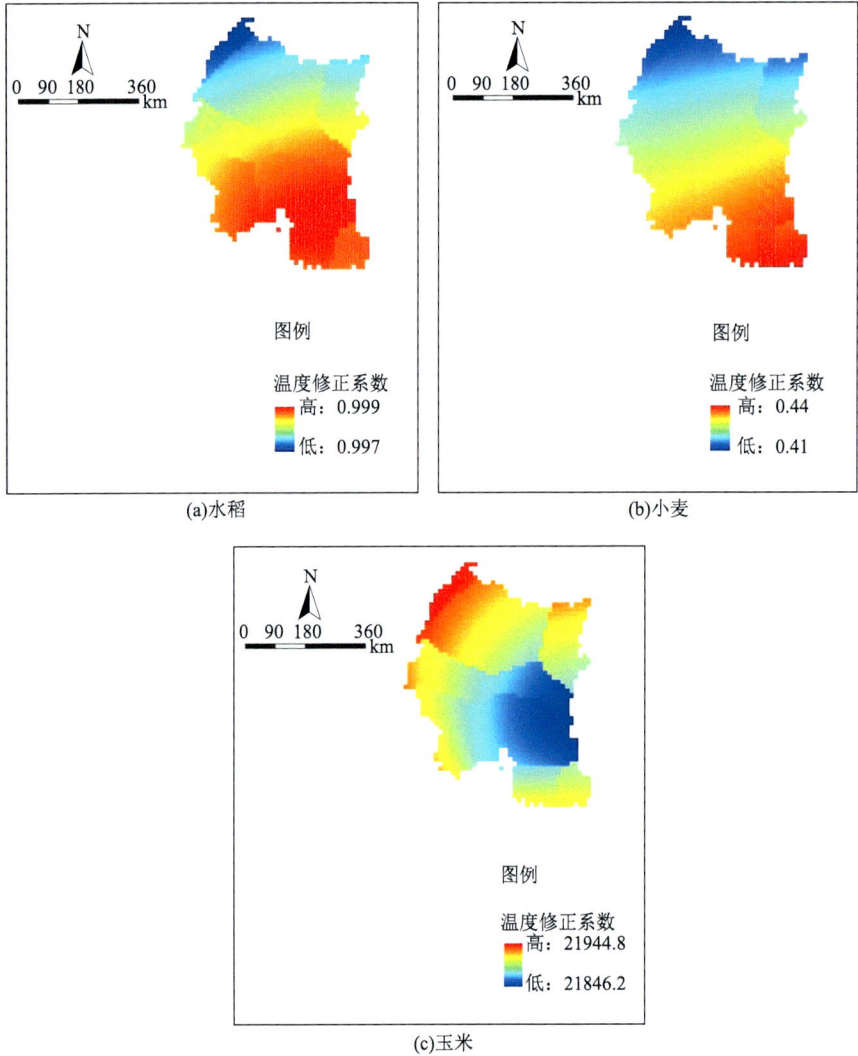

(a)水稻　　　　　　　　　　　　　　(b)小麦

(c)玉米

图5-2　溧阳市温度修正系数

系数越大表明粮食产量损失越小，即该因素对粮食生产的限制性越小

　　由图5-2可知，江苏省主要粮食作物的温度修正系数呈现由南至北递减的变化特征，表明苏南地区温度对作物生产潜力的限制性较小。这是因为苏南回暖早，积温较高，有利于作物生长。另外，温度对溧阳市冬小麦的修正系数为0.41～0.44，表明气温对小麦的限制性较高，主要因为冬小麦在越冬前后一段时间内气温较低，

导致其生长停滞；温度对水稻和玉米的限制性微弱（水稻修正系数为 0.997～0.999，玉米修正系数为 21846.2～21944.8），主要因为水稻和玉米属喜温、喜热作物，生长期内温度较适宜其生长。

在此基础上，利用作物温度修正系数对溧阳市主要粮食作物光合生产潜力进行修正，得到光温生产潜力，计算过程为在 ArcMAP 中分别将水稻、小麦、玉米光合生产潜力与相应温度修正系数进行乘积运算，计算结果如图 5-3 所示。可见，溧阳市水稻和玉米光温生产潜力变化范围分别为 21846.2～21944.8 $kg/hm^2$ 和 28041.4～28243.0 $kg/hm^2$，且在空间上均表现出东南部分地区低、四周高的分布特征。由温度修正系数可知，溧阳市气温对水稻和玉米的限制性微弱且空间差异较小，

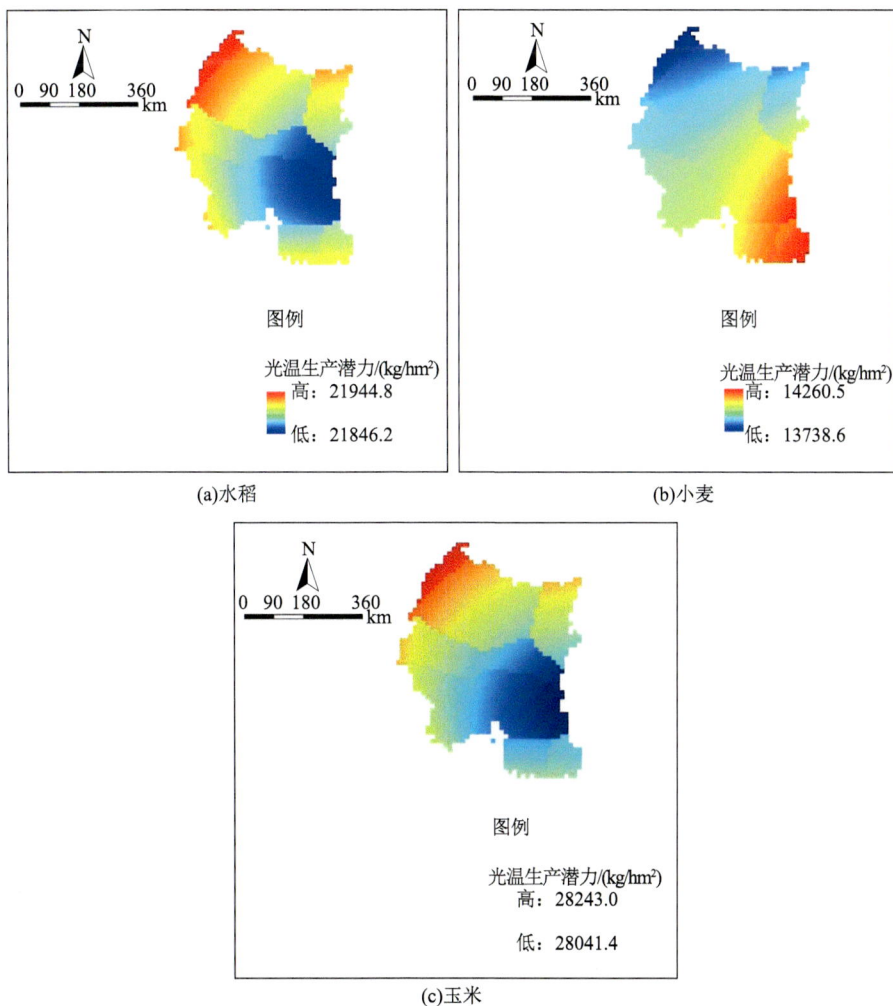

图 5-3　溧阳市主要粮食作物光温生产潜力

因此，水稻和玉米光温生产潜力主要取决于光照条件，在空间上与光合生产潜力具有相似的分布特征。另外，溧阳市小麦光温生产潜力的变化范围为 13738.6～14260.5 kg/hm²，空间上呈现由北向南递增的变化趋势，这是因为小麦属喜温凉作物，南方相对于北方回暖早，有利于冬小麦的生长，但整体上小麦的光温生产潜力较小，表明地区气温条件对小麦生长具有一定的限制性。

### 5.2.3 耕地气候（光温水）生产潜力测算

在光温生产潜力基础上进一步考虑水分对作物生长的限制性，可得到气候生产潜力。计算得到溧阳市主要粮食作物的水分修正系数，如图 5-4 所示。

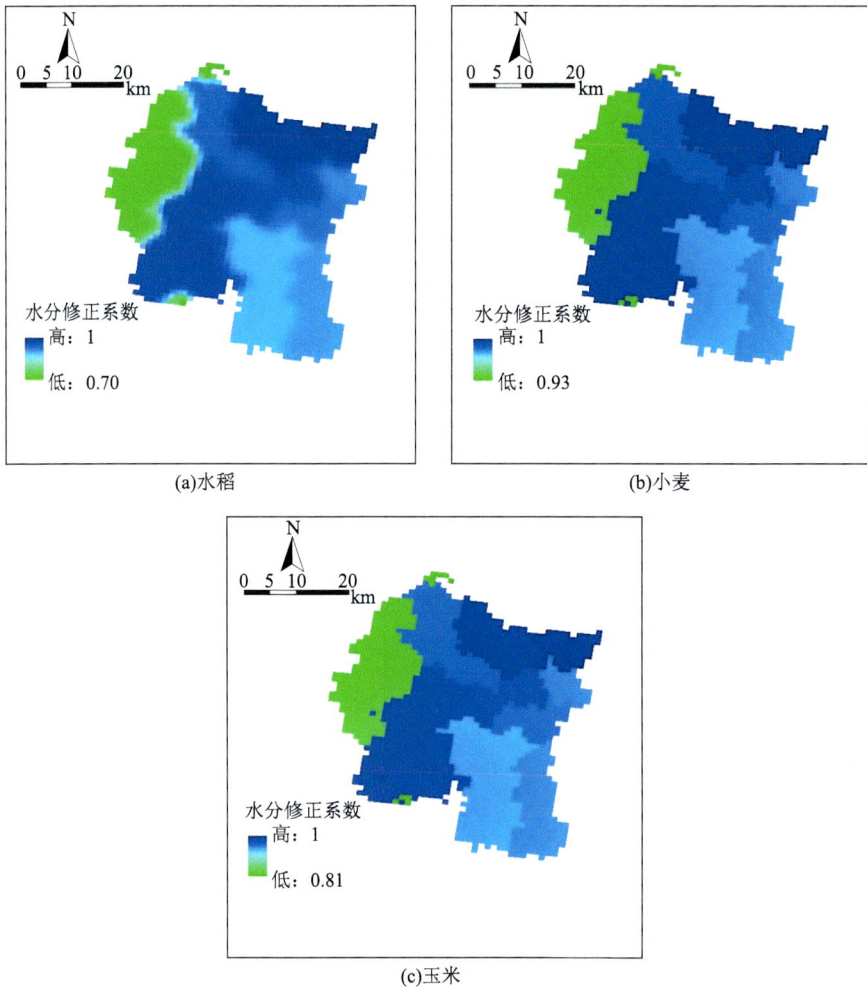

(a)水稻

(b)小麦

(c)玉米

图 5-4　溧阳市水分修正系数

由图 5-4 可知，水分对溧阳市主要粮食作物生长的限制较小，主要的限制区域分布在西部地区，未来需要加强该区域农田水利设施建设，以保障农业用水需求。在确定水分对作物生长限制性的基础上，修正粮食作物光温生产潜力得到作物气候生产潜力，计算过程为在 ArcMAP 中分别将水稻、小麦和玉米光温生产潜力与相应水分修正系数进行乘积运算，计算结果如图 5-5 所示。

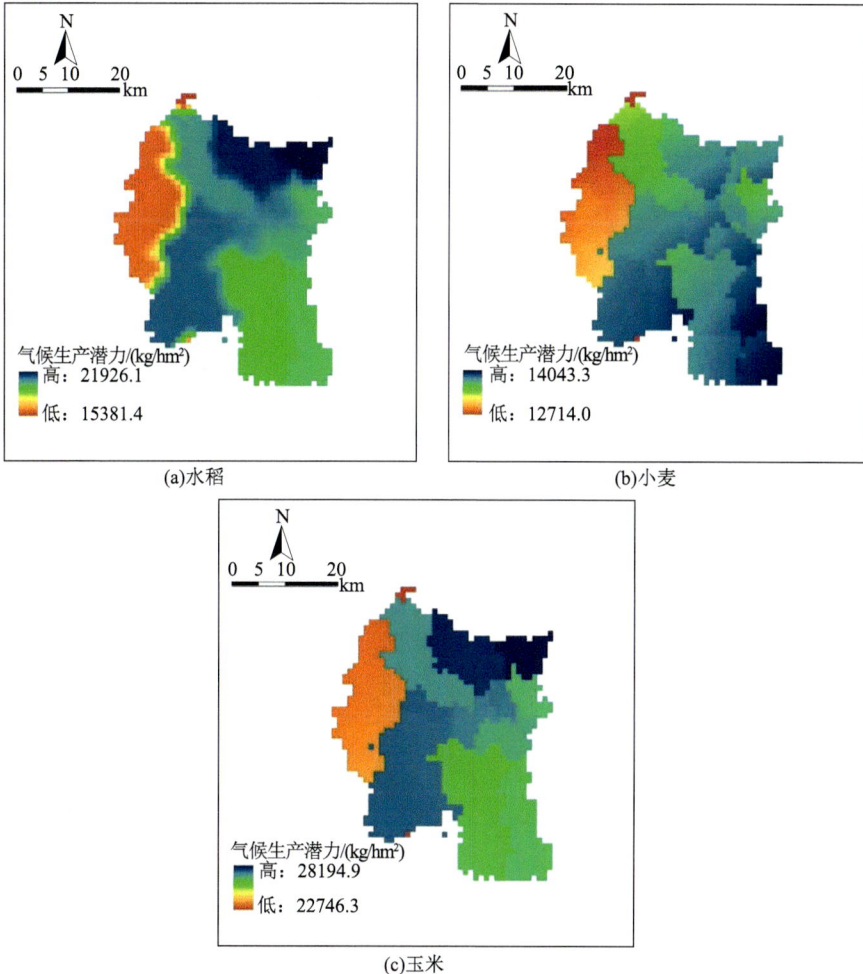

(a)水稻　　　　　　　　　　　　　　(b)小麦

(c)玉米

图 5-5　溧阳市主要粮食作物气候生产潜力

由图 5-5 可知，溧阳市水稻气候生产潜力变化范围为 15381.4～21926.1 kg/hm²，且潜力高值主要集中在东北部，低值主要集中在西部；小麦气候生产潜力变化范围为 12714.0～14043.3 kg/hm²，潜力高值主要集中在南部，低值主要集中在西部；玉米气候生产潜力变化范围为 22746.3～28194.9 kg/hm²，高值主要集中在东北部，低值主要集中在西部。这说明溧阳市东北部光温水条件有利于水稻和玉米的生长，南部地区气候条件有利于小麦的生长，而西部地区的气候条件则不利于粮食作物的生长。

### 5.2.4 主要粮食作物土地生产潜力测算

作物生产潜力除了受到气候因素影响外，还与土壤适宜性息息相关。在确定作物气候生产潜力的基础上，进一步考虑土壤对作物生长的限制性，利用土壤修正系数对作物气候生产潜力进行修正得到土地生产潜力。土壤因素诸如土壤质地、有机质含量、pH 和土壤排水性等土壤属性对作物生长存在不同程度的影响，计算得到溧阳市主要粮食作物的土壤限制系数，如图 5-6 所示。

如图 5-6 所示，土壤对水稻、小麦和玉米的修正系数分别为 0.20~0.86、0.43~1.00 和 0.36~0.70，表明与小麦相比，溧阳市土壤条件对水稻和玉米生长具有一定程度的限制性，且土壤对粮食生长的高限制区主要集中在东南地区，低限制区主要集中在中部部分地区和西南地区，这是因为溧阳市中部地区土壤质地主要为壤土，土壤排水和通风性能较好，且土壤酸碱度适中，土壤电导率和阳离子交换率较高，有利于作物对土壤养分的吸收，因此，该部分地区土壤对作物的生长无限制或限制性微弱。溧阳市东部土壤质地主要为黏土，土壤透气性较差，土壤保水能力强，但可能排水困难导致作物根系腐烂。东南部土壤质地主要为砂土，土壤透气性好但保肥、保水能力差，且东南部主要为山地，土壤砾石含量高，不利于作物根系伸展，因此，对作物的生长具有一定的限制性。

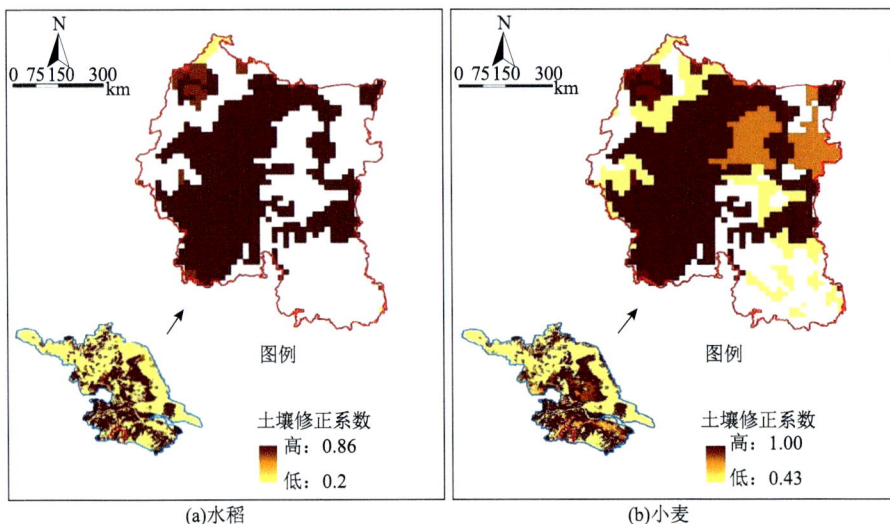

(a)水稻　　　　　　　　　　　　　　　(b)小麦

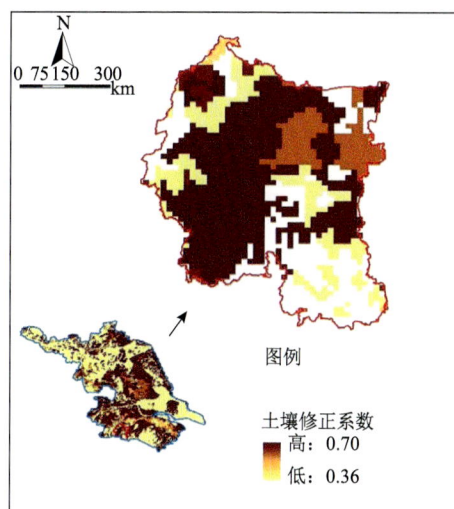

(c)玉米

图 5-6  溧阳市土壤修正系数

空白处地类为水域等非耕地，不适宜粮食生产，故该处土壤的修正系数统一使用空白值处理，下同

利用土壤限制性因子对气候生产潜力进一步修正得到溧阳市主要粮食作物土地生产潜力，计算过程为在 ArcMAP 中分别将水稻、小麦和玉米气候生产潜力与相应土壤修正系数进行乘积运算，计算如图 5-7 所示。

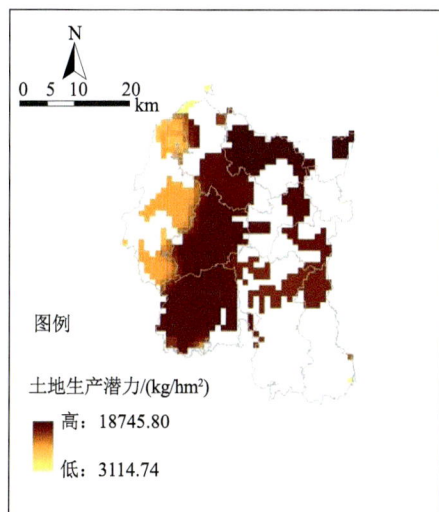

(a)水稻

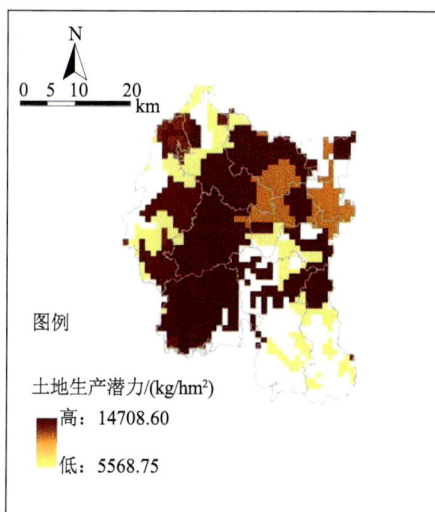

(b)小麦

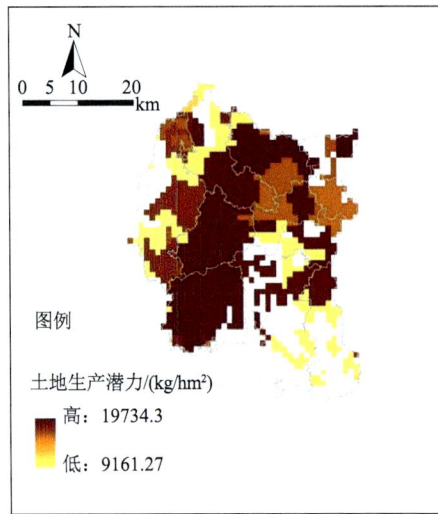

(c)玉米

图 5-7    溧阳市主要粮食作物土地生产潜力

溧阳市水稻土地生产潜力的变化范围为 3114.74～18745.80 kg/hm$^2$，且潜力高值主要集中在中部地区，说明溧阳市中部地区的土壤条件对水稻生长的限制性较小，而东部和东南部地区的土壤条件对水稻的限制性较大。小麦土地生产潜力的变化范围为 5568.75～14708.60 kg/hm$^2$，且高值主要集中在中部地区，由小麦土壤修正系数可知，溧阳市中部地区麦地土壤修正系数为 1，说明该地区土壤条件有利于小麦生长，而东部和南部部分地区土壤条件对小麦的生长具有较强的限制作用。玉米土地生产潜力的变化范围为 9161.27～19734.30 kg/hm$^2$，潜在高值区主要集中在中部和西南地区。

在 ArcMAP 中使用分区统计工具，以乡镇为统计单元，得到溧阳市各乡镇主要粮食作物的平均土地生产潜力，如表 5-1 所示。

表 5-1    溧阳市各乡镇平均土地生产潜力    （单位：kg/hm$^2$）

| 乡镇 | 水稻 | 小麦 | 玉米 |
| --- | --- | --- | --- |
| 别桥镇 | 12829.68 | 12087.08 | 12823.97 |
| 埭头镇 | 12825.00 | 10722.30 | 11836.76 |
| 戴埠镇 | 12659.89 | 8898.10 | 10606.03 |
| 昆仑街道 | 12941.31 | 11197.04 | 12083.13 |
| 溧城镇 | 12951.65 | 10523.29 | 11282.70 |
| 南渡镇 | 13056.60 | 13319.12 | 14036.99 |
| 上黄镇 | 12757.64 | 12259.98 | 13065.65 |

续表

| 乡镇 | 水稻 | 小麦 | 玉米 |
|------|------|------|------|
| 上兴镇 | 12811.64 | 10911.79 | 11621.38 |
| 社渚镇 | 13234.50 | 13740.80 | 14581.64 |
| 天目湖镇 | 13132.44 | 10418.70 | 11178.85 |
| 竹箦镇 | 12292.66 | 10862.16 | 11655.43 |

由表 5-1 可知，在排除农户行为因素的干预下，溧阳市主要粮食作物中水稻平均生产潜力最大，其次为玉米和小麦，表明溧阳市光照、温度、水分和土壤条件较适宜种植水稻。其中，水稻平均生产潜力最大和最小的乡镇分别为社渚镇和竹箦镇，小麦和玉米平均生产潜力最大和最小的乡镇分别为社渚镇和戴埠镇，说明社渚镇气候条件更适宜种植粮食作物，因此，应充分利用该地区良好的自然条件，挖掘耕地的生产潜力；而戴埠镇的自然资源禀赋不适宜粮食作物生长，通过实地调研也发现，戴埠镇山地较多，乡镇粮食作物种植规模较小，且耕地破碎度较高。

至此，基于 AEZ 模型逐级修正得到不考虑农户行为因素的作物生产潜力。结果表明，溧阳市水稻、小麦和玉米平均土地生产潜力分别为 14447.79 kg/hm²、10138.68 kg/hm² 和 10931.62 kg/hm²，而统计数据显示，2018 年地区水稻、小麦和玉米平均产量为 9297 kg/hm²、4680 kg/hm² 和 7741 kg/hm²，由此可见，不同作物的生产潜力与实际单产均存在较大差距，主要因为 AEZ 模型仅嵌入自然条件对粮食生产的限制性，而未考虑地区农户行为对粮食生产可能造成的影响。由第 3 章分析了解到，溧阳市耕地资源承载力的关键限制性因素为农户年龄、农业劳动力比重和农机投入等，溧阳市第二、第三产业发达，非农就业机会多、非农收入高吸引了大量农村劳动力非农务工，导致农业劳动力"老龄化"现象严重，而劳动力是粮食生产的重要生产要素，农业劳动力数量减少、质量降低限制了家庭耕作规模的扩大。另外，非农收入逐渐成为农民家庭收入的主要来源，这将导致农户对粮食生产的管理和投入水平下降，进而影响粮食生产。因此，本书在 AEZ 模型评估结果的基础上，利用农户管理和投入因素对土地生产潜力进行修正，以提高评估结果的精度。

## 5.2.5　耕地生产潜力测算

由于现有资料中无法区分各种作物的化肥施用量，假定所有作物单位面积的施肥量和施肥结构大致相同。由第 6 章分析可知，施肥强度与粮食生产潜力之间符合二次项函数关系，结合溧阳市各乡镇平均施肥量解析施肥对粮食生产潜力的修正系数，如表 5-2 所示。

表 5-2 溧阳市各乡镇施肥修正系数

| 乡镇 | 施肥强度/（斤/亩） | | 产量/（斤/亩） | | | 施肥修正系数 | |
|---|---|---|---|---|---|---|---|
| | 实际值 | 最适值 | 最适值产量 | 实际产量 | 拟合产量 | 增产效应 | 修正系数 |
| 别桥镇 | 70.91 | 58.63 | 1163.45 | 1075.63 | 1084.51 | – | 0.92 |
| 埭头镇 | 73.21 | 58.63 | 1163.45 | 1041.12 | 1052.20 | – | 0.89 |
| 戴埠镇 | 42.13 | 58.63 | 1163.45 | 990.87 | 1021.17 | + | 1.03 |
| 昆仑街道 | 42.18 | 58.63 | 1163.45 | 953.76 | 1022.08 | + | 1.07 |
| 溧城镇 | 43.99 | 58.63 | 1163.45 | 987.58 | 1051.39 | + | 1.06 |
| 南渡镇 | 70.92 | 58.63 | 1163.45 | 1021.63 | 1084.39 | – | 0.88 |
| 上黄镇 | 43.81 | 58.63 | 1163.45 | 1051.73 | 1051.56 | + | 1.000 |
| 上兴镇 | 50.31 | 58.63 | 1163.45 | 933.19 | 1127.34 | + | 1.208 |
| 社渚镇 | 44.38 | 58.63 | 1163.45 | 998.72 | 1057.32 | + | 1.059 |
| 天目湖镇 | 36.17 | 58.63 | 1163.45 | 898.27 | 899.88 | + | 1.002 |
| 竹箦镇 | 72.84 | 58.63 | 1163.45 | 1066.63 | 1057.75 | – | 0.92 |

注："+"和"–"分别表示施肥具有增产效应和减产效应，下表同。

进一步地，需要确定管理和投入水平的综合修正系数。首先，通过 AHP 法确定各指标权重。溧阳市耕地资源承载力关键限制性因素与粮食产量之间的关系构造如图 5-8 所示。

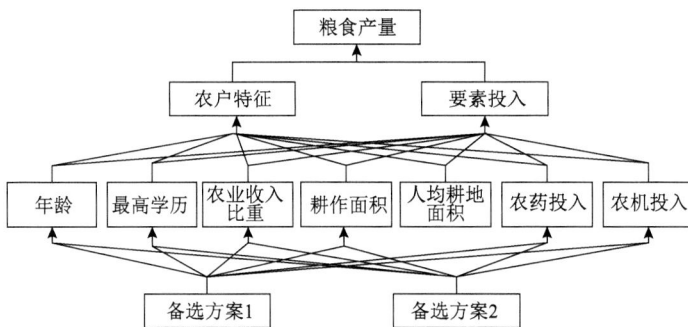

图 5-8 溧阳市粮食生产综合因素关系构造图

借助 yaahp 工具，经过层层的比较与判断，确定层次中各目标的相对重要性，并运用矩阵确定每一层全部因素相对重要性次序的权值。对于每一个成对比较矩阵，计算最大特征根及对应特征向量并进行检验，若通过特征向量检验即为权向量，不通过检验则需重新构造矩阵。检验通过后，根据各个方案得出所占权重，通过综合测算各层因子相对重要性的权值，给出方案层相对于目标层的相对重要性次序的组合权值，为决策人员提供参考依据。通过权重计算，得到各指标的总权重系数，如表 5-3 所示。

**表 5-3 溧阳市粮食生产关键限制性因素权重**

| 限制性因素 | 权重 |
|---|---|
| 年龄 | 0.472 |
| 最高学历 | 0.041 |
| 农业收入比重 | 0.041 |
| 耕作面积 | 0.093 |
| 人均耕地面积 | 0.079 |
| 农药投入 | 0.081 |
| 农机投入 | 0.193 |

其次，基于各限制性因素阈值，并结合 SPSS 聚类分析结果和专家经验判断建立等级评分，在各分级的基础上确定评分体系，如表 5-4 所示。

**表 5-4 溧阳市粮食生产综合因素等级划分表**

| 指标层 | 因素层 | （等级）/得分 | | | |
|---|---|---|---|---|---|
| | | （一）/1 | （二）/0.9 | （三）/0.7 | （四）/0.6 |
| 农户特征 | 年龄/岁 | 39～55 | 55～61 | 30～39 | 其他 |
| | 最高学历（本科以上、初高中、小学、其他） | ≥4 | 3 | 2 | 1 |
| | 农业收入比重 | ≥0.5 | 0.32～0.5 | 0.28～0.32 | 0～0.28 |
| 要素投入 | 耕作面积/亩 | 0～3.5 | 3.5～10 | 10～20 | ≥20 |
| | 人均耕地面积/亩 | >10 | 4.5～10 | 1.6～4.5 | 0～1.6 |
| | 农药投入/（元/亩） | 12.46～50 | 0～12.46 | 50～156 | >156 |
| | 农机投入/（元/亩） | 205.14～247.4 | 182.26～205.14 | 140～182.26 | 其他 |

需要说明的是：首先，基于 SPSS 聚类分析结果，考虑到农户年龄增长伴随的体力及农业生产经验的差异，本书认为年龄在 39～55 岁的农户具备良好的身体条件和农业生产经验，有助于扩大种植规模和提高粮食产量，因此将其归为第一等级；年龄在 55～61 岁的农户虽然体力有所下降，但积累了丰富的农业生产经验，将其归为第二等级；年龄在 30～39 岁的农户缺乏一定的农业生产经验，将其归为第三等级；其他年龄段的农户为第四等级。其次，溧阳市农药投入阈值为 50.5 元/亩，

且当农药投入小于阈值时，粮食产量随农药投入增加而增加，农药投入大于阈值时，粮食产量随农药投入增加而下降，因此，结合聚类分析结果，本书将农药投入在 12.46～50 元/亩、0～12.46 元/亩和 50～156 元/亩划分为第一、第二、第三等级，而将农药投入大于 156 元/亩划分为第四等级。最后，溧阳市农机投入阈值为 247.4 元/亩，且农机投入与产量之间符合二次项函数关系，当农机投入小于阈值时，粮食产量随农机投入增加而增加，农机投入大于阈值时，粮食产量随农机投入增加而下降，因此，在 SPSS 聚类基础上，将农机投入在 205.14～247.4 元/亩划分为第一等级，分别将农机投入在 182.26 元/亩～205.14 元/亩和 140～182.26 元/亩划分为第二、第三等级，农机投入大于 247.5 元/亩（过度使用机械）或者小于 140元/亩（机械化水平较低）划分为第四等级。

然后，以溧阳市各乡镇为研究单元，利用乡镇调研数据，确定各乡镇关键限制性因素等级评分（$A_i$），在此基础上，计算得到限制性因素的综合修正系数，结果如表 5-5 所示。

表 5-5 溧阳市各乡镇关键限制性因素均值及综合修正系数

| 乡镇 | 年龄 | 最高学历 | 农业收入比重 | 耕作面积 | 人均耕地面积 | 农药投入 | 农机投入 | $f(M)$ |
|---|---|---|---|---|---|---|---|---|
| 社渚镇 | 55.63 | 3.54 | 0.25 | 2.04 | 2.59 | 1.04 | 130.08 | 0.866 |
| 别桥镇 | 57.75 | 3.35 | 0.14 | 1.44 | 1.09 | 27.90 | 42.92 | 0.896 |
| 埭头镇 | 50.75 | 3.42 | 0.53 | 2.54 | 2.96 | 23.96 | 28.75 | 0.929 |
| 戴埠镇 | 55.42 | 3.33 | 0.25 | 19.77 | 7.15 | 1.38 | 87.92 | 0.823 |
| 昆仑街道 | 58.13 | 2.71 | 0.36 | 4.45 | 1.54 | 1.87 | 108.33 | 0.871 |
| 溧城镇 | 65.50 | 3.08 | 0.18 | 1.10 | 3.52 | 0.26 | 57.08 | 0.842 |
| 南渡镇 | 58.79 | 3.18 | 0.35 | 2.55 | 1.18 | 22.04 | 37.29 | 0.909 |
| 上黄镇 | 52.96 | 3.63 | 0.18 | 3.99 | 1.27 | 7.26 | 109.71 | 0.875 |
| 上兴镇 | 55.54 | 3.29 | 0.18 | 4.81 | 2.01 | 46.25 | 50.42 | 0.926 |
| 天目湖镇 | 54.83 | 3.17 | 0.14 | 2.74 | 1.42 | 35.83 | 75.83 | 0.905 |
| 竹箦镇 | 64.58 | 2.54 | 0.34 | 2.79 | 1.15 | 1.25 | 103.33 | 0.838 |

由表 5-5 可知，埭头镇、南渡镇、上兴镇和天目湖镇综合修正系数较大，均大于 0.9，说明各乡镇农户管理和要素投入比较合理，对粮食生产的综合影响较小。而戴埠镇综合修正系数最小（0.823），说明该乡镇农户行为对粮食生产具有一定的限制性，可从提高农户生产技术水平、提高农业机械化程度和优化生产要素投入等方面探讨地区粮食生产潜力提升路径。

前已述及，本书在土地生产潜力的基础上考虑农户农业管理和投入水平的影响，对土地生产潜力作进一步的修正。需要说明的是，县域不同地区农户对土地依赖程度、价值认知及产权偏好存在差异，使其耕地利用行为分化（苏群等，2016；高延雷等，2021），即不同地区农户管理和投入水平对粮食生产潜力的修正系数有所差别，若应用相同修正系数对县域不同区域耕地生产潜力进行修正，可能导致评估结果与实际偏差较大。由趋同理论可知，邻近的区域由于经济结构相似、初始人均收入水平相近而更容易达到趋同。在农业生产中，农户的管理和投入行为往往会模仿别的农户的经验，农户通常表现出"跟风"效应（戈大专等，2017）。相近的村与村、乡镇与乡镇之间农户的耕地利用行为具有相似性，表现为农户管理和要素投入水平具有空间的趋同性。因此，本书以乡镇为单元，利用各乡镇的农户调研数据，分别求解各乡镇施肥修正系数及多要素综合修正系数。在此基础上，通过 ArcGIS 数据格式转换、数据链接、空间离散化、空间采样和空间插值等功能生成施肥修正系数和综合修正系数的县级截面数据，并生成生产潜力修正系数的栅格数据（1 km×1 km），如图 5-9 所示。

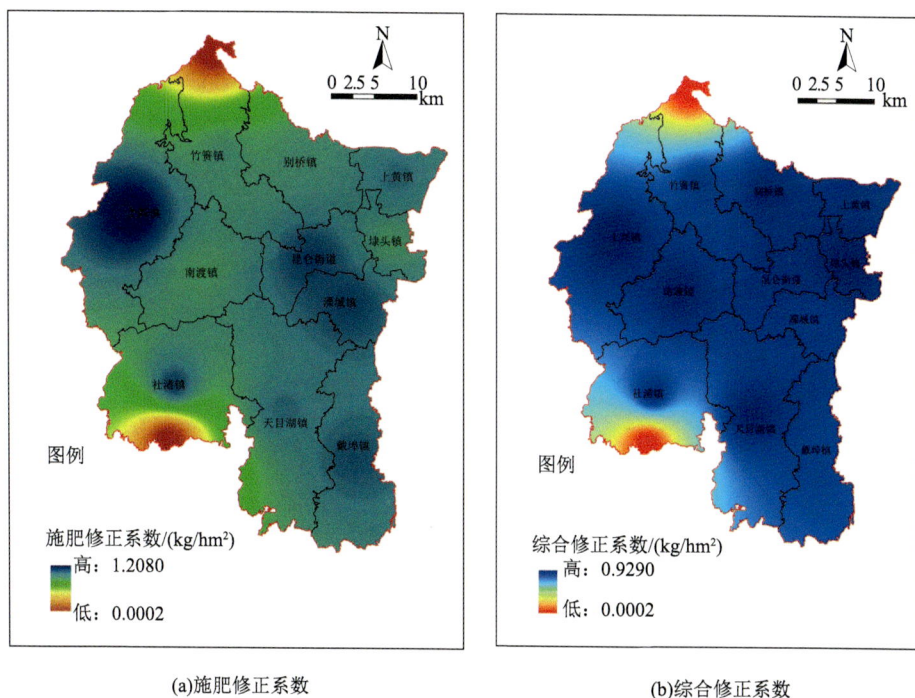

(a)施肥修正系数　　　　　　　　　　　(b)综合修正系数

图 5-9　溧阳市农户管理和投入水平修正系数

在土地生产潜力的基础上，考虑农户管理和投入水平对粮食生产潜力的影响，修正土地生产潜力得到耕地生产潜力。在 ArcMAP 中分别将水稻、小麦和玉米土地生产潜力与施肥修正系数和综合修正系数进行乘积运算，结果如图 5-10 所示。

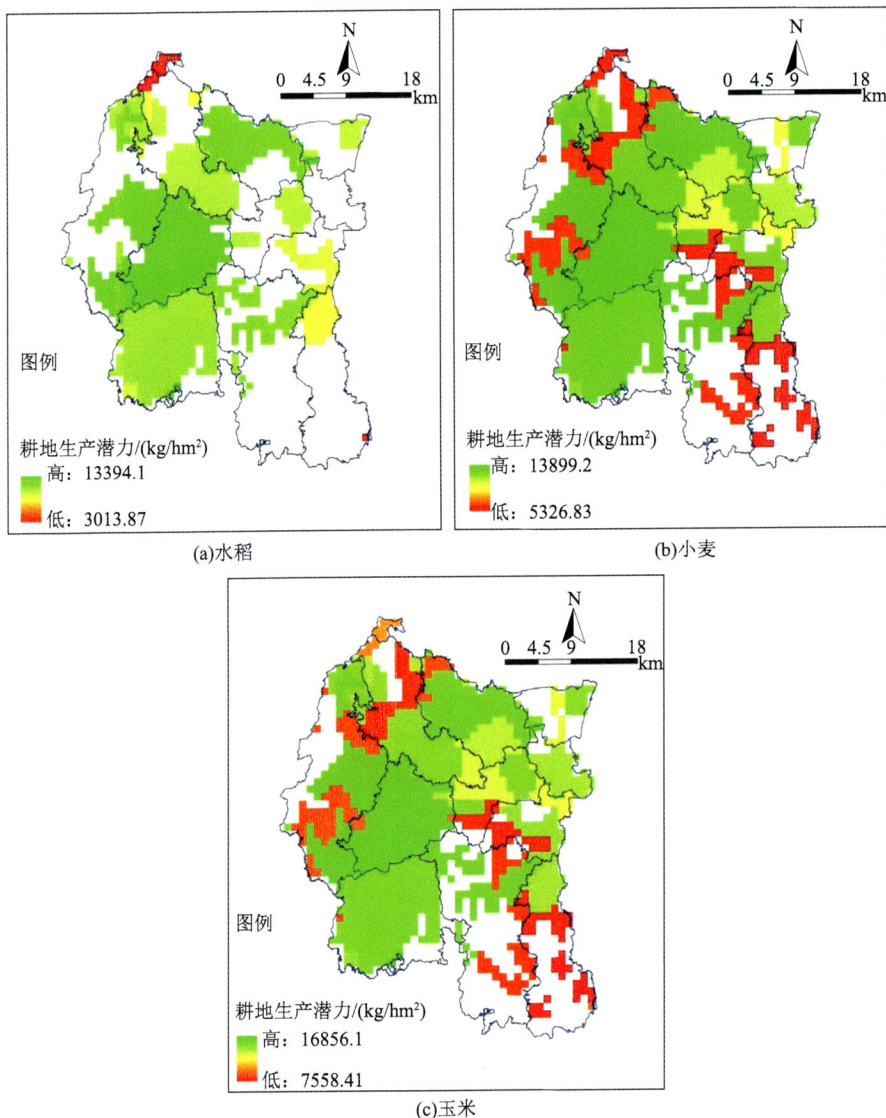

(a)水稻

(b)小麦

(c)玉米

图 5-10　溧阳市主要粮食作物耕地生产潜力

　　由图 5-10 可知，经农户生产管理和要素投入因素修正后，总体而言，溧阳市主要粮食作物中玉米生产潜力最大，其次为小麦，而水稻生产潜力最小。从生产潜力的空间分布看，水稻的高值区主要集中在溧阳中部和南部地区，而低值区主要集中在东南部，这是因为天目湖镇和戴埠镇位于溧阳市东南部，天目湖镇湖泊水系发达（主要湖泊为天目湖、大溪水库），而戴埠镇主要地貌为山地，一般来说，水源地水资源丰富，更有利于水稻的生长，但是河流岸线水田土壤多为黏土，土壤透水性和通风性较差，而山地土壤中碎石颗粒较大，土壤保水能力差，且岩石比例高，土壤有机质含量低，因此限制了该地区水稻的生产。此外，玉米生产潜力高值区主要集中在中部地区，低值区主要集中在东南部和西北部地区。

由表 5-6 可知，从各乡镇主要粮食作物耕地生产潜力数值来看，水稻生产高潜力区主要集中在上兴镇、社渚镇和昆仑街道，是适宜水稻种植的乡镇。小麦生产高潜力区主要集中在社渚镇和上兴镇，而玉米生产潜力高值区主要集中在社渚镇、上兴镇和上黄镇。由此可见，上兴镇和社渚镇主要粮食作物生产潜力在所有乡镇中保持较高水平，应作为粮食生产的重点乡镇。

表 5-6　溧阳市各乡镇粮食作物平均耕地生产潜力　（单位：kg/hm$^2$）

| 乡镇 | 水稻 | 小麦 | 玉米 |
| --- | --- | --- | --- |
| 别桥镇 | 10627.69 | 10012.54 | 10279.69 |
| 埭头镇 | 10661.7 | 8913.68 | 9502.8 |
| 戴埠镇 | 10728.27 | 7540.449 | 7835.207 |
| 昆仑街道 | 12025.35 | 10404.54 | 11086.36 |
| 溧城镇 | 11567.12 | 9398.355 | 9862.79 |
| 南渡镇 | 10421.77 | 10631.31 | 10800.71 |
| 上黄镇 | 11161.09 | 10725.71 | 11180.27 |
| 上兴镇 | 13906.77 | 11844.52 | 12785.73 |
| 社渚镇 | 12096.32 | 12559.08 | 13155.61 |
| 天目湖镇 | 11906.24 | 9445.886 | 9948.31 |
| 竹箦镇 | 9443.958 | 8344.962 | 8490.92 |

## 5.2.6　耕地生产潜力信度验证

为了对 AEZ 模型估算的粮食生产潜力进行验证，将小麦和水稻生产潜力与实际产量进行对比分析。本书估算了每个 1 km×1 km 栅格上的粮食生产潜力，而实际产量是以镇、村为单元的 2019 年调研数据，为了提高验证的准确性，利用 ArcGIS 的分区统计工具，以镇、村为单元，统计了由 AEZ 模型估算的小麦和水稻生产潜力的均值，并与各单元实际产量一一对应生成散点图（图 5-11）。通过计算发现，由 AEZ 模型估算的小麦平均生产潜力与实际产量呈显著相关性，相关系数为 0.65。从估算结果和实际粮食产量分析，实际产量为估算结果的 72.48%。同理，水稻生产潜力与实际产量也呈显著相关性，相关系数为 0.71，实际产量为估算结果的 79.73%。这说明耦合农户行为的 AEZ 模型的粮食生产潜力估算结果能够较好地反映溧阳市粮食生产潜力的基本状况，且水稻的相关系数大于小麦，表明耦合农户行为因素修正的 AEZ 模型对该地区水稻生产潜力具有更好的解释力。

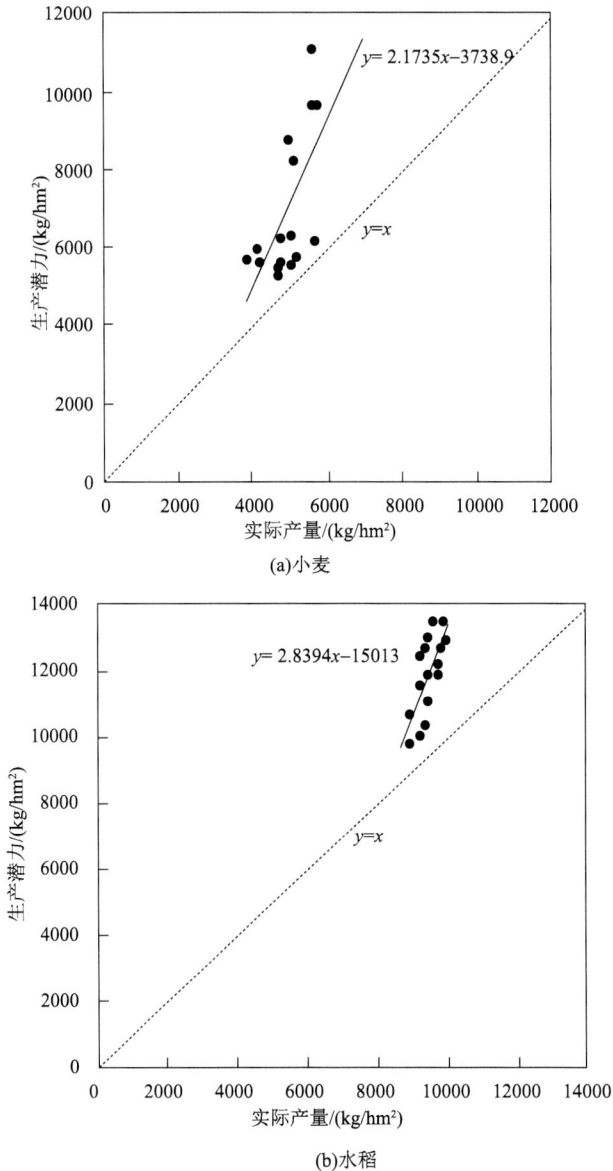

(a)小麦

(b)水稻

图 5-11　溧阳市各村镇粮食生产潜力与实际产量对比

需要说明的是，AEZ 模型估算的作物生产潜力存在系统性高估，主要有以下两方面的原因：①AEZ 模型在进行土地适宜性评估基础上逐步修正估算栅格尺度上的某种作物的生产潜力，这一过程仅考虑了某一地块是否适宜种植某种粮食作物及适宜种植区域能获得的生产能力，没有考虑其他作物影响（对光、温、水、营养物质及生长空间的竞争）及农民在利益最大化驱使下对作物种类的选择，也没有考虑作物种植制度的影响，据此估算作物生产潜力结果偏高；②多因素综合修正系数是基于经验判断，对各指标分等级并赋分，受专家主观判断的影响，存在一定的误差。

## 5.3　基于 MOP 法的村镇建设用地承载力测算

张掖市甘州区地处甘肃省河西走廊中部，是典型的大陆性温带干旱半干旱气候，具有昼夜温差大、干燥多风、降雨量少、雨水蒸发快等特点。甘州区特殊的地理环境，导致该地区人均水资源占有量远低于全国平均水平。在当地水资源消耗量逐年增大的背景下，水资源的供需矛盾是当地村镇建设发展的主要矛盾，对于村镇建设用地而言，水资源也是制约建设用地扩张、村镇人居生活的首要约束条件。基于此，本节围绕水资源这一核心约束条件，基于甘浚镇、大满镇、三闸镇 3 个典型研究区的特征，构建村镇建设用地承载力测算模型，通过将建设用地承载力测算结果与现状进行比较，为当地村镇建设以及国土空间规划提供技术支撑。

### 5.3.1　村镇尺度可利用水资源总量测算

黑河流域是我国西北地区第二大内陆河流域，其水资源合理开发利用关系到流域内人民的生存和社会经济的可持续发展。然而，黑河流域的水资源分布与国民社会经济发展存在错位，在此背景下，国家实施黑河干流水量分配方案，一定程度上缓解了水资源供需不匹配的态势。甘州区地处黑河流域下游，需要依靠流域内调水来满足社会经济发展需要，基于此，本书在测算整个黑河流域可持续用水量的基础上，以行政区为单位，根据国民社会经济发展构建"流域尺度→地市尺度→区县尺度"的水资源分配方案，最终在村镇尺度输出水资源总量约束。技术路线如图 5-12 所示。

首先，根据水量平衡模型，测算黑河流域可持续利用的水资源总量，相关测算过程在 InVEST 平台实现；其次，以行政区为单位，从人居生活水平、产业发展水平、生态建设水平 3 个维度构建水资源总量分配评价指标体系；然后，构建专家评价矩阵，对各个水量分配评价指标进行打分，运用层次分析法设置指标权重；最后，通过指标加权聚合的方式获得水资源分配权重，将水资源总量按不同行政区的权重进行分配，从而构建由"张掖市→甘州区→典型村镇"的分层水资源分配方案。

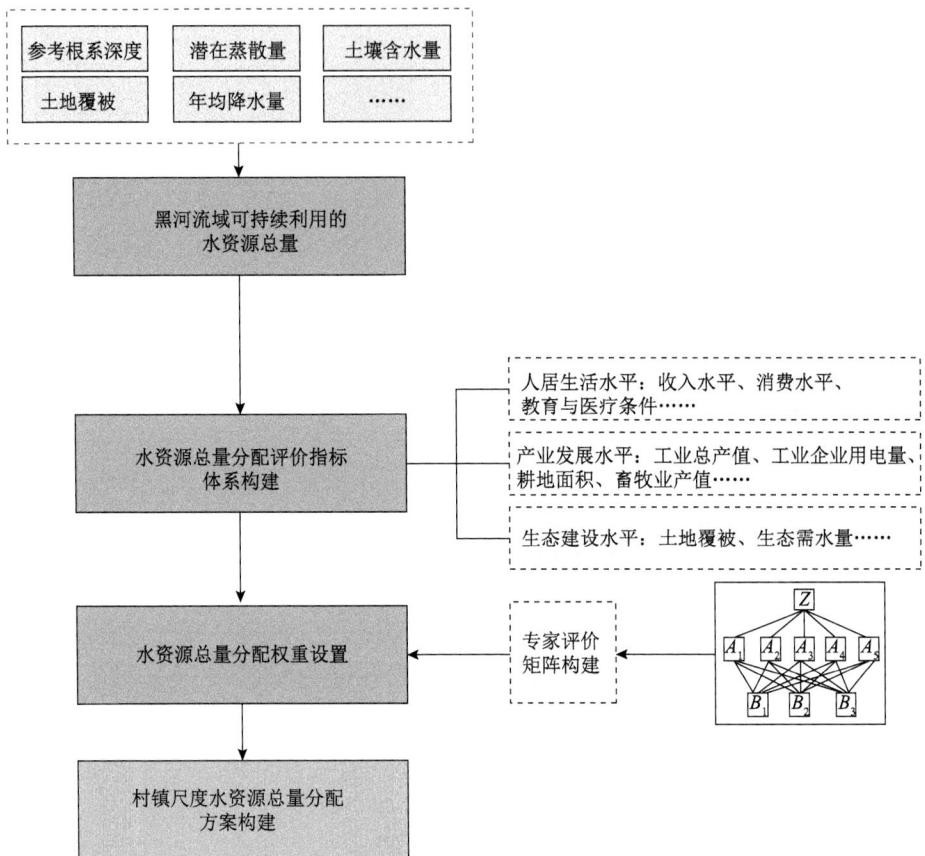

图 5-12 村镇尺度水资源总量测算技术路线

基于水量平衡模型的结果显示,黑河流域可持续利用水资源总量 39.15 亿 m³。空间分布上,黑河流域水资源分配存在显著的空间分异。具体呈现出南多北少的特征。人居生活、工业和农业生产是社会经济发展消耗水资源的主要方面。本节基于人居生活、产业发展、生态建设 3 个维度构建水资源分配评价指标体系。运用 AHP 法求取各个指标的权重,结果如表 5-7 所示。

表 5-7 水资源分配评价指标体系

| 目标层 | 权重 | 指标层 | 权重 |
|---|---|---|---|
| 人居生活 | 0.13 | 常住人口数量 | 0.45 |
| | | 城市人均可支配收入 | 0.24 |
| | | 农村人均可支配收入 | 0.13 |
| | | 人均用电量 | 0.18 |

| 目标层 | 权重 | 指标层 | 权重 |
|---|---|---|---|
| 产业发展 | 0.48 | 规模以上工业总产值 | 0.59 |
| | | 耕地面积 | 0.32 |
| | | 畜牧业产值 | 0.09 |
| 生态建设 | 0.39 | 草地面积 | 0.28 |
| | | 人工林地面积 | 0.41 |
| | | 湿地公园面积 | 0.31 |

　　数据获取年份为 2019 年，数据来源除地方公布的统计年鉴之外，还在地方统计局、自然资源局、农业农村局的协助下获取。将数据根据上表权重进行加权求和后标准化，最终得到黑河流域"地市尺度→区县尺度"的水量分配权重，如表 5-8 所示。

**表 5-8　水资源分配评价指标体系**

| 地市 | 区县 | 水量分配权重 | 水量配额/亿 m³ |
|---|---|---|---|
| 阿拉善盟 | 额济纳旗 | 0.0205 | 0.81 |
| 阿拉善盟 | 阿拉善右旗 | 0.0131 | 0.51 |
| 海北藏族自治州 | 祁连县 | 0.0166 | 0.65 |
| 嘉峪关市 | 嘉峪关市 | 0.1668 | 6.53 |
| 酒泉市 | 肃北蒙古族自治县 | 0.0098 | 0.38 |
| 酒泉市 | 玉门市 | 0.1050 | 4.11 |
| 酒泉市 | 金塔县 | 0.0544 | 2.13 |
| 酒泉市 | 肃州区 | 0.1720 | 6.73 |
| 张掖市 | 肃南裕固族自治县 | 0.0182 | 0.71 |
| 张掖市 | 高台县 | 0.0543 | 2.13 |
| 张掖市 | 临泽县 | 0.0512 | 2.00 |
| 张掖市 | 甘州区 | 0.1875 | 7.34 |
| 张掖市 | 民乐县 | 0.0715 | 2.80 |
| 张掖市 | 山丹县 | 0.0591 | 2.31 |

　　由表 5-8 可得，甘州区的可用水量为 7.34 亿 m³，在黑河流域的水量分配中权重最大。在将甘州区水量进一步细分至村镇时，由于村镇尺度数据可获得性差，

以上指标在村镇尺度上不能全部获取，因而只能采用人均纯收入（0.11）、农村人口数量（0.19）、耕地面积（0.44）、人工林地面积（0.26）四个指标来对甘州区可用水量在村镇尺度上进行细分，形成典型研究区（大满镇、三闸镇、甘浚镇）的水量配额，结果如表5-9所示。大满镇的可用水资源上限为0.6046亿 m³、三闸镇为0.4494亿 m³、甘浚镇为0.5095亿 m³。将可用水资源上限作为核心约束条件之一，进而便可通过MOP模型测算在水资源约束下的建设用地开发利用规模上限。

**表 5-9　研究区水量配额表**

| 区县 | 乡镇 | 水量分配权重 | 水量配额/亿 m³ |
|------|------|------------|--------------|
| 甘州区 | 安阳乡 | 0.0351 | 0.2576 |
| 甘州区 | 花寨乡 | 0.0270 | 0.1984 |
| 甘州区 | 龙渠乡 | 0.0414 | 0.3040 |
| 甘州区 | 大满镇 | 0.0823 | 0.6046 |
| 甘州区 | 小满镇 | 0.0612 | 0.4489 |
| 甘州区 | 长安镇 | 0.0551 | 0.4040 |
| 甘州区 | 新墩镇 | 0.0668 | 0.4898 |
| 甘州区 | 党寨镇 | 0.0727 | 0.5340 |
| 甘州区 | 梁家墩镇 | 0.0569 | 0.4178 |
| 甘州区 | 上秦镇 | 0.0660 | 0.4839 |
| 甘州区 | 碱滩镇 | 0.0583 | 0.4280 |
| 甘州区 | 三闸镇 | 0.0612 | 0.4494 |
| 甘州区 | 乌江镇 | 0.0651 | 0.4776 |
| 甘州区 | 靖安乡 | 0.0390 | 0.2866 |
| 甘州区 | 沙井镇 | 0.0815 | 0.5984 |
| 甘州区 | 明永镇 | 0.0439 | 0.3221 |
| 甘州区 | 甘浚镇 | 0.0694 | 0.5095 |
| 甘州区 | 平山湖乡 | 0.0171 | 0.1254 |

### 5.3.2　村镇建设用地识别和现状分析

由于当前针对土地资源的调查往往将建设用地划分为城市（201）、建制镇（202）、村庄（203）、工矿用地（204）、特殊用地（205）、道路交通用地（11）六种土地利用类型，分类体系较为粗糙，不能满足在村镇尺度测算建设用地承载力的需要。因此，本节在现有土地资源调查数据（2018年变更调查地类图斑数据）

的基础上，采用人工目视解译的方式进行进一步细分，主要技术路线如图 5-13 所示。

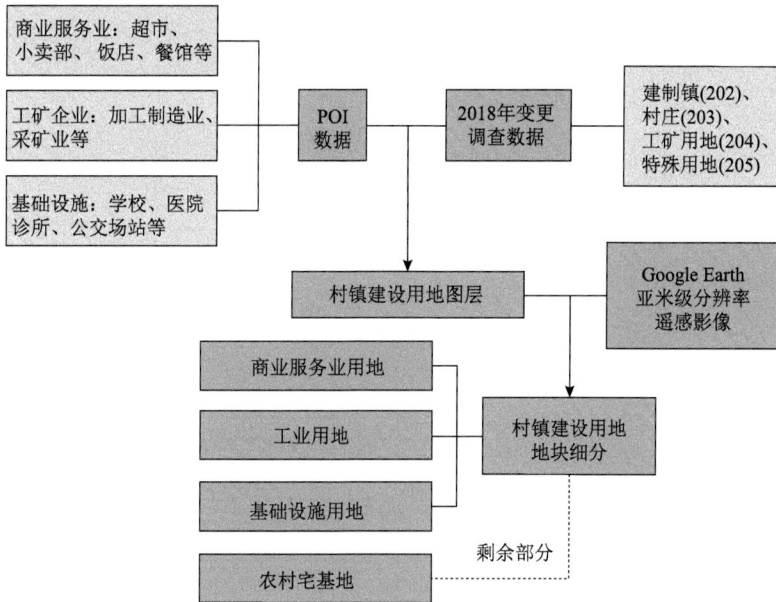

图 5-13　村镇建设用地类型识别技术路线

如图 5-13 所示，本节主要将村镇建设用地划分为农村宅基地、工业用地、商业服务业用地、基础设施用地 4 种类型，首先，根据 2018 年土地变更调查成果，提取三个典型研究区的村镇建设用地图层，并运用 BIGMAP 工具提取典型研究区的 POI 点数据；其次，点数据的属性链接入建设用地图层，形成包含用地性质的建设用地图层信息；然后，将所得到的图层与 Google Earth 影像进行叠加，通过人工目视解译的方式对建设用地图层进行分割，主要对商业服务业用地、工业用地、基础设施用地进行识别，对于无法确定地块边界之处通过现场勘探后确定，识别后剩余部分为农村宅基地；最终形成细分后的建设用地图层。

本书分别识别了甘浚镇、大满镇和三闸镇的村镇建设用地，三个村镇不同建设用地类型的面积如图 5-14 所示。从数量上看，农村宅基地和基础设施用地是村镇建设用地的主要类型，而工业用地和商业服务业用地的面积非常少。说明典型研究区具有良好的基础设施，但是产业基础薄弱。其中，大满镇的农村宅基地面积为 598.06 hm$^2$，在三个村镇中最大；甘浚镇的基础设施用地面积最大，为 459.25 hm$^2$，远远高于大满镇和三闸镇；商业服务业和工业用地面积最高的均为大满镇，但是与其余两个镇并没有明显差距。从人均建设用地面积上看，甘浚镇的人均建设用地面积显著高于大满镇和三闸镇，说明甘浚镇更有可能存在集约利用水平不高的情况，虽然大满镇的宅基地面积较高，但是人均占有量处于合理水平。

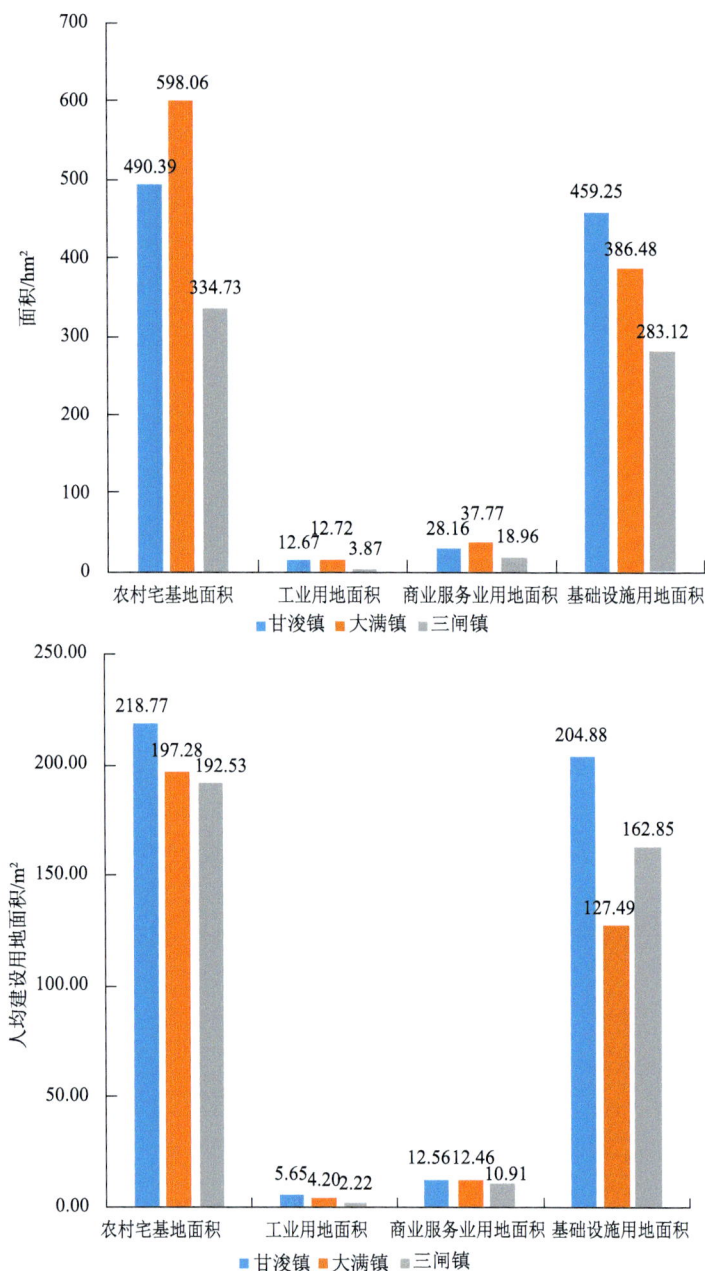

图 5-14 甘浚镇、大满镇和三闸镇的村镇建设用地面积统计

### 5.3.3 村镇建设用地承载力水平预测

本书根据甘浚镇、大满镇、三闸镇三个镇的特点进行参数设置（表 5-10）。

### 表 5-10　甘州区各乡镇参数设置

| 输入模块 | 参数 | 意义 | 数值 | | | 量纲 |
| --- | --- | --- | --- | --- | --- | --- |
| | | | 甘浚镇 | 大满镇 | 三闸镇 | |
| 目标函数 | $a_1$ | 农村宅基地经济系数 | 0.13 | 0.13 | 0.13 | — |
| | $a_2$ | 工业用地经济系数 | 0.66 | 0.66 | 0.66 | — |
| | $a_3$ | 商业服务业用地经济系数 | 0.53 | 0.53 | 0.53 | — |
| | $a_4$ | 基础设施用地经济系数 | 0.38 | 0.38 | 0.38 | — |
| | $a_5$ | 耕地经济系数 | 0.30 | 0.30 | 0.50 | — |
| | $a_6$ | 林地经济系数 | 0.00 | 0.00 | 0.00 | — |
| | $a_7$ | 草地经济系数 | 0.45 | 0.45 | 0.00 | — |
| | $a_8$ | 水域经济系数 | 0.57 | 0.57 | 0.57 | — |
| | $a_9$ | 其他土地经济系数 | 0.00 | 0.00 | 0.00 | — |
| | INCOME | 农村人均纯收入 | 10183.00 | 10247.00 | 10202.00 | 元 |
| | $b_1$ | 玉米单产潜力 | 10768.20 | 10768.20 | 10768.20 | kg/(hm²·a) |
| 土地利用调查 | $A$ | 城市土地面积 | 3813.93 | 3813.93 | 3813.93 | hm² |
| | Area | 县域土地总面积 | 366257.84 | 366257.84 | 366257.84 | hm² |
| | $Area_{rural}$ | 目标村土地总面积 | 13409.40 | 10263.67 | 7816.55 | hm² |
| 一般参数设置 | $x_{1\text{-prin}}$ | 人均居住用地标准 | 120.00 | 120.00 | 120.00 | m²/人 |
| | $Pop_{future}$ | 目标人口数量 | 22461.00 | 30315.00 | 17386.00 | 人 |
| 规划约束 | $X_{plan}$ | 规划建设用地增量 | 770.25 | 770.25 | 770.25 | hm² |
| 需水约束 | $W_{1\text{-consume}}$ | 农村宅基地需水系数 | 1.30 | 1.30 | 1.30 | 万 m³/(km²·d) |
| | $W_{2\text{-consume}}$ | 工业用地需水系数 | 1.50 | 1.50 | 1.50 | 万 m³/(km²·d) |
| | $W_{3\text{-consume}}$ | 商业服务业用地需水系数 | 1.40 | 1.40 | 1.40 | 万 m³/(km²·d) |
| | $W_{4\text{-consume}}$ | 基础设施用地需水系数 | 0.60 | 0.60 | 0.60 | 万 m³/(km²·d) |
| | $W_{agri}$ | 单位面积灌溉用水量 | 4170.00 | 4170.00 | 4170.00 | m³/(hm²·a) |
| 约束条件-水源涵养 | $W_{produce}$ | 产水量 | 5698.59 | 6762.54 | 5027.13 | 万 m³/a |

| 输入模块 | 参数 | 意义 | 数值 | | | 量纲 |
|---|---|---|---|---|---|---|
| | | | 甘浚镇 | 大满镇 | 三闸镇 | |
| 碳排放约束 | $C_{bulitup}$ | 建设用地碳排放系数 | 2.11 | 2.11 | 2.11 | t/（hm²·a） |
| | $C_{arable}$ | 耕地碳排放系数 | −0.05 | −0.05 | −0.05 | t/（hm²·a） |
| | $C_{forest}$ | 林地碳排放系数 | −0.61 | −0.61 | −0.61 | t/（hm²·a） |
| | $C_{grass}$ | 草地碳排放系数 | −0.02 | −0.02 | −0.02 | t/（hm²·a） |
| | $C_{water}$ | 水域碳排放系数 | −0.26 | −0.26 | −0.26 | t/（hm²·a） |
| | $C_{others}$ | 其他土地碳排放系数 | −0.01 | −0.01 | −0.01 | t/（hm²·a） |
| 模型调试参数 | $d^+$ | 松弛变量 | 1.00 | 1.00 | 1.00 | — |
| | $d^-$ | 松弛变量 | −1.00 | −1.00 | −1.00 | — |
| | $i$ | 协调发展控制变量 | 3.00 | 3.00 | 3.00 | — |
| | $j$ | 协调发展控制变量 | 2.00 | 2.00 | 2.00 | — |

本节通过将设置参数代入优化模型中，运用理想点法对多目标函数进行求解，最终得到的目标值即为该研究区在约束条件下的建设用地承载力水平，通过与现状水平进行比较，可以判断该研究区域的承载状况，如图 5-15 所示。测算结果显示，三个典型研究区的建设用地承载力均呈现出不同程度的超载现象。其中，大满镇的建设用地承载力超载最为严重，超载率 13.40%；甘浚镇次之，超载率 10.50%；三闸镇的超载程度最低，超载率 1.67%，几乎不存在超载。

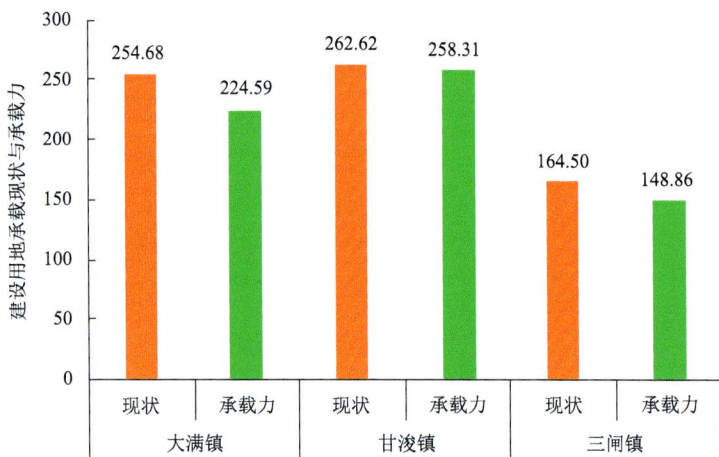

图 5-15 甘州区各乡镇建设用地承载现状与承载力水平预测

为了使村镇建设用地的开发利用处于承载力的范围内，本书制定了基于土地利用结构优化的村镇建设用地承载力提升方案，如表 5-11 所示。结果表明，为了使村镇建设用地承载水平达到合理范围，需要进行村镇建设用地结构优化。

**表 5-11　甘州区各乡镇建设用地承载力提升方案**　（单位：$hm^2$）

| 研究区<br>用地类型 | 大满镇 | | 甘浚镇 | | 三闸镇 | |
|---|---|---|---|---|---|---|
| | 现状 | 优化后 | 现状 | 优化后 | 现状 | 优化后 |
| 农村宅基地面积 | 598.06 | 388.74 | 490.39 | 318.75 | 334.73 | 217.58 |
| 工业用地面积 | 12.72 | 11.83 | 12.67 | 11.79 | 3.87 | 3.60 |
| 商业服务业用地面积 | 37.77 | 41.55 | 28.16 | 25.35 | 18.96 | 17.07 |
| 基础设施用地面积 | 386.48 | 405.81 | 459.25 | 450.06 | 283.12 | 317.10 |
| 耕地面积 | 7575.38 | 7706.29 | 8353.37 | 8684.02 | 4669.88 | 4865.30 |
| 林地面积 | 438.14 | 525.77 | 352.46 | 422.95 | 922.61 | 876.48 |
| 草地面积 | 426.60 | 469.26 | 2585.11 | 2507.55 | 540.84 | 600.33 |
| 水域面积 | 417.99 | 417.99 | 420.82 | 420.82 | 423.77 | 423.77 |
| 其他土地面积 | 370.53 | 296.43 | 695.31 | 556.25 | 617.25 | 493.80 |

首先，宅基地均存在减量化空间，应通过土地综合整治调整农村宅基地规模。甘州区大满镇农村宅基地面积最高，较最优承载状态有 209.32 $hm^2$ 的农村居民点面积亟须优化，甘浚镇和三闸镇分别有 171.64 $hm^2$ 和 117.15 $hm^2$ 的优化空间。根据实地调研发现当地村庄普遍存在一户多宅的情况，极大地降低了土地集约利用水平。需要在不损害农户利益的前提下，实现农村宅基地面积的减少；同时，在农村人口不断外流的背景下，农村宅基地面积的减少也符合政策需要。其次，通过集体经营性建设用地入市制度改革探索产业用地适度增长。甘州区经济发展滞后、产业发展动力不足，3 个村镇的工业用地均有一定的减量空间，其中三闸镇和大满镇分别有 33.98 $hm^2$ 和 19.33 $hm^2$ 的建设空间可供使用。未来为保证产业用地的供应，促进乡村经济向好发展，需要提升工业用地和商业服务业用地面积的比重。最后，农用空间及生态用地应以保障安全为基本底线。粮食安全是社会稳定的"压舱石"，而耕地则是粮食安全的根基所在，各个区域的耕地在未来都存在不同程度的扩张趋势。此外，为了提升村镇资源环境禀赋，保证村镇建设用地的发展处于区域环境容量范围内，未来需要进一步提升林地和草地等生态用地的面积。

## 5.4　基于生态足迹法的村镇生态用地承载力测算

生态承载力指某一时期某种环境状态下，区域生态环境对人类社会经济活动的支持能力，它是生态系统物质组成和结构的综合反映，是生态环境评价与环境容量评估的关键性指标。对于某一区域，生态承载力强调的是系统的承载功能，而突出的是对人类活动的承载能力，就是确定生态系统对人类活动的最大承受能力，所谓对人类活动的最大承受能力是指在不破坏生态系统服务功能的前提下，生态系统所能承受的人类活动的强度。本书生态承载力通过生态足迹法测算。

本书选取环江县最新行政区划数据作为研究空间分区，并统计各乡镇村基本指标（如总人口数、耕地面积等）。本节所用的乡镇村一级行政边界数据来源于地理空间数据云（https://www.gscloud.cn/）。本章使用的统计数据来自中国经济社会大数据研究平台（https://data.cnki.net/）。

### 5.4.1　环江县乡镇级生态用地承载力测算

根据环江县乡镇级行政区划边界及 2009 年、2019 年环江县土地利用数据，可得环江县 2009 年、2019 年各乡镇生物生产性土地面积，详见表 5-12。

**表 5-12　环江县 2009 年、2019 年乡镇生物生产性土地面积表**（单位：hm²）

| 年份 | 名称 | 大才乡 | 思恩镇 | 水源镇 | 洛阳镇 | 川山镇 | 下南乡 | 大安乡 | 长美乡 | 明伦镇 | 东兴镇 | 龙岩乡 | 驯乐苗族乡 |
|---|---|---|---|---|---|---|---|---|---|---|---|---|---|
| 2009 | 水域 | 138.99 | 471.68 | 147.64 | 822.53 | 475.28 | 152.47 | 296.71 | 305.17 | 292.13 | 631.53 | 474.43 | 490.04 |
| | 林地 | 7566.95 | 13231.40 | 22132.20 | 26447.60 | 44126.30 | 19514.70 | 12252.90 | 16840.30 | 27441.40 | 41211.70 | 27471.90 | 42217.50 |
| | 建设用地 | 736.97 | 1754.48 | 1922.39 | 995.26 | 1437.77 | 957.42 | 382.24 | 404.36 | 2421.88 | 1691.38 | 457.50 | 770.12 |
| | 耕地 | 2539.81 | 8324.79 | 6574.42 | 10144.40 | 8796.24 | 2643.41 | 5216.57 | 4169.27 | 6800.99 | 3219.57 | 2635.48 | 4435.93 |
| | 草地 | 1847.95 | 4010.89 | 4710.60 | 8350.87 | 11587.80 | 2104.36 | 3939.10 | 2085.23 | 8820.60 | 2742.41 | 9949.51 | 10417.20 |
| 2019 | 水域 | 149.52 | 553.07 | 190.54 | 1006.27 | 627.39 | 169.44 | 308.98 | 305.76 | 382.78 | 735.39 | 426.11 | 451.23 |
| | 林地 | 8648.53 | 16998.30 | 26762.90 | 35024.46 | 53042.80 | 21619.80 | 15856.30 | 19483.40 | 35344.46 | 43256.10 | 33662.46 | 49500.40 |
| | 建设用地 | 380.47 | 1642.12 | 1175.85 | 1572.01 | 1632.73 | 566.40 | 634.87 | 419.68 | 1059.77 | 873.31 | 813.16 | 1037.32 |
| | 耕地 | 1576.20 | 5063.42 | 4941.41 | 6692.33 | 7128.37 | 2224.17 | 3035.23 | 2316.24 | 5889.65 | 1958.76 | 2093.31 | 3884.70 |
| | 草地 | 2074.95 | 3536.18 | 2417.05 | 2465.96 | 3991.74 | 792.81 | 2252.16 | 1279.01 | 3100.74 | 2673.26 | 3994.28 | 3457.22 |

基于生态承载力模型计算生态承载力,通过 ArcGIS10.6 软件图示化显示,得到环江县各乡镇生态承载力情况,其中 EFC 值越大,表示生态系统对人类活动的承受能力越大,EFC 值越小表示生态系统在人类活动下更易受影响。环江县的生态用地承载力从 2009～2019 年总体呈增加趋势。乡镇尺度上除驯乐苗族乡的生态用地承载力有所降低外,其他乡镇均为向好趋势或者保持不变,其中思恩镇、洛阳镇、长美乡、东兴镇和龙岩乡生态承载力增加趋势明显。

生态承载指数反映了生态系统对人类活动的承载能力,生态承载指数越高,则表示该区域的生态环境压力越大。根据环江县各乡镇现实情况,将环江县生态承载指数分为以下四类,具体分类情况为:生态盈余(EFCI≤0.5);生态平衡(0.5<EFCI≤0.55);生态超载(0.55<EFCI≤0.6);生态过载(EFCI>0.6)。环江县 2009 年、2019 年生态承载情况如表 5-13 所示。

表 5-13  环江县各乡镇 2009 年和 2019 年生态承载情况表

| 环江县 | 生态承载状态 | |
| --- | --- | --- |
| | 2009 年 | 2019 年 |
| 大才乡 | 生态超载 | 生态盈余 |
| 思恩镇 | 生态过载 | 生态平衡 |
| 水源镇 | 生态超载 | 生态盈余 |
| 洛阳镇 | 生态平衡 | 生态盈余 |
| 川山镇 | 生态盈余 | 生态盈余 |
| 下南乡 | 生态盈余 | 生态盈余 |
| 大安乡 | 生态平衡 | 生态盈余 |
| 长美乡 | 生态盈余 | 生态盈余 |
| 明伦镇 | 生态盈余 | 生态盈余 |
| 东兴镇 | 生态盈余 | 生态盈余 |
| 龙岩乡 | 生态盈余 | 生态盈余 |
| 驯乐苗族乡 | 生态盈余 | 生态盈余 |

由表 5-13 可知,环江县生态承载指数在时间尺度上有着显著好转的趋势。乡镇尺度上 2009 年下南乡、川山镇、驯乐苗族乡、龙岩乡、明伦镇、东兴镇和长美乡为生态盈余,洛阳镇和大安乡为生态平衡,水源镇和大才乡生态超载,思恩镇更是生态过载。到 2019 年水源镇和大才乡由生态超载变为生态盈余,思恩镇由生态过载变好为生态平衡,其他乡镇均为生态盈余。这充分反映了在石漠化综合治理和退耕还林等政策影响下,环江县生态用地承载力发生明显好转。在空间上,

环江县中南部地区较北部地区生态更为脆弱，但南部地区在时间恢复上成效最大，大部分乡镇由生态超载转为生态盈余的情形。恢复效果最佳的乡镇为思恩镇，其生态承载指数的降低，表明区域生态环境对人类生产生活活动的容纳能力增强。

### 5.4.2　环江县村级生态用地承载力测算

为了进一步反映环江县生态承载力与生态承载指数在村级行政区的空间分布情况与时间变化情况，本书使用村级行政边界数据，基于生态承载模型，对环江县各村和社区综合计算。

经计算可知，环江县中部区域土山区生态承载力提升显著，主要是由于在退耕还林政策及农业种植收入差异等影响下，以甘蔗种植为主的旱地转为经济收入更高、生态效益更好的人工林地。

环江县村一级生态承载力与乡镇一级的总体情况一致，生态系统承载情况显著好转，但仍有村镇具有生态承载指数增高，导致生态超载的风险，如大才乡部分村，需要引起进一步注意。

# 6 村镇土地资源承载力综合评估

村镇土地综合承载力是指在一定社会、经济和技术条件下，村镇土地资源所能提供的生产（粮食生产、经济产出等）、生活（人口吸引、社会保障等）和生态（生态维持、环境净化等）功能及其综合能力的状态。通过探索全国、省、县域不同尺度的乡村土地利用功能演化的时空异质特征、权衡/协调关系和耦合协调程度，研究乡村发展进程中土地资源承载力转型过程特征、问题及相应解决方案，来揭示乡村土地资源承载力转型过程特征和未来乡村发展路径，可全面识别各尺度乡村土地利用问题，制定我国乡村全面可持续发展规划、策略。基于关键限制性影响因素识别结果，构建灰色关联度、熵权法、集对分析法等村镇土地资源综合承载力评价方法，评估并揭示全国、省、县域不同尺度的乡村土地资源承载力水平及问题，制定我国乡村全面可持续发展规划、策略。

## 6.1 村镇土地资源承载力综合评估方法基础

土地资源是乡村人口、经济、社会和生态环境系统的重要物质基础，是人类主要社会经济活动的载体，乡村发展进程中暴露出来的社会、经济和生态问题很大程度能在土地资源承载力上得以反映。通过探索全国、省、县域不同尺度的乡村土地利用功能演化的时空异质特征、权衡/协调关系和耦合协调程度，研究乡村发展进程中土地资源承载力转型过程特征、问题及相应解决方案，揭示乡村土地资源承载力转型过程特征和未来乡村发展路径（房艳刚和刘继生，2015），可全面识别各尺度乡村土地利用问题，制定我国乡村全面可持续发展规划、策略。

土地资源承载力综合评价方法的实现包括如下步骤：指标遴选→指标体系构建→指标标准化→指标权重确定→综合评价实现→分级分类判断（户艳领，2014；何刚等，2018）。其中，指标遴选和指标体系构建部分参考第 2 章的村镇土地资源承载力的社会-生态影响机制分析结果；对所有指标无量纲化后，采用熵权法、专家打分法等确定指标权重，运用灰色关联度、集对分析法等方法对不同尺度的土地资源综合承载力进行整体性及全局性评价，具体方法对比见表 6-1。为突出区域分异，采用等间距法、百分位数值法、自然断点法、几何分类间隔法等方法进行分级分类，使土地资源承载力的优缺点更易于把控。

**表 6-1　综合评价方法对比**

| 方法 | 简述 | 优点 | 缺点 |
| --- | --- | --- | --- |
| 模糊灰色关联分析法 | 以各评价样本上的投影值大小对待评价样本综合评价 | 适用于数据资料不全面，变量关系不明确的情况 | 数据操作要求高，评价结果依赖于等级序列 |
| 数据包络分析 | 对同一类型决策单元进行多指标投入和产出相对效益 | 可有效避免主观因素和简化算法、减少误差 | 不适用于同类区域研究，对异常值敏感，结果不稳定 |
| 集对分析法 | 构造集对，对集对做同一性、差异性、对立性分析，用联系度描述集对的同、异、反关系 | 更注重数据的相对性和模糊性，提高分辨率以及可靠性 | 特征函数构建难度较大，计算过程烦琐 |
| 物元评价模型 | 构成物元矩阵及节域点，以关联函数来确定相对优劣状态 | 既能反映评价对象的稳定状态，也可揭示单个评价指标的分异 | 关联性须以可拓集合为基础，关联函数和使用代数难确定 |
| 全排列多边形图示 | 指标值连线构成一个不规则中心 N 边形，综合指数代表面积均值与中心多边形面积比值 | 评价结果直观，减少主观随意性 | 对指标依赖性较强；可能会扩大极值对系统的影响 |
| 目标加权平均法 | 以系统每个维度的指标权重为依据，同类指标相乘，异类指标相加 | 结合指标权重评价可综合观察指标变动对系统的影响程度和方向 | 主观性偏大；指标计算方式对综合指标评价效果较差 |
| 改进突变级 | 根据系统的势函数将临界点分类，研究各类临界点附近的不连续特征 | 未采用指标权重，但考虑了指标的相对重要性，定性与定量的结合 | 初始突变评价值普遍偏高，不符合人们对于优劣的直观判断 |
| 投影寻踪模型 | 将高维数据映射到低维子空间，设定约束条件，寻找出投影目标函数最大化的投影向量；低维空间上分析数据的结构特征 | 有效表征系统评价指标数据的高维、非线性和非正态等 | 投影目标函数需要连续可导且计算量巨大 |

## 6.1.1　全国尺度土地资源承载力评价方法

### 6.1.1.1　承载力评价方法

采用极值标准法将每项评价指标进行归一化处理，利用加权求和方法评估乡村土地利用单项功能水平（张晓琳等，2019；杨丽霞等，2019），计算公式如下：

$$f_{ij} = \sum_{i=1}^{n} y_{ij} w_{ij} \tag{6-1}$$

式中，$f_{ij}$ 为乡村土地利用第 $j$ 年的 $i$ 项功能值；$n$ 为单项功能的指标个数；$y_{ij}$ 为第 $j$ 年的 $i$ 项指标；$w_{ij}$ 为 $j$ 年 $i$ 项指标对应的权重；$j$ 的年份区间为 1995～2015 年。

### 6.1.1.2 东、中和西部优/弱势承载力识别方法

在测算历年各项承载力的基础上，采用区位熵（任国平等，2019）量化历年东、中和西部乡村土地利用承载力优势度或弱势度，并分析其变化情况。若有 $m$ 个地域空间类型（$k$），$n$ 种承载力（$i$），计算公式如下：

$$I_{ijk} = \frac{f_{ijk}}{\sum\limits_{i=1}^{n} f_{ijk}} \tag{6-2}$$

$$P_{ij} = \frac{\sum\limits_{k=1}^{m} f_{ijk}}{\sum\limits_{k=1}^{m} \sum\limits_{i=1}^{n} f_{ijk}} \tag{6-3}$$

$$\beta_{ijk} = \frac{I_{ijk}}{P_{ij}} \tag{6-4}$$

式中，$I_{ijk}$ 为第 $j$ 年的 $k$ 类地域空间乡村土地利用 $i$ 类承载力（$f_{ijk}$）占该类地域空间土地利用所有承载力的比例；$P_{ij}$ 为所有地域空间的 $i$ 类承载力占所有地域空间的所有承载力的比例；$\beta_{ijk}$ 为第 $j$ 年的 $k$ 类地域空间的 $i$ 项承载力的优势度；$m=3$，$n=7$。当 $\beta_{ijk}=1$ 时，表明第 $j$ 年的 $k$ 类地域空间的 $i$ 项承载力达到平均水平；$\beta_{ijk}<1$ 表明未达到平均水平；$\beta_{ijk}>1$ 表明超过平均水平，其中 $\beta_{ijk}\geqslant 1.5$ 则表明第 $j$ 年的 $k$ 类地域空间的 $i$ 项承载力在所有地域空间类型具有显著比较优势，$\beta_{ijk}\leqslant 0.5$，则为弱势承载力。

### 6.1.1.3 乡村土地资源承载力关系判别方法

借用"权衡/协同"（trade-offs/synergy）来判别在复杂的土地利用多功能转型机理下土地多功能间的关系（de Groot，2006；Tang，2015；朱琳等，2019）。采用皮尔逊（Pearson）相关系数对全国、东、中和西部土地资源承载力权衡/协同判别，当两项承载力呈正相关，则表现为协同；若呈负相关，则为权衡；若无关，则承载力之间呈独立关系（刘彦随等，2011；张玉等，2021）。第 $j$ 年的承载力（$f_{j1}$）和承载力（$f_{j2}$）之间的相关系数（$r$）为

$$r = \frac{\sum\limits_{j=1}^{n}\left(f_{j1}-\overline{f_1}\right)\left(f_{j2}-\overline{f_2}\right)}{\sqrt{\sum\limits_{j=1}^{n}\left(f_{j1}-\overline{f_1}\right)^2 \sum\limits_{j=1}^{n}\left(f_{j2}-\overline{f_2}\right)^2}} \tag{6-5}$$

式中，$n$ 为年限，本书取 21；$\overline{f_1}$ 和 $\overline{f_2}$ 分别代表两种承载力逐年均值。

### 6.1.1.4 村镇土地利用经济、社会和生态承载力耦合协调测度方法

乡村土地利用功能之间存在低水平相互制约或高水平相互促进的耦合互动关系（李梦桃和周忠学，2016；刘玉和刘彦随，2012；宋小青和李心怡，2019；齐琪等，2020；姜棪峰等，2021），在参考相关研究成果（王成和唐宁，2018；李嘉仪和董玉祥，2019；刘法威和杨衍，2020；程宪波等，2022）并结合本书实际的基础上，构建中国乡村土地利用经济社会和生态承载力耦合度测量模型，具体计算公式如下：

$$C_{esl} = \left[ \left( F_e \times F_s \times F_l \right) / \left( \frac{F_e + F_s + F_l}{3} \right)^3 \right]^{1/3} \tag{6-6}$$

$$C_{es} = \left[ \left( F_e \times F_s \right) / \left( \frac{F_e + F_s}{2} \right)^2 \right]^{1/2} 或 C_{el} = \left[ \left( F_e \times F_l \right) / \left( \frac{F_e + F_l}{2} \right)^2 \right]^{1/2}$$

$$或 C_{sl} = \left[ \left( F_s \times F_l \right) / \left( \frac{F_s + F_l}{2} \right)^2 \right]^{1/2} \tag{6-7}$$

本节引入耦合协调指数构建乡村土地利用经济、社会和生态承载力之间耦合协调模型，具体计算公式如下：

$$D_{esl} = \sqrt{C_{esl} \times T_{esl}}，其中，T_{esl} = aF_e + bF_s + cF_l \tag{6-8}$$

式中，$D_{esl}$ 为乡村土地利用经济、社会和生态承载力耦合协调度；$a$、$b$、$c$ 分别为乡村土地利用经济、社会和生态承载力的待定系数，采用熵权法与专家意见确定了待定系数，分别为 $a=0.35$，$b=0.35$，$c=0.30$。

同时，经济、社会和生态承载力两两之间耦合协调度的计算公式如下：

$$D_{es} = \sqrt{C_{es} \times T_{es}} 或 D_{el} = \sqrt{C_{el} \times T_{el}} 或 D_{sl} = \sqrt{C_{sl} \times T_{sl}} \tag{6-9}$$

$$T_{es} = aF_e + bF_s 或 T_{el} = aF_e + cF_l 或 T_{sl} = bF_s + cF_l \tag{6-10}$$

式中，$D_{es}$、$D_{el}$ 和 $D_{sl}$ 分别为经济、社会和生态承载力两两耦合协调度，测算经济与社会承载力耦合协调度时，$a=b=0.5$；测算经济与生态承载力时，$a=0.55$，$c=0.45$；测算社会与生态承载力时，$b=0.55$，$c=0.45$。参考相关研究（王成和唐宁，2018；李欣等，2019；刘超等，2021），并结合本书实际，将乡村土地资源承载力按照耦合协调度划分为 10 个不同等级程度，并归纳为失调型和协调型 2 类（表 6-2）。

表 6-2  乡村土地承载力耦合协调度类型划分

| 项目 | 耦合协调度 | | | | | | | | | |
|---|---|---|---|---|---|---|---|---|---|---|
| | 0~0.1 | 0.1~0.2 | 0.2~0.3 | 0.3~0.4 | 0.4~0.5 | 0.5~0.6 | 0.6~0.7 | 0.7~0.8 | 0.8~0.9 | 0.9~1.0 |
| 耦合协调程度 | 极度失调 | 严重失调 | 中度失调 | 轻度失调 | 濒临失调 | 勉强协调 | 初级协调 | 中级协调 | 良好协调 | 优质协调 |
| 耦合协调类型 | 失调型 | | | | | 协调型 | | | | |

## 6.1.2  省级尺度土地资源承载力评价方法

### 6.1.2.1  乡村"三生"承载力评估方法

在构建乡村生产、生活和生态"三生"承载力 16 个评价指标基础上,采用极值标准法将评价指标进行归一化处理(罗雅丽等,2016),利用熵权法(谭雪兰等,2018)确定各指标权重,采用多指标模型评估江苏省乡村"三生"承载力,具体方法如下:

离差标准化方法:$Y_{ij} = \dfrac{X_{ij} - X_{\min(i)}}{X_{\max(i)} - X_{\min(i)}}$;或 $Y_{ij} = \dfrac{X_{\max(i)} - X_{ij}}{X_{\max(i)} - X_{\min(i)}}$,$X_{ij}$ 为区县市 $j$ 的第 $i$ 个指标值,$Y_{ij}$ 为 $X_{ij}$ 标准化后的值。

信息熵:$E_i = -\ln(n)^{-1} \sum\limits_{i=1}^{n} \ln P_{ij}$,其中 $P_{ij} = \dfrac{Y_{ij}}{\sum\limits_{i=1}^{n} Y_{ij}}$。

各指标的信息效用值:$G_i = 1 - E_i$。

计算各指标的权重:$W_i = \dfrac{G_i}{\sum\limits_{i=1}^{n} G_i}$。

第 $j$ 个区县市域乡村生产、生活和生态承载力值:$F_{(\mathrm{p,\,l,\,e})j} = \sum\limits_{i=1}^{n} Y_{ij} W_i$。

### 6.1.2.2  乡村"三生"承载力耦合协调内涵与评估方法

乡村"三生"功能形成、变化是乡村经济、社会和生态等多元化发展需求权衡结果,实质是稀缺土地资源数量与空间再分配结果(黄金川等,2017)。乡村生产承载力是乡村发展的动力,不仅能提供粮食、肉类等农业生产承载力,更是乡村农户生产与经济主要来源,乡村农户为增加家庭收入,往往会挤占生态空间或增加生态空间压力,从而损坏生态承载力;生态承载力是乡村生产与生活承载力保障,若生态承载力被破坏,会直接或间接影响其他承载力,尤其是对乡村生活空间与承载力影响最为突出;生活承载力满足乡村人口居住、生活和交流,若生活承载力被破坏,人居环境恶化。因此,乡村"三生"承载力存在相互促进、相互影响的耦合互动关系，参考已有研究构建生产、生活和生态承载力耦合协调度模型（王成和唐宁，2018；Tang，2015；杨忍等，2015），构建江苏省乡村"三生"承载力耦合度类型（详见表6-3）和耦合协调度类型表（详见表6-4），具体计算公式如下。

**表 6-3　乡村生产-生活-生态承载力耦合度类型划分**

| | 耦合类型 | | | |
| --- | --- | --- | --- | --- |
| | 低耦合 | 拮抗 | 磨合 | 协调耦合 |
| 耦合度(C) | 0～0.3 | 0.3～0.5 | 0.5～0.8 | 0.8～1.0 |

**表 6-4　乡村生产-生活-生态承载力耦合协调度类型划分**

| | 极度失调型 | 严重失调型 | 中度失调型 | 轻度失调型 | 濒临失调型 | 勉强协调型 | 初级协调型 | 中级协调型 | 良好协调性 | 优质协调型 |
| --- | --- | --- | --- | --- | --- | --- | --- | --- | --- | --- |
| 耦合协调度(D) | 0～0.1 | 0.1～0.2 | 0.2～0.3 | 0.3～0.4 | 0.4～0.5 | 0.5～0.6 | 0.6～0.7 | 0.7～0.8 | 0.8～0.9 | 0.9～1.0 |

乡村生产(p)-生活(l)-生态(e)承载力耦合度测量($C_{\mathrm{ple}}$)：

$$C_{\mathrm{ple}} = \left[ \left( F_{\mathrm{p}} \times F_{\mathrm{l}} \times F_{\mathrm{e}} \right) \Big/ \left( \frac{F_{\mathrm{p}} + F_{\mathrm{l}} + F_{\mathrm{e}}}{3} \right)^3 \right]^{1/3} \qquad （6-11）$$

乡村生产-生活、生产-生态和生活-生态承载力耦合度测量($C_{\mathrm{pl}}$、$C_{\mathrm{pe}}$、$C_{\mathrm{le}}$)：

$$C_{\mathrm{pl}} = \left[ \left( F_{\mathrm{p}} \times F_{\mathrm{l}} \right) \Big/ \left( \frac{F_{\mathrm{p}} + F_{\mathrm{l}}}{2} \right)^2 \right]^{1/2} ;$$

$$C_{\mathrm{pe}} = \left[ \left( F_{\mathrm{p}} \times F_{\mathrm{e}} \right) \Big/ \left( \frac{F_{\mathrm{p}} + F_{\mathrm{e}}}{2} \right)^2 \right]^{1/2} ; \qquad （6-12）$$

$$C_{\mathrm{le}} = \left[ \left( F_{\mathrm{l}} \times F_{\mathrm{e}} \right) \Big/ \left( \frac{F_{\mathrm{l}} + F_{\mathrm{e}}}{2} \right)^2 \right]^{1/2}$$

乡村生产-生活-生态承载力耦合协调度($D_{\mathrm{ple}}$)：

$$D_{\mathrm{ple}} = \sqrt{C_{\mathrm{ple}} \times T_{\mathrm{ple}}} \qquad （6-13）$$

其中，$T_{\mathrm{ple}} = aF_{\mathrm{p}} + bF_{\mathrm{l}} + cF_{\mathrm{e}}$。

乡村生产-生活、生产-生态和生活-生态承载力耦合协调度($D_{\mathrm{pl}}$、$D_{\mathrm{pe}}$、$D_{\mathrm{le}}$)：

$$D_{\mathrm{pl}} = \sqrt{C_{\mathrm{pl}} \times T_{\mathrm{pl}}} ; \quad D_{\mathrm{pe}} = \sqrt{C_{\mathrm{pe}} \times T_{\mathrm{pe}}} ; \quad D_{\mathrm{le}} = \sqrt{C_{\mathrm{le}} \times T_{\mathrm{le}}} \qquad （6-14）$$

其中，$T_{pl} = aF_p + bF_1$；$T_{pe} = aF_p + cF_e$；$T_{le} = bF_1 + cF_e$。式中，$a$、$b$、$c$ 分别为乡村生产承载力、生活承载力、生态承载力的待定系数，结合生产-生活-生态之间的相互关系以及参考专家意见的基础上，将待定系数确定为 $a_1=0.35$，$b_1=0.30$，$c_1=0.35$；确定生产-生活、生产-生态、生活-生态两两承载力的 3 组待定系数为 $a_2=0.55$ 且 $b_2=0.45$、$a_3=0.5$ 且 $c_3=0.5$ 和 $b_4=0.45$ 且 $c_4=0.55$。

### 6.1.2.3 乡村"三生"承载力演变规律评估方法

一段时间内，乡村"三生"承载力耦合协调类型数量的占比变化在一定程度上能够反映乡村"三生"承载力演变规律。例如，在某一时间内，低水平耦合协调类型比例减少，高水平耦合协调类型比例增加，可被视为乡村"三生"承载力耦合协调度正向高水平方向演变。

## 6.1.3 县域尺度土地资源承载力评价方法

以村镇土地资源为载体，以土地资源承载粮食、经济产值、人口、民生和生态环境为对象，采用综合指标法分别评估东部快速城镇化地区东台市、中部粮食主产区沅江市和西部生态脆弱区甘州区村镇土地资源承载力大小，并对比分析东、中、西部不同地区村镇土地资源承载力特征。

单指标分析法是综合评价的基础，是指在针对县域村镇土地资源承载力构建指标层，确定评价指标的基础上，分别针对单个指标进行分析论证，计算评价指标的现状值、期望值和临界阈值，从而能够通过单个指标从不同的方面分别反映村镇土地资源环境承载力的状况。基于构建的县域村镇土地资源承载力评价指标体系，逐一评价各承载指标的承载现状情况、承载阈值大小以及承载潜力，分析区域的每个承载要素的承载力状况。

综合评价法是指对多属性体系结构描述的对象系统做出全局性、整体性的评价，是单指标分析法的延续和总结。目前对评价问题的研究大致可以分为两类：一类是对评价指标体系的研究；另一类是对综合评价方法的研究。通常情况下，应用综合评价法计算承载媒体的承载能力，承载力总是取决于多方面的因素。假设承载媒体 $S$ 的承载力大小取决于 $x_1, x_2, x_3, \cdots, x_n$ 等 $n$ 个因子，则该承载媒体的承载力大小 CSI（CCS）可用数学式表达为

$$CSI = CCS = \sum_{i=1}^{n} S_i W_i \tag{6-15}$$

式中，CSI 为承载指数；$S$ 为相应承载分量；$W$ 为每个因子占的权重。从中可见，承载指数的大小取决于各承载分量的大小和各分量的权重值。CSI 越大，表示承载能力越大。

可采用单指标评价和综合评价相结合的方法对县域村镇土地资源承载力进行评价。首先在单指标承载要素评价的基础上，通过确定指标权重，构建县域村镇土地资源承载力综合评价模型，继而对单个指标评价结果进行综合运算并进行分级，通过分级标准评判县域村镇土地资源承载力的总体状态。

## 6.2　中国村镇土地资源综合承载力评估

本节从全国尺度视角,利用 1995～2015 年全国农村固定观察点调查数据分析全国及东、中和西部乡村土地资源承载力大小、优/弱势、权衡/协同关系以及耦合协调的演化特征，提出未来乡村发展的建议，为推动全国乡村均衡、可持续发展提供重要参考。

在全国尺度，以全面实现乡村协同发展为导向的乡村土地资源承载力转型是未来土地可持续利用和乡村可持续发展的必要要求。土地资源承载力转型的研究重点是全面提升土地利用弱化、劣势承载力，改善多承载力之间的权衡关系，提升承载力之间耦合协调程度（图 6-1）。具体内容包括：①时间上，分析土地资源承载力变化特征，识别出弱化类承载力；②空间上，对比分析各承载力在不同地域空间的优/弱势特征，识别出各地域空间的土地利用弱势承载力；③识别出各承载力转型过程呈现的权衡/协同关系；④分析土地资源承载力之间的耦合协调状态及演化特征。

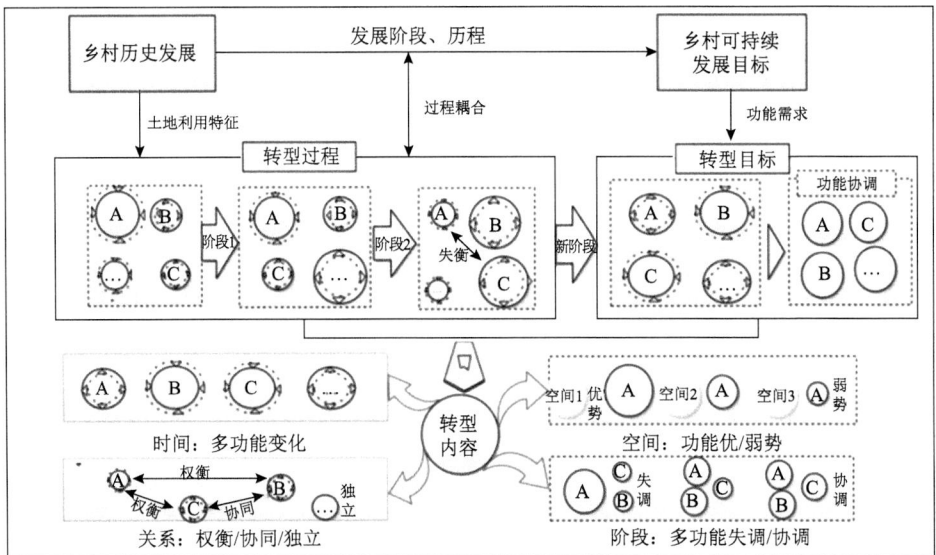

图 6-1　全国尺度乡村土地资源承载力及转型过程与内容

A/B/C 分别表示土地利用各功能，（A）（B）分别表示土地利用功能 A、B 在转型过程中提升与减弱状态，

此图参考张晓琳等（2019）的成果，有改动

## 6.2.1 乡村土地资源承载力评价指标体系构建

乡村土地资源承载力是由乡村地域系统内的土地资源单元、资源系统、治理系统和行动者互动互馈形成的综合系统,利用社会-生态框架构建的以上指标集为理想状态的指标,深入分析了各子系统与乡村土地资源承载力之间的关系,并构建了相关管理部门与行动者构成社会系统,在社会、经济和政治背景以及相关社会-生态系统的共同作用下互动,形成土地资源经济、社会和生态以及综合承载力的结果,遴选出各子系统的因子(张藤丽等,2020),探究各子系统中的二三级变量与乡村土地资源承载力之间的关系,梳理多层级的嵌套指标之间如何作用于乡村土地资源承载力水平,并形成社会-生态系统变量集合(表6-5)。将土地资源承载力分为经济、社会和生态三个一级承载力,并将经济承载力分为食物供给、经济产出,社会承载力分为空间承载、就业支撑和民生保障,生态承载力分为生态维持与环境净化等多项二级子承载力,并结合已有数据基础,构建了我国乡村土地资源承载力评估指标,采用熵权法确定了各指标权重,采用熵权法与专家打分法,确定了二级子承载力评价的权重。

**表6-5 我国乡村土地资源承载力评估指标**

| 一级承载力 | 二级子承载力 | 指标层 | 指标解释 | 权重指标 | 权重二级子承载力 |
|---|---|---|---|---|---|
| 经济承载力 | 食物供给 | 粮食单产(+) | 粮食产量/耕地面积;(kg/亩) | 0.470 | 0.55 |
|  |  | 地均禽畜产量(+) | 畜牧产量/农用地面积;(kg/亩) | 0.530 |  |
|  | 经济产出 | 地均农林牧渔服务业产值(+) | 农林牧渔服务业产值/农用地面积;(元/亩) | 0.524 | 0.45 |
|  |  | 人均土地流转收益(+) | 流转收入/家庭人口数;(元/人) | 0.476 |  |
| 社会承载力 | 空间承载 | 乡村户均人口数(+) | 人口总数/户数;(人/户) | 0.272 | 0.42 |
|  |  | 乡村人均住房面积(+) | 乡村住房面积/人数;(m²/人) | 0.213 |  |
|  |  | 人均生产用房面积(+) | 乡村生产性面积/人数;(m²/人) | 0.515 |  |
|  | 就业支撑 | 乡村土地承载劳动力能力(+) | 1-全年外出务工人数/农村劳动力数;(%) | 0.459 | 0.31 |
|  |  | 人均耕地面积(+) | 耕地面积/乡村人口;(亩/人) | 0.541 |  |
|  | 民生保障 | 农地支撑家庭收入能力(+) | 家庭农业收入/家庭总收入;(%) | 0.252 | 0.27 |
|  |  | 耕地粮食安全保障(+) | 乡村粮食单产/400;(人) | 0.510 |  |
|  |  | 乡村人均文化服务与旅游用地(+) | 乡村文化旅游用地/人口;(%) | 0.238 |  |

续表

| 一级承载力 | 二级子承载力 | 指标层 | 指标解释 | 权重 | |
|---|---|---|---|---|---|
| | | | | 指标 | 二级子承载力 |
| 生态承载力 | 生态维持 | 乡村人均绿当量持有量（+） | （林地面积×1+园地面积×0.72+草地×0.71+耕地×0.66+水域×0.83）/人口数 | 0.512 | 0.41 |
| | | 农业景观破碎程度（−） | 户均不足一亩的耕地块数；（块） | 0.488 | |
| | 环境净化 | 化肥投入强度（−） | 化肥使用量/耕地面积；（kg/亩） | 0.403 | 0.59 |
| | | 农药施用强度（−） | 农药施用总量/耕地面积；（kg/亩） | 0.272 | |
| | | 薄膜使用强度（−） | 薄膜使用量/耕地面积；（kg/亩） | 0.124 | |
| | | 耕地吸纳畜禽粪便能力（−） | 单位面积耕地承载畜禽当量/单位面积耕地承载畜禽标准量；（%） | 0.201 | |

注：指标"乡村人均文化服务与旅游用地"数据缺失，由"人均文化服务与旅游支出比例"代替。

本书所利用的乡村土地、人口、粮食产量、畜禽养殖、社会经济、产业发展、收入和环境等数据来源于农业农村部 1995～2015 年全国农村固定观察点调查数据汇编。该调查体系现覆盖全国 31 个省（自治区、直辖市）（其中：东部包括河北、北京、天津、山东、江苏、上海、浙江、福建、广东、海南、辽宁、吉林和黑龙江；中部包括山西、河南、安徽、湖北、江西和湖南；西部包括陕西、四川、云南、贵州、广西、甘肃、青海、宁夏、西藏、新疆、内蒙古和重庆），包含 357 个县（市、区）、360 个村、23000 多农牧户，为消除数据量纲的影响，采用极值法对评价指标原始数据进行标准化处理，有效归一化在 0～1 之间。

### 6.2.2 乡村土地利用承载力演变特征和优势演变分析

1995～2015 年全国乡村土地资源承载力值由 0.167 增长至 0.514，经济承载力持续增长，增长幅度超过 2 倍。土地利用社会承载力值由 0.35 降至 0.313，承载力整体上有所降低，其过程经历了先增长再降低最后趋于稳定的变化过程。生态承载力值由 0.569 降至 0.512，2008 年之前生态承载力较为稳定，2009～2015 年经历了短暂的先减后回升的过程。空间上，1995～2015 年间，东、中和西部经济承载力持续增长，中部社会和生态承载力保持稳定，东西部则有所降低，整体变化与全国基本保持一致（图 6-2）。

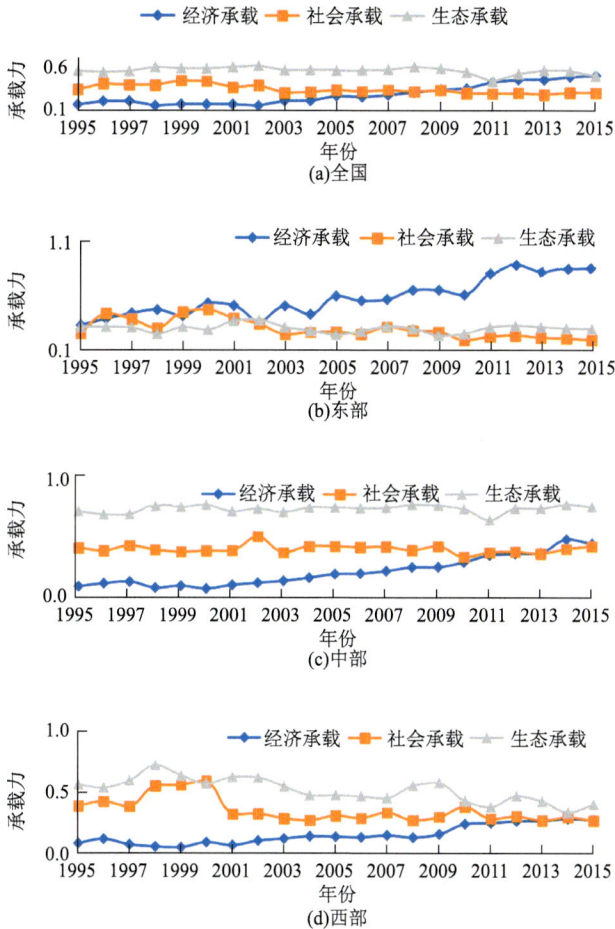

图6-2　1995～2015年全国及东、中和西部乡村土地资源承载力变化情况

为剖析全国、东、中和西部的乡村土地利用经济、社会和生态承载力变化特征，本书进一步分析了经济、社会和生态承载力下的各子承载力变化情况，如图6-3所示。1995～2015年，全国层面经济承载力的持续增长缘于食物供给和经济产出承载力的双增长。社会承载力下的各承载力变化有所差异，其中空间承载与就业支撑分别降低了45%、27%，而民生保障提升了27%。生态承载力下的生态维持与环境净化承载力出现相反的变化特征，生态维持增长，增幅超1.3倍，环境净化持续降低，降幅约39%。中部的社会承载力稳定缘于就业支撑承载力持续稳定，民生保障承载力增加，弥补了空间承载的持续弱化。生态承载力的稳定缘于生态维持承载力的增长填补了环境净化的持续弱化，其余空间上的各子承载力整体变化基本与全国保持一致。以上结果表明，中国乡村土地在支撑乡村食物供给、经济收入和生态维持等方面的能力持续增强，而支撑人口居住、劳动力就业和环境净化等方面的能力有所减弱。

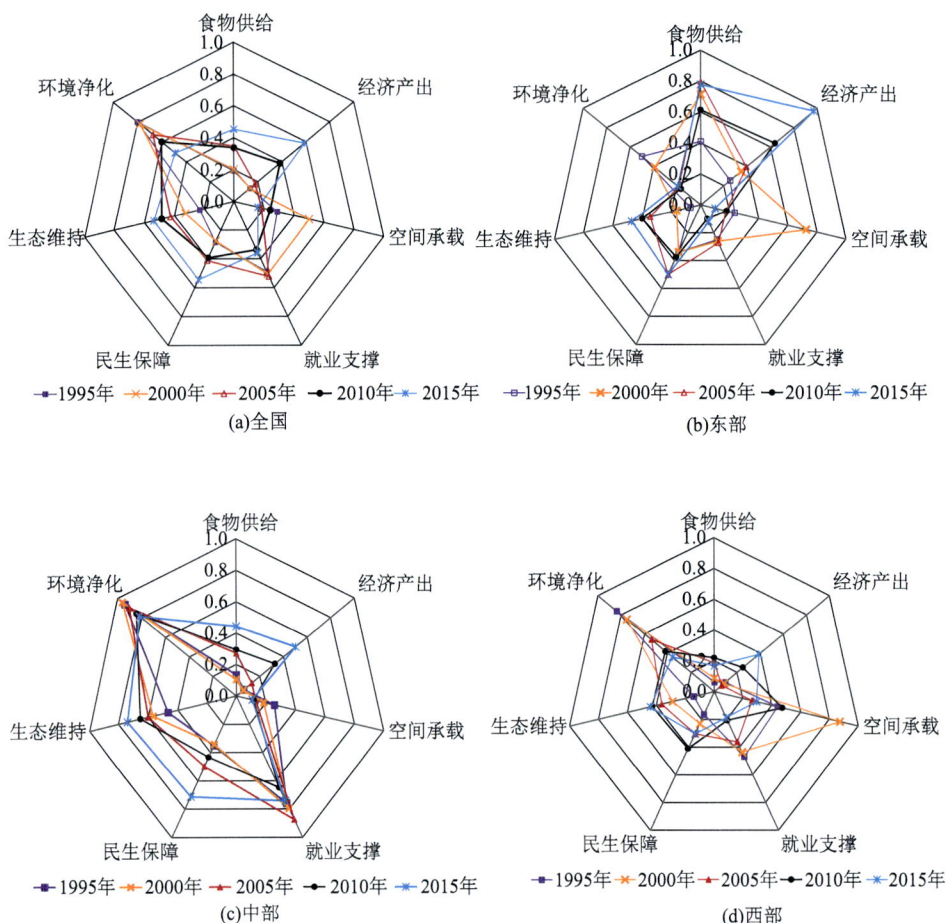

图 6-3　中国 1995～2015 年乡村土地利用子承载力水平及变化情况

　　东、中、西部乡村土地资源承载力呈现空间优势或弱势的差异特征，本书采用了区位熵的方法定量测度了我国东、中和西部的经济、社会和生态承载力以及各子承载力的优、弱势度指数（表 6-6）。2015 年，乡村土地利用经济承载力优势指数，东部为 1.57，中部为 0.69，西部为 0.72，东部占有较大相对优势。1995～2015 年，东部经济承载力优势指数由 2.27 降至 1.57，空间优势正在缩小，东部的优势缘于食物供给与经济产出两子承载力的双优势，其优势也均逐渐在降低。2015 年，乡村土地利用社会承载力优势指数，东部为 0.64，中部为 1.16，西部为 1.25，西部高于同时期的中部和东部。1995～2015 年，西部的优势指数由 1.13 增长至 1.25，优势进一步增加，中部的空间承载力和东部的就业支撑承载力的优势度持续降低是增加空间优势的主要原因。2015 年，乡村土地利用生态承载力优势指数，东部为 0.61，中部为 1.24，西部为 1.15，东部与中、西部比较，中、西部优势较大，中、西部之间的优势指数差距较小。1995～2015 年东部的优势指数由 0.70 降至 0.61，差距逐渐增大。东部环境净化承载力的优势指数持续弱化是造成东部与中、西部之间优势指数差距增大的主要原因。

**表 6-6　东、中和西部乡村土地资源承载力优势指数**

| 承载力 | 东部 | | | | | 中部 | | | | | 西部 | | | | |
|---|---|---|---|---|---|---|---|---|---|---|---|---|---|---|---|
| | 1995年 | 2000年 | 2005年 | 2010年 | 2015年 | 1995年 | 2000年 | 2005年 | 2010年 | 2015年 | 1995年 | 2000年 | 2005年 | 2010年 | 2015年 |
| 经济承载力 | 2.27 | 2.21 | 1.96 | 1.75 | 1.57 | 0.50 | 0.35 | 0.53 | 0.66 | 0.69 | 0.47 | 0.37 | 0.53 | 0.69 | 0.72 |
| 食物供给 | 2.38 | 2.33 | 1.94 | 1.80 | 1.67 | 0.54 | 0.34 | 0.52 | 0.65 | 0.74 | 0.33 | 0.30 | 0.58 | 0.66 | 0.53 |
| 经济产出 | 2.16 | 2.10 | 2.04 | 1.74 | 1.55 | 0.38 | 0.35 | 0.53 | 0.67 | 0.62 | 0.76 | 0.54 | 0.42 | 0.70 | 0.91 |
| 社会承载力 | 0.85 | 0.95 | 0.83 | 0.70 | 0.64 | 1.01 | 0.83 | 1.05 | 0.95 | 1.16 | 1.13 | 1.23 | 1.13 | 1.38 | 1.25 |
| 空间承载 | 0.88 | 1.20 | 0.94 | 0.77 | 0.58 | 0.68 | 0.30 | 0.56 | 0.37 | 0.49 | 1.54 | 1.55 | 1.81 | 2.10 | 2.57 |
| 就业支撑 | 0.60 | 0.52 | 0.55 | 0.35 | 0.34 | 1.25 | 1.54 | 1.39 | 1.68 | 1.63 | 1.04 | 0.92 | 0.94 | 0.74 | 0.78 |
| 民生保障 | 1.39 | 1.10 | 1.17 | 1.02 | 0.98 | 1.00 | 1.08 | 0.92 | 0.88 | 1.08 | 0.63 | 0.80 | 0.92 | 1.15 | 0.87 |
| 生态承载力 | 0.70 | 0.52 | 0.51 | 0.59 | 0.61 | 1.15 | 1.44 | 1.26 | 1.31 | 1.24 | 1.09 | 1.06 | 1.21 | 1.00 | 1.15 |
| 生态维持 | 0.37 | 0.48 | 0.81 | 0.90 | 0.85 | 1.67 | 1.61 | 1.10 | 1.09 | 1.03 | 0.69 | 0.89 | 1.09 | 0.98 | 1.17 |
| 环境净化 | 0.77 | 0.55 | 0.35 | 0.39 | 0.43 | 1.00 | 1.32 | 1.32 | 1.46 | 1.37 | 1.20 | 1.13 | 1.30 | 1.00 | 1.14 |

### 6.2.3　乡村土地资源承载力关系判别及耦合协调性分析

采用相关性分析 1995～2015 年全国及东、中和西部乡村土地利用各承载力变化之间的关系来判别土地资源承载力转型过程的关系。全国经济与社会、生态之间的相关系数在 0.01 级别的显著下，系数分别为 -0.712 和 -0.598，社会与生态之间的相关系数在 0.05 级别的显著下，系数为 0.433，表明 1995～2015 年乡村土地利用经济、社会和生态承载力的转型过程中经济与社会、生态承载力呈较强的权衡关系，而社会与生态之间为协同关系，西部地区经济、社会和生态承载力转型过程中也出现与全国层面类似的关系，而东、中部，仅东部的经济与社会承载力转型过程呈现权衡关系，关系强度有所差异，其余各承载力转型过程中并未出现明显的权衡或协同关系（表 6-7）。

表 6-7　乡村土地利用经济、社会和生态承载力间相关性系数

| 相关性 | 全国 | | | 中部 | | |
|---|---|---|---|---|---|---|
| | 经济 | 社会 | 生态 | 经济 | 社会 | 生态 |
| 经济 | — | -0.712** | -0.598** | — | -0.204 | 0.088 |
| 社会 | -0.613** | — | 0.433* | -0.570** | — | 0.157 |
| 生态 | -0.120 | 0.225 | — | -0.876** | 0.599** | — |
| | 东部 | | | 西部 | | |

**在 0.01 级别（双尾）相关性显著。*在 0.05 级别（双尾）相关性显著。

全国层面，乡村土地利用经济、社会和生态承载力的各子承载力转型过程呈现的关系（表 6-8）中，食物供给、经济产出、民生保障和生态维持该组 4 项承载力之间彼此互为协同关系，另一组空间承载、就业支撑和环境净化 3 项承载力彼此互为协同关系，两组之间互为权衡关系。东部地区，各组承载力之间的权衡/协同关系与全国一致。中部地区，除了就业支撑与空间承载、民生保障和生态维持 3 项呈相对独立关系，食物供给、经济产出、民生保障和生态维持承载力间彼此呈协同关系，空间承载、就业支撑和环境净化与上述 4 项子承载力呈权衡关系。西部地区，生态维持承载力与食物供给、经济产出和空间承载无相关关系，空间承载与经济产出、民生保障相对独立，其余承载力之间的权衡、协同关系与其他地域空间相同。

表 6-8　乡村土地利用总承载力间相关性系数

| 相关性 | 全国 | | | | | | | 中部 | | | | | | |
|---|---|---|---|---|---|---|---|---|---|---|---|---|---|---|
| | 食物供给 | 经济产出 | 空间承载 | 就业支撑 | 民生保障 | 生态维持 | 环境净化 | 食物供给 | 经济产出 | 空间承载 | 就业支撑 | 民生保障 | 生态维持 | 环境净化 |
| 食物供给 | — | 0.901** | -0.804** | -0.813** | 0.936** | 0.867** | -0.920** | — | 0.913** | -0.627** | -0.468* | 0.945** | 0.816** | -0.716** |
| 经济产出 | 0.656** | — | -0.580** | -0.933** | 0.903** | 0.774** | -0.854** | 0.582** | — | -0.555** | -0.653** | 0.859** | 0.823** | -0.787** |
| 空间承载 | -0.484* | -0.586** | — | 0.541* | -0.750** | -0.762** | 0.723** | -0.582** | -0.305 | — | 0.306 | -0.561** | -0.665** | 0.529* |
| 就业支撑 | -0.510* | -0.899** | 0.559** | — | -0.803** | -0.705** | 0.852** | -0.865** | -0.847** | 0.504* | — | -0.311 | -0.398 | 0.628** |
| 民生保障 | 0.711** | 0.687** | -0.667** | -0.489* | — | 0.853** | -0.902** | 0.851** | 0.544* | -0.310 | -0.780** | — | 0.831** | -0.689** |
| 生态维持 | 0.759** | 0.768** | -0.739** | -0.705** | 0.611** | — | -0.819** | 0.338 | 0.312 | -0.209 | -0.506* | 0.458* | — | -0.678** |
| 环境净化 | -0.661** | -0.714** | 0.765** | 0.641** | -0.599** | -0.864** | — | -0.908** | -0.772** | 0.552** | 0.964** | -0.826** | -0.484* | — |
| | 东部 | | | | | | | 西部 | | | | | | |

**表示在 0.01 级别（双尾）相关性显著；*表示在 0.05 级别（双尾）相关性显著。

采用耦合度模型分别测算 1995～2015 年乡村土地利用经济、社会和生态承载力之间的耦合协调性水平（表 6-9），分析全国、东、中和西部地区乡村土地资源承载力耦合协调现状类型及变化情况。全国层面，目前乡村土地利用经济、社会和生态承载力转型耦合协调性为初级协调，东、中和西部分别为初级协调、中级协调和初级协调。经济与社会承载力之间，除西部为勉强协调，其余皆为初级协调；经济与生态承载力之间，全国为初级协调，而东、中、西部分别为中级协调、初级协调和勉强协调；社会与生态承载力之间，全国为初级协调，东、中、西部分别为初级协调、中级协调和勉强协调。全国及东、中、西部的乡村土地利用经济、社会和生态承载力耦合协调程度主要处在初级协调阶段，部分地区的承载力之间已转型到中级协调，而西部地区经济与社会、经济与生态和社会与生态两两承载力之间仍处在勉强协调阶段。

**表 6-9 全国、东、中和西部乡村土地资源承载力耦合协调程度**

| | 全国 | 东部 | 中部 | 西部 |
|---|---|---|---|---|
| 经济-社会-生态 | 初级协调 | 初级协调 | 中级协调 | 初级协调 |
| 经济-社会 | 初级协调 | 初级协调 | 初级协调 | 勉强协调 |
| 经济-生态 | 初级协调 | 中级协调 | 初级协调 | 勉强协调 |
| 社会-生态 | 初级协调 | 初级协调 | 中级协调 | 勉强协调 |

1995～2015 年，全国、东和西部的经济-社会-生态承载力完成了由勉强协调向初级协调转型的过程，中部已完成了由勉强协调向中级协调的转型。其耦合协调指数整体以逐渐上升的趋势变化，表明经济-社会-生态承载力正积极向高耦合协调水平转型（图 6-4）。

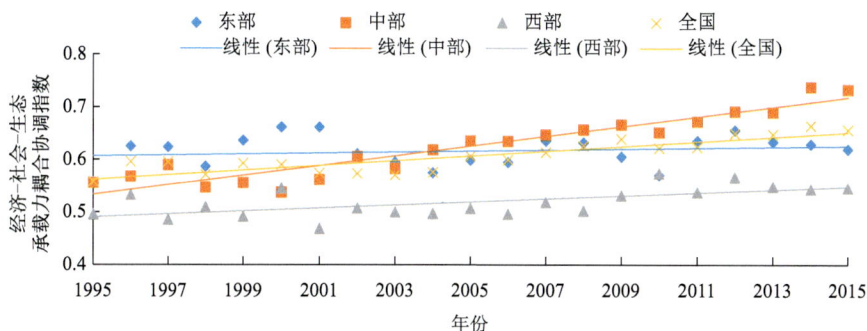

图 6-4 乡村土地利用经济-社会-生态承载力耦合协调指数及变化趋势

　　乡村土地利用经济、社会和生态承载力两两耦合协调特征，能够反映乡村土地资源承载力各子系统之间相互作用情况。经济-社会承载力，全国与中部均完成了由濒临失调向初级协调的转型；而东部，在这阶段仍为初级协调，未出现向更高或更低的耦合协调方向转型；西部完成了由轻度失调向勉强协调的转型。全国、中和西部的耦合协调指数以逐渐上升的趋势变化，经济-社会承载力正积极向高耦合协调水平转型，而此类变化在东部并未出现［图 6-5（a）］。经济-生态承载力，全国层面与中部均完成了由濒临失调向初级协调的转型；东部地区已完成由初级协调向中级协调转型，领先同时期的全国、中部和西部地区；西部地区已完成由轻度失调到勉强协调转型，落后同时期的其他地区。全国、东部、中部和西部的耦合协调指数以逐渐上升的趋势变化，经济-生态承载力正积极向高耦合协调水平转型［图 6-5（b）］。社会-生态承载力，全国层面由初级协调转型到中级协调然后回落到初级协调；东部经历了由勉强协调向初级协调再回落到勉强协调的过程；中部仍长期处于中级协调水平；而西部地区经历了初级协调、中级协调、初级协调和勉强协调的转型。除中部地区以外，其余耦合协调指数逐渐降低，有向更低耦合协调水平转型的趋势［图 6-5（c）］。

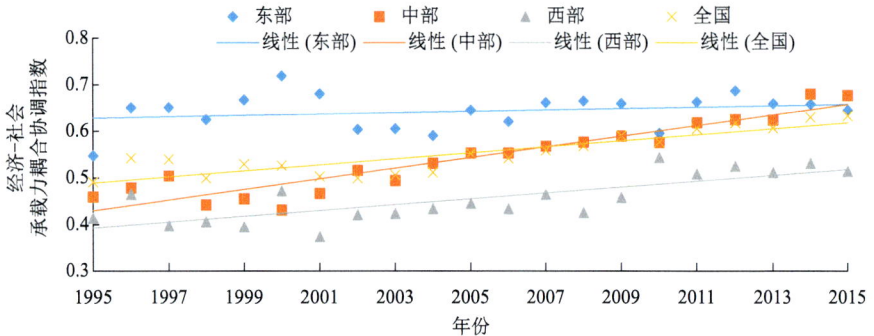

(a)经济-社会

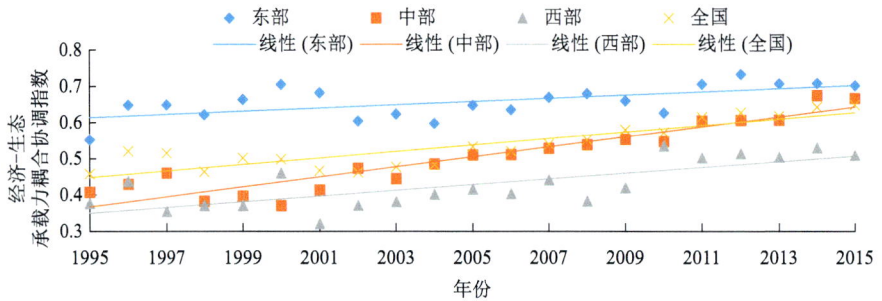

(b)经济-生态

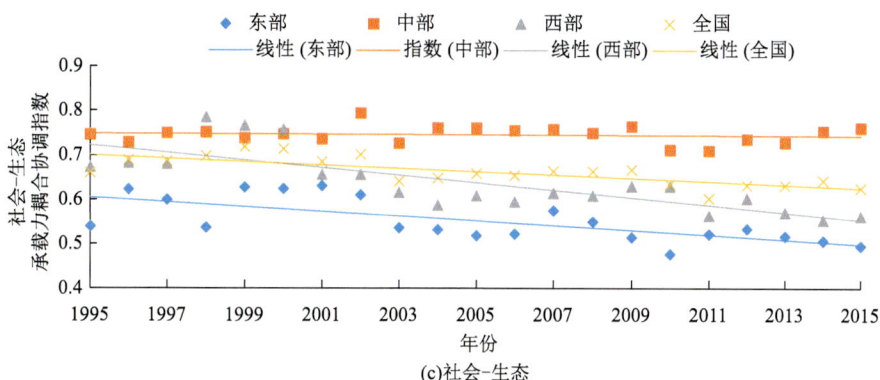

(c)社会-生态

图 6-5　乡村土地利用经济、社会和生态两两承载力耦合协调指数及变化趋势

总之，我国乡村全面发展面临如下问题。时间上，乡村土地利用社会和生态承载力的弱化，具体指空间承载、就业支撑和环境净化三项子承载力持续弱化；空间上，东部、中部、西部的经济、社会和生态承载力优弱势差距较大，具体指东部就业支撑、环境净化，中部经济产出、空间承载以及西部食物供给与其他地域空间比起来较为弱势；关系上，经济与社会、经济与生态均呈现权衡关系。

东部、西部未来乡村发展需要重视土地利用社会承载力的转型，提升乡村土地空间承载与就业支撑承载力。可通过选择动力内生型发展模式，在保障国家粮食安全前提下，拓展乡村内部土地利用的就业渠道，提升就地就近就业潜力。引导适宜产业向乡村布局，鼓励产业链下沉，采取加快一、二、三产融合，引导土地利用农业与旅游业、康养、休闲融合发展等措施，充分发挥有效投资的就业拉动作用，将工作岗位留在乡村，留住人口、吸引人才。我国生态维持承载力提升源于生态用地增加和耕地规模整治及经营方式的转变，但以上变化所带来的生态正向效应并未使我国化肥、农药施用和畜禽养殖规模逐年增加所带来的环境负效应发生转折性变化。环境净化与多项承载力的权衡关系，可归结为环境与粮食、经济等生产冲突所导致。未来乡村应选择环境友好型发展模式，具体可通过创新种植技术稳定粮食食物供给，降低乡村化肥、农药施用强度，规范乡村畜禽养殖等措施助力我国乡村可持续发展。

## 6.3　江苏省村镇土地资源综合承载力评估

生态、生产和生活三类空间，是自然和社会系统互相耦合的产物（李广东和方创琳，2016；崔家兴等，2018）。乡村"三生"功能指乡村生产、生活和生态空间提供的产品或服务形成区域主导功能（安悦等，2018；洪惠坤等，2017；刘继来等，2017）。乡村生产空间提供以农业和非农业为主导的生产功能（何焱洲和王成，2019）；生活空间提供以人口承载，娱乐、教育与医疗等服务为主的生活功能（余斌等，2017；高星等，2020）；生态空间提供以生态和环境为主的生态功能（李广东和方创琳，2016）。

江苏省为促进城镇化进程，加快了乡村生产、生活和生态承载力间的转型（李智等，2017），乡村"三生"承载力正经历着与其他地区（尤其是山区）差异明显的激进性变革，不同县域乡村受自然、经济和社会条件差异影响，其空间承载力及变化差异明显（黄金川等，2017；单薇等，2019；黄海潮等，2021）。基于此，本书选取快速城镇化地区江苏省 45 个区县市为研究区，利用综合指标方法和耦合协调度模型，测算 2005 年和 2018 年各县域乡村"三生"承载力大小，分析承载力耦合度以及耦合协调时空变化与演变规律，以掌握快速城镇化地区乡村"三生"承载力现状与变化，揭示生产、生活与生态承载力耦合协调度时空特征及演变规律，为探索乡村空间多承载力间的互动与转型、优化乡村空间格局、实现多空间承载力协调融合与乡村振兴提供参考。

本章数据主要包括江苏省 45 个区县市土地覆被/利用数据、资源与环境和经济与社会等数据。2005 年与 2018 年土地覆被/利用数据来自中国科学院资源环境科学与数据中心（http://www.resdc.cn），为 30 m×30 m 的栅格数据，分为耕地、林地、草地、水域、城乡工矿居民用地、未利用地 6 类。2005 年与 2018 年人口、粮食、经济、水资源、环境和社会等数据主要来源于 2006 年与 2019 年《江苏统计年鉴》以及江苏省各市统计年鉴和公报，其中少数区县市个别指标缺失数据利用近邻年份或相似指标数据代替。

### 6.3.1　乡村"三生"承载力评价指标体系构建

乡村是一个多维、复杂的综合系统，根据第 2 章土地资源承载力社会-生态影响机制分析，参考"三生用地"分类体系（洪惠坤等，2017；邹利林等，2018；韩欣宇和闫凤英，2019；冀正欣等，2020），将乡村划分成生产、生活、生态非独立、相互联系的"三生"空间，"三生"空间分别形成以生产、生活和生态为主导的"三生"功能（戴文远等，2018；林佳等，2019），并结合现有数据基础，选择乡村人均耕地面积、乡村地均粮食产量等指标开展乡村"三生"承载力评价。

生产承载力：乡村生产承载力主要为农业生产（党丽娟等，2014；李平星等，2015）和非农业生产功能（何焱洲和王成，2019；徐凯和房艳刚，2019）。农业生产承载力即为区域农产品供给能力，乡村为国家与地区粮食供给和肉类供给空间，影响区域粮食供给的重要因素为耕地数量与质量状况（赵之友，2009；江燕玲等，2017），衡量乡村生产承载力大小的重要指标为满足国家与地区粮食安全战略下的自给率目标，选择乡村人均耕地面积、乡村地均粮食产量、乡村人均肉类供给、县域粮食自给率指标衡量乡村农业生产承载力（姚凤梅，2005；杨柳，2008）。非农业生产承载力是指增加社会财富的能力，结合现有数据基础，选择乡村农林牧渔业产值和乡村人员非农就业率表示乡村非农业生产承载力。

生活承载力：乡村生活承载力主要分为人口承载与乡村社会福利保障承载力（刘彦随等，2011；Wang et al.，2016）。人口是乡村经济和社会发展的重要动力与活力；乡村社会福利是乡村人民对美好生活向往的重要保障。在可获得数据前提下，分别从乡村居民人口基数、经济收入、家庭消费结构、居住条件、能源保障和医疗保障等方面选择村均人口数、乡村居民人均纯收入、农村恩格尔系数、乡村人均住房面积、乡村人均年用电量和万人拥有床位数等指标评估乡村生活承载力。

生态承载力：乡村生态承载力主要分为环境净化和生态保障（Tang，2015；王成和唐宁，2018）。乡村主要污染源为农业化肥、农药；农业污染对生态系统服务供给造成负面影响，在一定程度上削弱服务供给。乡村森林与水域提供防风固沙、水土保持、生物多样性保护以及生境保护等重要生态服务，选择化肥投入强度、农药施用强度作为乡村环境净化负向指标，乡村人均水资源量和森林覆盖率为评估乡村生态保障承载力的正向指标。

基于以上理论分析，构建乡村生产、生活和生态"三生"承载力16个评价指标。采用极值标准法将评价指标进行归一化处理（罗雅丽等，2016），利用熵权法（谭雪兰等，2018）确定各指标权重，采用多指标模型评估江苏省乡村"三生"承载力，指标与权重详见表6-10。

表 6-10　乡村"三生"承载力评价指标体系

| 承载力 | 指标 | 指标解释（单位） | 权重 |
|---|---|---|---|
| 生产 | 乡村人均耕地面积（＋） | 耕地面积/乡村人口（hm²/人） | 0.157 |
| | 乡村地均粮食产量（＋） | 粮食产量/耕地面积（t/亩） | 0.151 |
| | 乡村人均肉类供给（＋） | 肉类产量/乡村人口（t/人） | 0.223 |
| | 县域粮食自给率（＋） | 粮食产量/（县域常住人口×0.4）（%） | 0.168 |
| | 乡村农林牧渔业产值（＋） | 农林牧渔及服务业产值/乡村人口（元/人） | 0.224 |
| | 乡村人员非农就业率（＋） | 乡村非农就业人数/乡村从业人数（%） | 0.077 |
| 生活 | 村均人口数 | 乡村人口数/行政村个数（人/个） | 0.297 |
| | 乡村居民人均纯收入（＋） | 来自统计数据（元/人） | 0.183 |
| | 农村恩格尔系数（－） | 来自统计数据（%） | 0.132 |
| | 乡村人均住房面积（＋） | 来自统计数据（m²/人） | 0.128 |

续表

| 承载力 | 指标 | 指标解释（单位） | 权重 |
|---|---|---|---|
| 生活 | 乡村人均年度用电量（+） | 乡村用电量/乡村人口［（kW·h）/人］ | 0.111 |
| | 万人拥有床位数（+） | 医院与诊所床位数/（县域总人口/10000）（床/万人） | 0.149 |
| 生态 | 化肥投入强度（−） | 化肥使用量/农作物播种面积（t/hm²） | 0.194 |
| | 农药施用强度（−） | 农药施用总量/农作物播种面积（kg/hm²） | 0.203 |
| | 乡村人均水资源量（+） | 水资源总量/乡村人口（m³/人） | 0.246 |
| | 森林覆盖率（+） | 森林面积/土地面积（%） | 0.357 |

注：县域粮食自给率指标解释参考张云华（2018）。

### 6.3.2 乡村"三生"承载力时空特征分析

图6-6～图6-8分别表示2005年和2018年江苏省45个区县市乡村生产、生活和生态承载力值，并参照不同地理空间位置以及行政管理现状，将45个区县市从空间上划分为苏北、苏中和苏南空间格局，从而分析乡村"三生"承载力的时空特征。

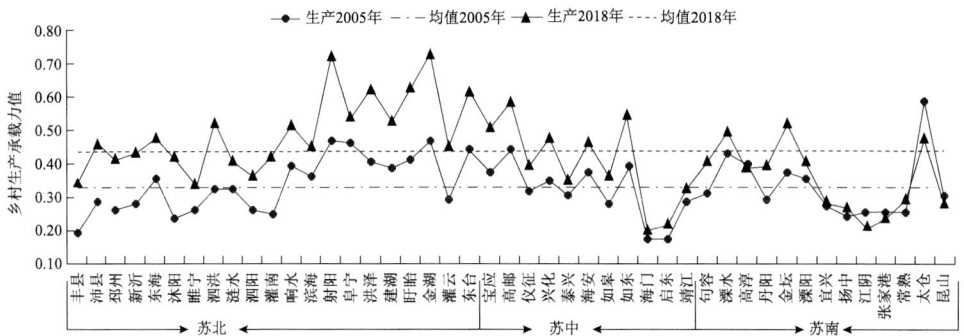

图6-6　江苏省各区县市乡村生产承载力值

2005～2018年，生产承载力系数由0.33增至0.43，整体上，乡村生产承载力提升；粮食增产、经济活力提升和农村非农就业增强是提升乡村生产承载力水平的主要原因；县域自给率由1.28提升至1.57，乡村人均农林牧渔及服务业产值增长幅度超过2倍；乡村非农就业比由0.59提升至0.73；而耕地面积减少是减缓乡村生产承载力提升的原因之一。乡村耕地资源禀赋、粮食生产情况、经济现状以及乡村就业等差异是形成各县市乡村生产承载力水平差异的主要因素；苏北、苏中和苏南空间格局呈现"北高南低"的特征。

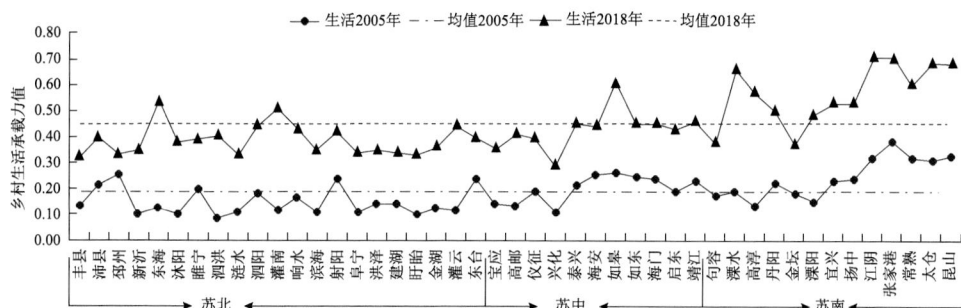

图 6-7　江苏省各区县市乡村生活承载力值

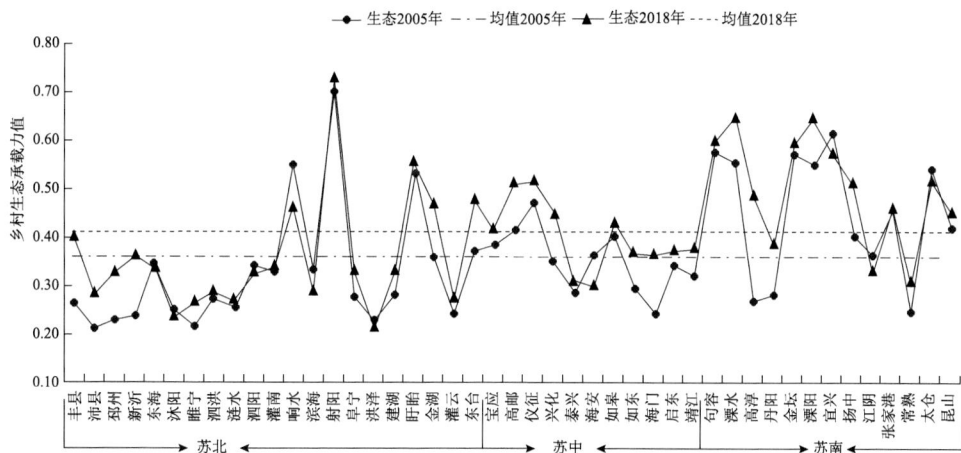

图 6-8　江苏省各区县市乡村生态承载力值

2005～2018 年，乡村生活承载力系数由 0.19 增至 0.45，整体上，不同地区呈差异化的提高，得益于人均收入提升、人均住房面积由 38.9 m² 提升至 58.5 m²、乡村民生基础设施完善、万人拥有床位数由 26.7 张增长至 71 张、人均年供电量由 1731 kW·h 增长至 5271 kW·h。各区县市乡村生活承载力水平与增长幅度差异明显，苏北、苏中和苏南空间格局呈现"南高北低"的特征。

各区县市乡村生态承载力水平差异大，主要受化肥、农药施用强度以及森林、水资源数量影响。2005～2018 年乡村生态承载力系数从 0.36 增至 0.41，整体水平有所提升，较少部分区县市生态承载力水平出现倒退现象。空间上，呈现"南高北低"的特征。应 2005 年党的十六届五中全会通过《中共中央关于制定国民经济和社会发展第十一个五年规划的建议》，要求从"生产发展、生活宽裕、乡风文明、村容整洁、管理民主"等方面推动社会主义新农村建设，以及党的十八大提出的推动城乡一体化发展要求，江苏以乡村人居环境改善为切入点启动了全省村庄环境整治。农药与化肥施用量逐渐减少，化肥每公顷减少 0.142 t，农药每公顷减少 3.41 kg。森林覆盖增加是大部分区县市乡村生态承载力增强的主要原因；反之,水资源和森林覆盖率的减少是造成部分区县市生态承载力降低的主要原因。水资源量和森林覆盖率是造成南北差异的主要因素。

### 6.3.3 乡村"三生"承载力耦合协调度时空变化特征

依据表 6-3 划分 2005 年与 2018 年江苏省 45 个区县市乡村生产-生活-生态("三生")承载力耦合度类型（图 6-9）。

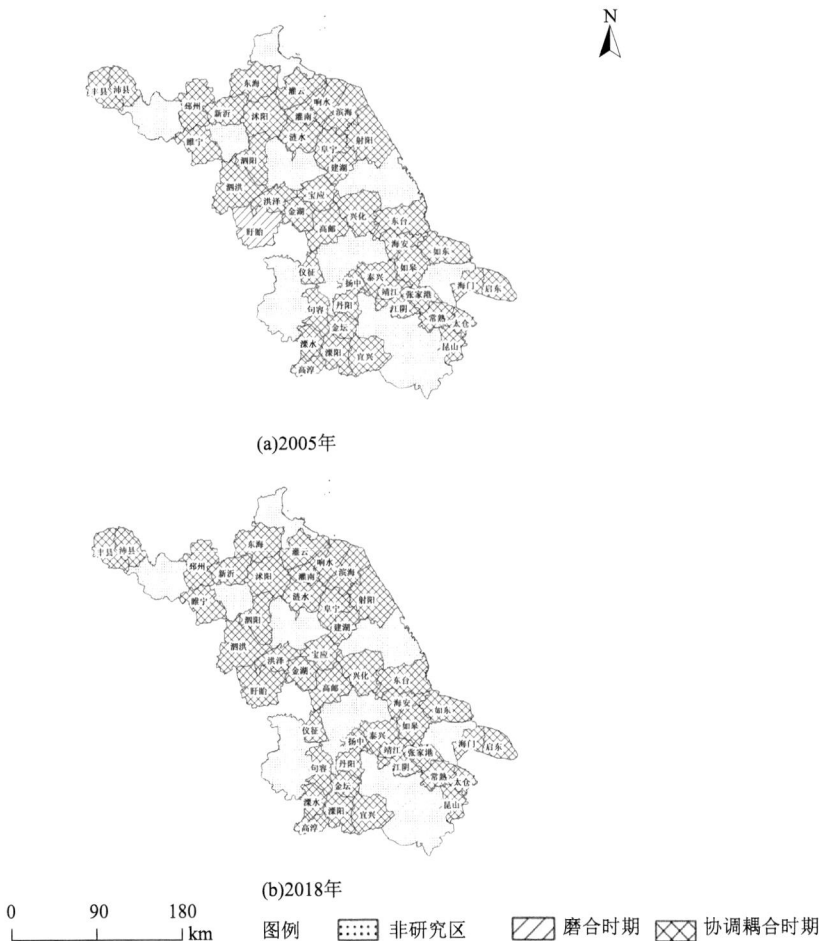

图 6-9 江苏省乡村"三生"承载力耦合度时空分布图

截至 2018 年，江苏省 45 个区县市乡村生产、生活和生态承载力之间均已进入协调耦合时期。江苏省作为快速城镇化与发达地区，2005 年之前，各地区乡村工业和其他经济快速发展，随着基础设施建设的完成，使乡村生产、生活承载力提升，结果是生产和生活空间的增加，占用了生态空间，造成生态承载力有所降低，2005~2018年，较少部分区县市乡村生产-生态和生活-生态承载力耦合度仍在向协调耦合变化，其余多数区县市在此之前已完成了向协调耦合的转变。

图6-10（a）和（b）分别代表2005年与2018年江苏省45个区县市乡村生产-生活-生态承载力耦合协调度时空分布图。

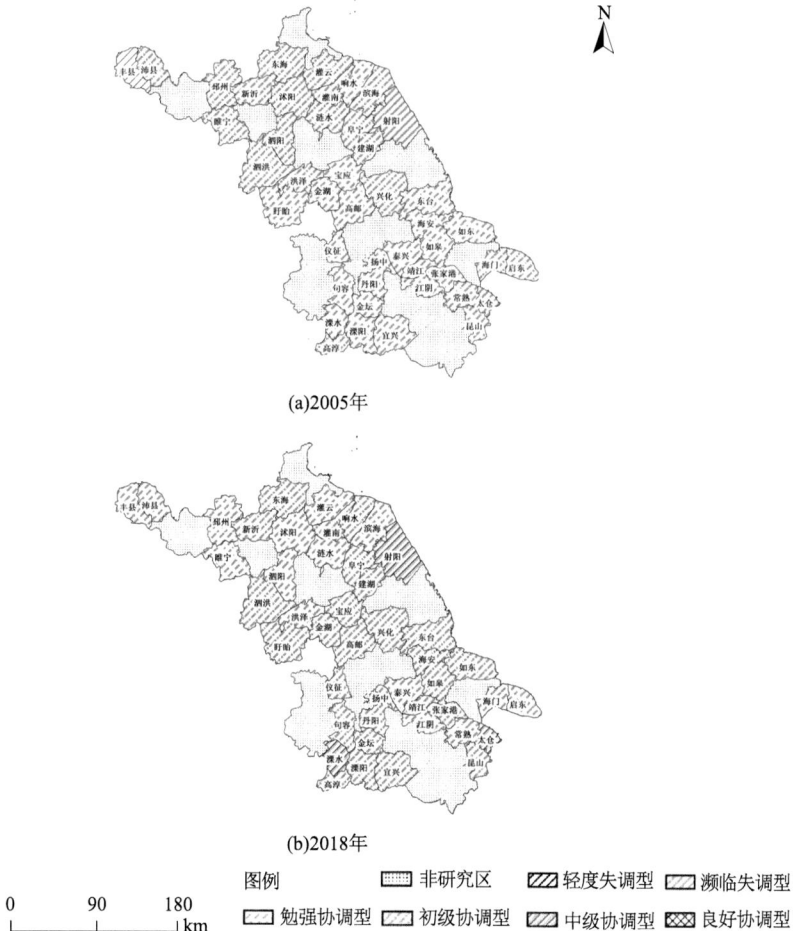

图6-10 江苏省乡村生产-生活-生态承载力耦合协调度时空分布

2005~2018年江苏省乡村生产-生活-生态承载力耦合协调度均值由0.51增长至0.63，平均水平由勉强协调型向初级协调型变化；2005年，耦合协调度值介于[0.39, 0.67]，各区县市协调类型分别为轻度失调型、濒临失调型、勉强协调型和初级协调型，最低为丰县，最高为太仓。2018年，耦合协调度值介于[0.54, 0.77]，各区县市类型分别为勉强协调型、初级协调型和中级协调型，最低为海门，最高为射阳，各类型的区县市数量分别为 15 个、27 个和 3 个，并未表现出苏南、苏北和苏中空间差异。相比 2005 年，江苏省乡村生产-生活-生态承载力耦合协调度整体提升，得益于"田园乡村"、"美丽经济"和"一村一品一店"等具有江苏特色的快速城镇化带动乡村发展政策，乡村经济活力提升，生产高效化，自然资源利用节约、集约化特征更加显著；前期的新农村建设与土地综合整治以及人居环境治理，乡村生活、生态承载力得到合理优化，通过不断规划与完善江苏省"美丽乡村"、"水美乡村"以及有效推进国土空间全域综合整治，全面实施耕地污染防治工程，生态承载力实现一定恢复，江苏省各区县市生产-生活-生态承载力耦合协调度由勉强协调型向初级协调型转变。

图 6-11（a）～（c）分别代表 2005 年与 2018 年江苏省 45 个区县市乡村生产-生活、生产-生态和生活-生态承载力耦合协调度时空分布。

(a)生产-生活

2005年

2018年

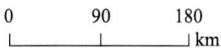

| 图例 | | |
|---|---|---|
| ▦ 非研究区 | ▨ 轻度失调型 | ▨ 濒临失调型 |
| ▨ 勉强协调型 | ▨ 初级协调型 | ▨ 中级协调型 | ▨ 良好协调型 |

(b)生产-生态

2005年

(c)生活-生态

图 6-11　江苏省乡村生产-生活、生产-生态和生活-生态承载力耦合协调度时空分布

2005～2018 年江苏省 45 个区县市乡村生产-生活承载力耦合协调度均值由 0.52 增长至 0.66。2005 年，耦合协调度值介于[0.39，0.66]，协调类型分别为轻度失调型、濒临失调型、勉强协调型和初级协调型，最低为丰县，最高为太仓。2018 年，耦合协调度值介于[0.53，0.75]，类型分别为勉强协调型、初级协调型和中级协调型，最低为海门，最高为射阳。乡村生产承载力是乡村居民的物质和经济基础，而乡村生活承载力提供了人力和社会保障，是乡村生产承载力的重要补充。2005～2018 年，随着快速城镇化对乡村的影响，新型农业经营主体、服务主体和经济多元化以及第一、第二、第三产业的融合，乡村生产承载力优化，经济活力提升，社会投资增加，乡村基建与公共服务逐渐完善，生活承载力大幅提升，整体由勉强协调型向初级协调型变化。

2005～2018 年江苏省 45 个区县市乡村生产-生态承载力耦合协调度均值由 0.58 增长至 0.64，平均水平由勉强协调型向初级协调型变化。2005 年，耦合协调度值介于[0.43，0.76]，协调类型分别为濒临失调型、勉强协调型、初级协调型和中级协调型，最低沛县，最高为射阳。2018 年，耦合协调度值介于[0.51，0.83]，类型分别为勉强协调型、初级协调型、中级协调型和良好协调型，最低为江阴，最高为射阳。在乡村空间上，尤其是快速城镇化地区，乡村生产空间与生态空间往往存在矛盾，生产承载力的过度发展往往会导致生态空间被侵占，如森林覆被减少，从而导致生态承载力弱化。除此，农业生产过程中农药、化肥等过度使用也会带来水体、土壤污染，造成一系列生态问题。资源配置和经济发展方式的转变，乡村建设发展过程中生态问题越来越受到重视，改变传统的农业生产方式，加强农业生产污染物回收与治理，鼓励发展生态、绿色的现代农业，使得江苏省乡村生产-生态承载力耦合协调状况由 2005 年的勉强协调型向 2018 年的初级协调型明显提升。

2005~2018 年江苏省 45 个区县市乡村生活-生态承载力耦合协调度均值由 0.51 增长至 0.64，整体上由勉强协调型向初级协调型变化。2005 年，耦合协调度值介于[0.36, 0.66]，协调类型分别为轻度失调型、濒临失调型、勉强协调型和初级协调型，最低为新沂，最高为射阳。2018 年，耦合协调度值介于[0.49, 0.79]，类型分别为濒临失调型、勉强协调型、初级协调型和中级协调型，最低为洪泽，最高为溧水。空间上，各区县市耦合协调度差异明显，除此，苏北、苏中和苏南空间格局上，耦合协调度呈现明显的苏南高于苏北，即"南高北低"的特征。在快速城镇化地区，相比生活空间，生态空间往往容易被占用，导致生态承载力弱化。早期乡村生活空间"重规模、轻治理"的利用方式，绿化等基础设施与环保专项资金的缺乏，乡村畜禽粪污、生活污水、垃圾未能及时有效处理，乡村生态承载力弱化发展，也是乡村生态承载力提升的重要障碍因素。然而，江苏省作为快速城镇化地区，较早认识到乡村生态问题，积极开展"美丽乡村建设""乡村三集中"等战略与工程，使江苏省各区县市乡村人居环境得到改善，乡村生活-生态承载力耦合协调度提升。

## 6.3.4 乡村"三生"承载力耦合协调度演变规律

图 6-12（a）~（d）分别为 2005 年与 2018 年江苏省乡村生产-生活-生态、

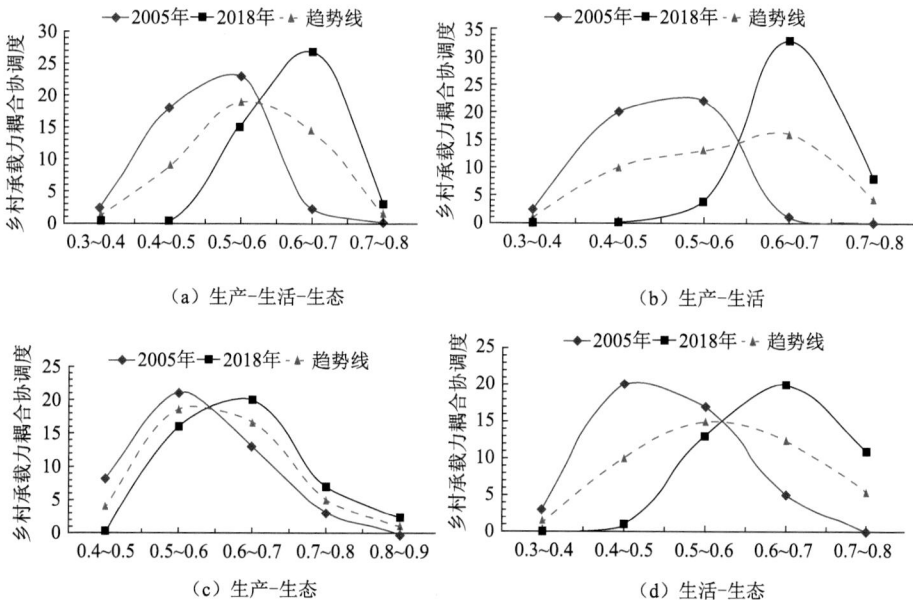

图 6-12 2005 年、2018 年江苏省乡村生产-生活-生态、生产-生活、生产-生态和生活-生态承载力耦合协调度演变

生产-生活、生产-生态和生活-生态承载力耦合协调度演变趋势，具体操作为：分组统计 2005 年与 2018 年每一种耦合协调类型区县市数量，并将结果拟合成 2005 年与 2018 年乡村承载力耦合协调度的变化规律与演进趋势。

2005～2018 年江苏省乡村生产-生活-生态、生产-生活和生产-生态功能耦合协调度均呈现以倒"U"形的波动形态从较低耦合协调水平向更高耦合协调水平提升的演变规律。目前江苏省各区县市生产-生活-生态、生产-生活、生活-生态承载力耦合协调度均完成由轻度失调型向濒临失调型的演变，并继续向更高耦合协调水平演变,而生产-生态目前还有个别区县市未完成轻度失调型向濒临失调型的演变。整体上，研究区乡村生产、生活和生态承载力之间耦合协调度均有不同程度的提升。目前乡村生产-生态与生活-生态承载力耦合协调度的演变相对滞后。快速城镇化地区乡村优先发展经济的发展模式在一定程度上影响了乡村生态承载力，乡村农业集约化生产以及非农经济迅速发展是造成生态环境破坏的主要原因，国家与江苏省生态文明与修复的战略布局，驱动了乡村生产、生活与生态承载力之间向更高耦合协调程度演变。

## 6.4 典型县域村镇土地资源综合承载力评估

以村镇土地资源为载体，以土地资源承载粮食、经济产值、人口、民生和生态环境为对象，采用综合指标法分别评估东部快速城镇化地区东台市、中部粮食主产区沅江市和西部生态脆弱区甘州区村镇土地资源承载力大小，并对比分析东、中、西部不同地区村镇土地资源承载力特征。

甘州区完成 17 个乡镇、51 个典型村的调研，收集到城郊融合、集聚提升和特色保护三种类型村农户调查问卷 500 余份。东台市完成 14 个乡镇、41 个典型村的调研，收集到城郊融合、集聚提升和特色保护三种类型村农户调查问卷 400 余份。沅江市完成 2 个街道、10 个乡镇、36 个典型村的调研，收集到有效问卷 320 份，为村镇土地资源系统耦合关系机理分析及后续研究提供了很好的数据支撑。

### 6.4.1 典型案例区村镇土地资源特征分析

2009～2018 年，甘州区被占用耕地主要包括草地 41.1 hm$^2$，交通运输用地 319.9 hm$^2$，农村居民点 308.0 hm$^2$，采矿用地 70.3 hm$^2$，城镇用地 965.5 hm$^2$；而复垦为耕地的主要包括园地 41.5 hm$^2$，林地 171.2 hm$^2$，草地 338.5 hm$^2$，水域及水利设施用地 85.6 hm$^2$，其他土地 2461.8 hm$^2$，农村居民点 28.0 hm$^2$（表 6-11）。从数量看，占补相对平衡，但占用的是优质耕地，而补充主要来自其他土地，质量是否也达到了平衡，需要进一步评估。

表 6-11　甘州区 2009～2018 年土地利用转移矩阵　　（单位：hm²）

| | 耕地 | 园地 | 林地 | 草地 | 交通运输用地 | 水域及水利设施用地 | 其他土地 | 农村居民点 | 采矿用地 | 风景名胜及特殊用地 | 城镇用地 | 总计 |
|---|---|---|---|---|---|---|---|---|---|---|---|---|
| 耕地 | 99888.6 | | | 41.1 | 319.9 | 1.4 | 220.9 | 308.0 | 70.3 | 3.7 | 965.5 | 101819.4 |
| 园地 | 41.5 | 2767.0 | | | 2.1 | | 4.6 | 10.6 | 0.3 | 1.2 | 11.6 | 2838.9 |
| 林地 | 171.2 | | 12495.1 | 0.0 | 9.7 | | 43.7 | 1.3 | 16.2 | | 29.1 | 12766.3 |
| 草地 | 338.5 | | | 118900.7 | 167.4 | | 99.7 | 17.3 | 250.9 | 9.5 | 160.7 | 119944.7 |
| 交通运输用地 | | | | | 442.3 | | | | | | | 442.3 |
| 水域及水利设施用地 | 85.6 | | | 9.1 | 89.5 | 11898.9 | 31.2 | 5.8 | 83.0 | 3.8 | 209.6 | 12416.5 |
| 其他土地 | 2461.8 | | 0.9 | | 201.4 | 7.3 | 98041.7 | 133.2 | 673.2 | 294.0 | 225.9 | 102039.4 |
| 农村居民点 | 28.0 | | | | 13.6 | | 26.3 | 8655.5 | | | 15.8 | 8739.2 |
| 采矿用地 | | | | | 0.1 | | | | 727.5 | | | 727.6 |
| 风景名胜及特殊用地 | 7.3 | | | | 1.6 | | 0.4 | 0.2 | | 1895.4 | 2.8 | 1907.7 |
| 城镇用地 | | | | | 1.6 | | | | | | 2614.0 | 2615.6 |
| 总计 | 103022.5 | 2767 | 12495.1 | 118951.8 | 1249.2 | 11907.6 | 98468.5 | 9131.9 | 1821.4 | 2207.6 | 4235 | 366257.6 |

## 6.4.2　典型县域村镇土地资源承载力综合评估指标体系构建

借鉴 2.2 节中村镇土地资源承载力社会-生态影响机制分析和 6.3.1 节 "三生" 承载力内涵，县域村镇生产资源承载力主要为农业生产和非农业生产功能，农业生产承载力即为区域农产品供给能力，即食物供应状况；非农业生产承载力系指增加社会财富的能力，即为农业经济收入。生活承载力主要分为人口承载与乡村社会福利保障，人口是乡村经济和社会发展的重要动力与活力，社会福利是乡村人民对美好生活向往的重要保障。生态承载力主要分为环境净化和生态保障，主要污染源为农业化肥、农药，森林与水域提供防风固沙、水土保持、生物多样性保护以及生境保护等重要生态服务。

因此，充分考虑经济、社会、生态等多方面因素对县域村镇土地资源承载力的影响，分别以食物、经济产值、人口、民生、生态环境 5 个方面作为承载对象，构建东、中、西部村镇土地资源承载力综合评估指标体系（表 6-12）。

表 6-12　东、中、西部村镇土地资源承载力综合评估指标

| 承载对象 | 指标层 | 指标解释 | 熵权法 | 德尔菲法 | 综合权重 |
|---|---|---|---|---|---|
| 食物 | 粮食单产（+） | 粮食产量／耕地面积 | 0.6163 | 0.5645 | 0.5904 |
| | 农业用地比例（+） | （耕地面积＋林地面积＋园地面积＋草地面积）／村域面积 | 0.3837 | 0.4355 | 0.4096 |
| 经济产值 | 地均农业收入（+） | 家庭农业收入／耕地面积；（元／亩） | 0.1214 | 0.1525 | 0.1370 |
| | 建设用地规模（+） | 村域建设用地规模；（亩） | 0.5655 | 0.5469 | 0.5562 |
| | 乡村旅游用地规模（+） | 村域旅游用地规模；（亩） | 0.3131 | 0.3006 | 0.3068 |
| 人口 | 人均住房面积（+） | 乡村住房面积／人数；（m²／人） | 0.4501 | 0.5103 | 0.4802 |
| | 人均耕地面积（+） | 耕地面积／乡村人口；（亩／人） | 0.5499 | 0.4897 | 0.5198 |
| 民生 | 乡村土地承载劳动力能力（+） | 1－全年外出务工人数／农村劳动力数 | 0.2768 | 0.3128 | 0.2948 |
| | 农地支撑家庭收入能力（+） | 家庭农业收入／家庭总收入 | 0.3299 | 0.3617 | 0.3458 |
| | 老龄劳动力占适龄劳动力比例（−） | 家庭超过 60 岁劳动力／家庭适龄劳动力 | 0.3933 | 0.3255 | 0.3594 |
| 生态环境 | 乡村绿当量存量密度（+） | （林地面积×1＋园地面积×0.72＋草地面积×0.71＋耕地面积×0.66＋水域面积×0.83）／村域面积 | 0.2683 | 0.2414 | 0.2548 |
| | 农业景观破碎程度（−） | 耕地平均地块面积；（亩／块） | 0.2098 | 0.2127 | 0.2112 |
| | 化肥投入强度（−） | 化肥使用量／耕地面积；（千克／亩） | 0.2201 | 0.2735 | 0.2468 |
| | 农药施用强度（−） | 农药总花费／耕地面积；（元／亩） | 0.3018 | 0.2724 | 0.2872 |

## 6.4.3　典型县域村镇土地资源承载力水平测算

采用综合评价法分别对甘州区、东台市和沅江市所有调研村镇土地资源承载力进行测算，如图 6-13～图 6-15 所示。

(a)甘州区各村镇经济承载力水平值

(b)甘州区各村镇民生保障承载力水平值

(c)甘州区各村镇生态环境承载力水平值

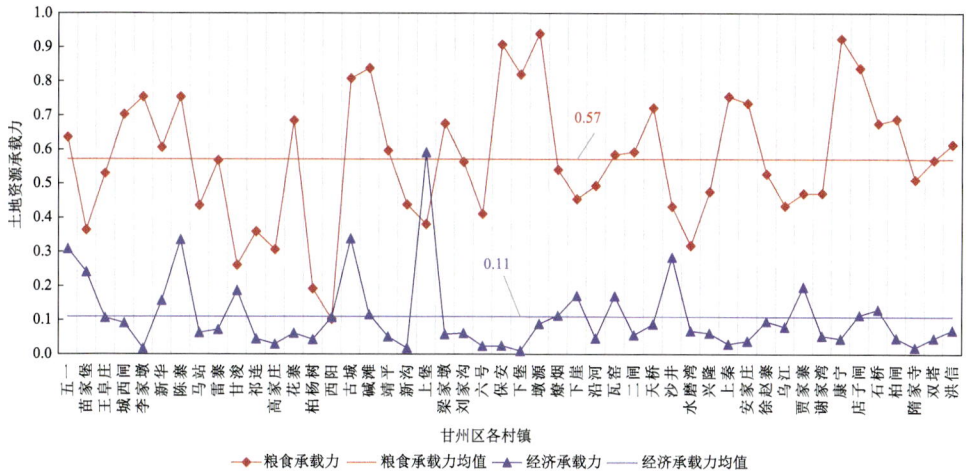

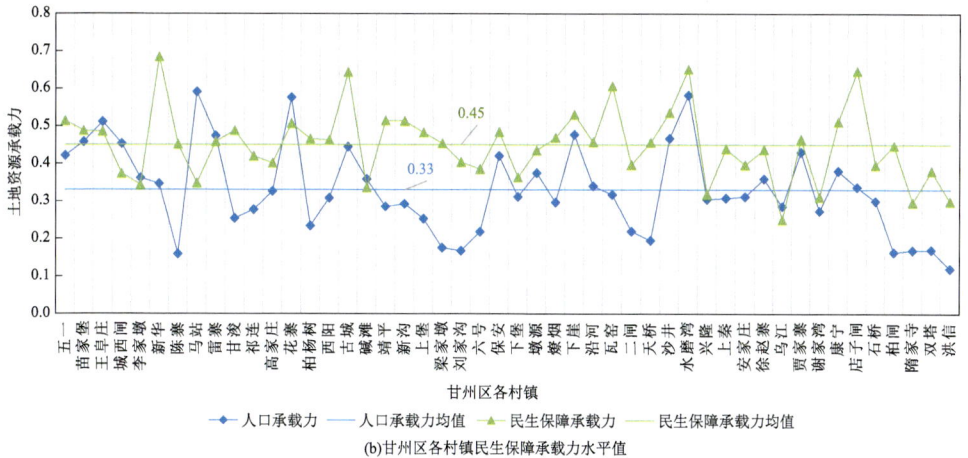

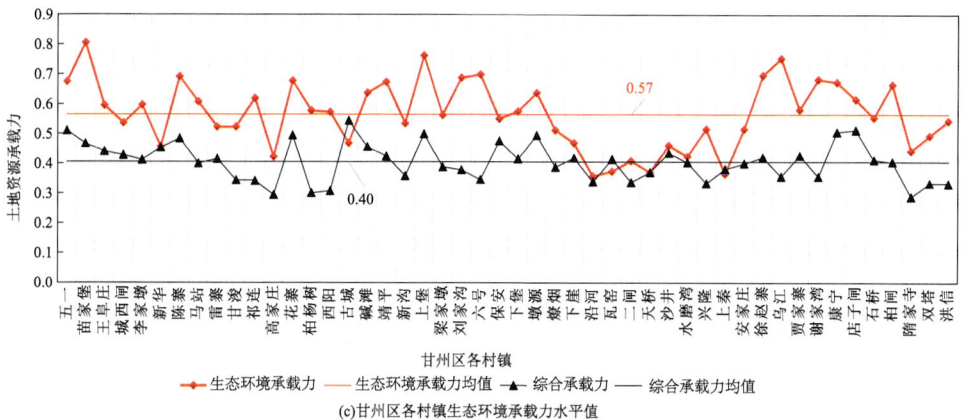

图6-13　甘州区各村镇土地资源承载力水平值

　　甘州区所有调研村镇土地资源粮食承载力最小值为 0.10，最高值为 0.94，均值为 0.57，各村及不同类型村的粮食承载力差异明显。村镇经济承载力最小值为 0.01，最高值为 0.59，均值为 0.11。人口承载力最小值为 0.12，最大值为 0.59，均值为 0.33。民生保障承载力最小值为 0.25，最大值为 0.68，均值为 0.45。生态环境承载力最小值为 0.36，最大值为 0.81，均值为 0.57。甘州区村镇土地资源综合承载力最小值为 0.29，最大值为 0.54，均值为 0.40。

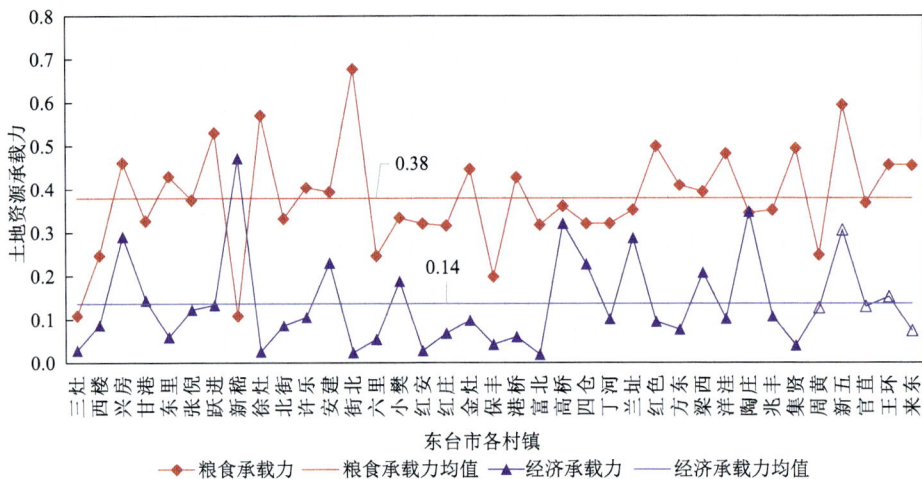

(a) 东台市各村镇经济承载力水平值

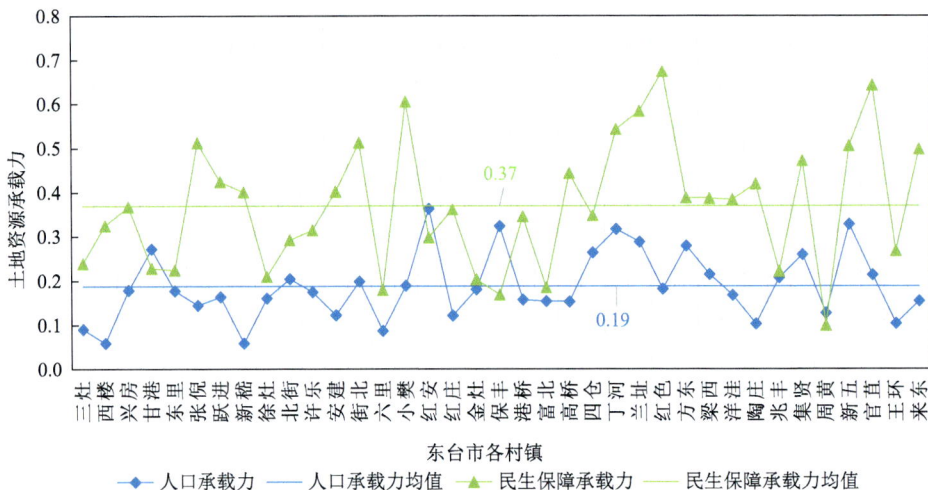

(b)东台市各村镇民生保障承载力水平值

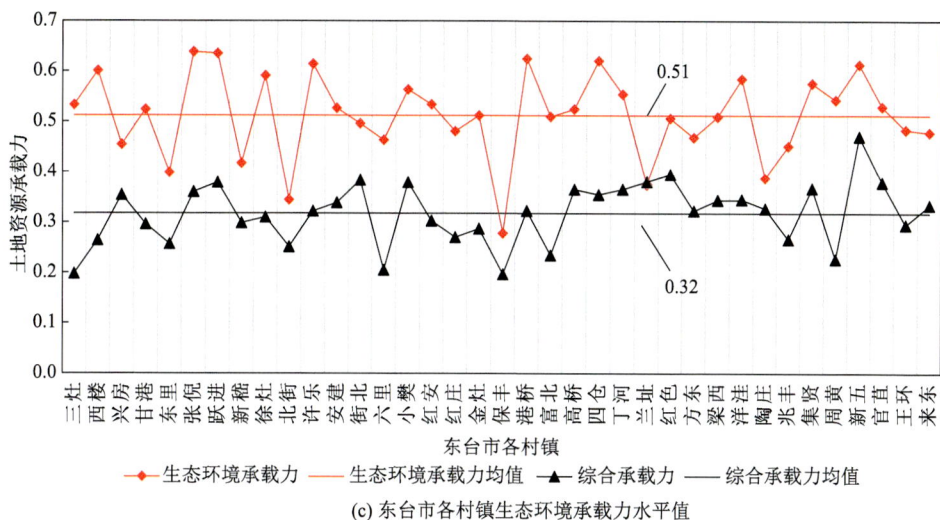

(c) 东台市各村镇生态环境承载力水平值

图6-14    东台市各村镇土地资源承载力水平值

东台市所有调研村镇土地资源粮食承载力最小值为0.11，最高值为0.68，均值为0.38。经济承载力最小值为0.01，最高值为0.47，均值为0.14。人口承载力最小值为 0.08，最大值为 0.36，均值为 0.19。民生保障承载力最小值为0.10，最大值为0.68，均值为0.37。生态环境承载力最小值为0.28，最大值为0.63，均值为0.51。东台市村镇土地资源综合承载力最小值为0.20，最大值为0.48，均值为0.32。

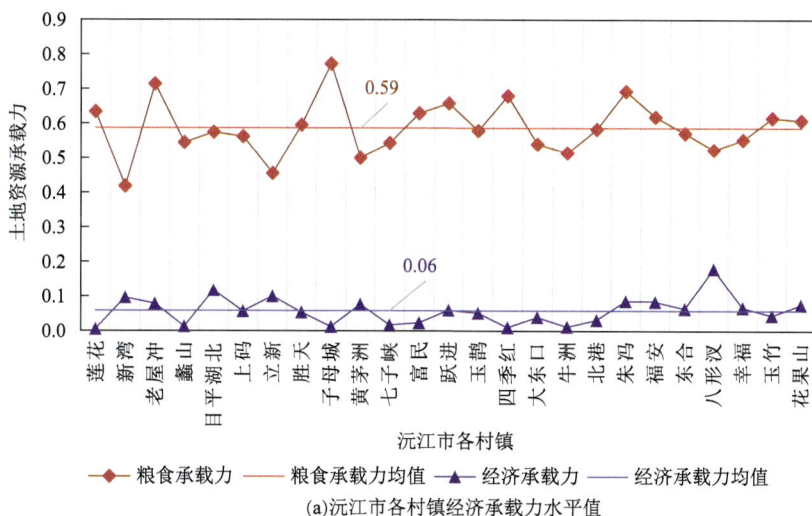

(a)沅江市各村镇经济承载力水平值

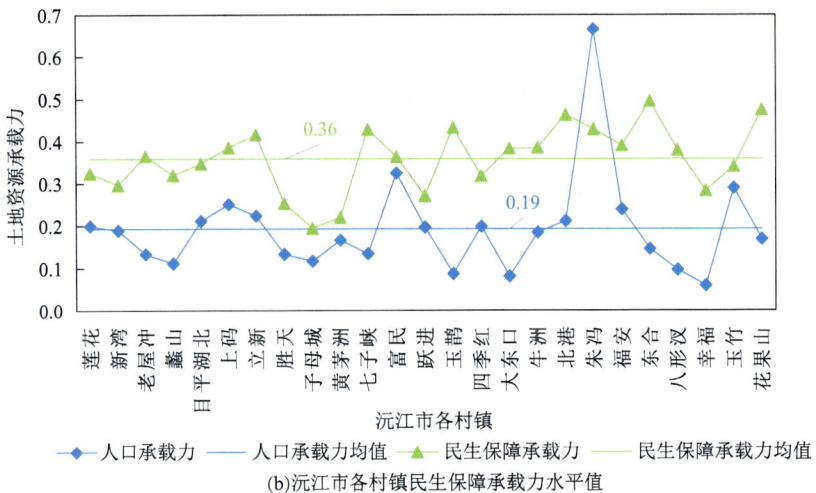

(b)沅江市各村镇民生保障承载力水平值

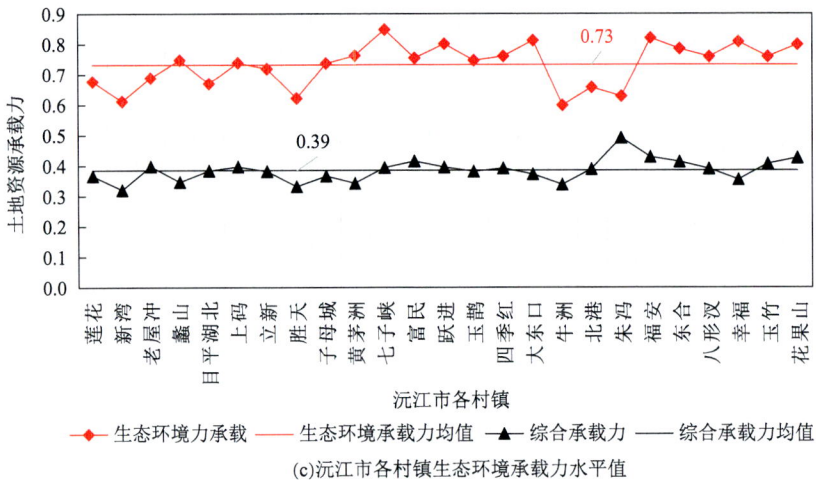

(c)沅江市各村镇生态环境承载力水平值

图 6-15　沅江市各村镇土地资源承载力水平值

　　沅江市所有调研村镇土地资源粮食承载力最小值为 0.41，最高值为 0.77，均值为 0.59。经济承载力最小值为 0.01，最高值为 0.18，均值为 0.06。人口承载力最小值为 0.06，最大值为 0.67，均值为 0.19。民生保障承载力最小值为 0.20，最大值为 0.50，均值为 0.36。生态环境承载力最小值为 0.60，最大值为 0.84，均值为 0.73。沅江市村镇土地资源综合承载力最小值为 0.32，最大值为 0.49，均值为 0.39。

## 6.4.4　典型县域村镇土地资源承载力对比分析

　　通过对全国以及东、中、西部的东台、沅江和甘州的村镇土地资源承载力值对比分析（图 6-16）可知，东、中、西部村镇土地资源承载力呈现出异质性特征。

村镇土地资源均呈现出经济承载力过低、资源环境承载力水平较高、综合承载力降低、提升潜力较大等特征。而东、中、西部也存在明显的空间差异特征，例如村镇土地资源粮食承载力、资源环境承载力的空间差异较大。粮食承载力沅江与甘州明显高于东台。沅江市位于洞庭湖平原和粮食主产区，其耕地资源与水资源相较于东台与甘州均具有优势，沅江的村镇土地资源耕地承载力较高。甘州为我国重要的玉米制种基地，因大量的玉米种植使甘州村镇土地资源承载力保持较高的水平。

相较于其他承载力，东、中、西部村镇土地资源经济承载力低，尤其是中部的沅江市。东台市村镇土地资源经济承载力优于甘州，甘州优于沅江。东台市处于快速城镇化地区，资本更容易下沉到村镇，以农业为主的农产品加工、储存、运输和售卖的工商业以及旅游业蓬勃发展，村镇土地资源经济承载力提升，而沅江市为重要的粮食生产区，其耕地资源占比高，基本农田比例超过90%（数据来源：沅江市各村镇调研），其资源特征成为沅江市村镇建设与经济发展的重要障碍。甘州在玉米制种的基础上，借用其独特的地质特征打造了以丹霞地貌为主要景区和农村旅游、住宿等的经济产业，对村镇土地经济承载力提升具有重要的积极作用。

人口承载力，西部的甘州区高于中部的沅江市，沅江市高于东台市。在快速城镇化背景下，农村人口与劳动力流失较为严重，剩余以经营农村土地为重要收入的农村劳动力对村镇土地资源的依赖性更强。东台地处快速城镇化地区，农村外出务工或就地从事非农行业的机会增加，农与非农的收入差距进一步拉大，因此在这些地区农户对土地资源的依赖程度降低，更多劳动力向非农行业转移，造成该地区的村镇土地资源人口承载力降低。西部地区由于资源、经济社会以及历史等问题，本地非农就业机会有限，考虑到东部等快速城镇化地区从事非农就业交通成本以及其他家庭与情感因素，部分农户利用已达成规模的玉米制种以获取较高的农业收入，同时，部分劳动力采取兼业的形式在本地从事农业或非农业工作，能有效留住部分劳动力与人口，从而增加了村镇土地资源人口承载力。沅江市粮食主产区，有规模经营与农户自家劳动力经营两种方式，年轻和具有高学历的劳动力往往更愿意通过流转的方式将土地流转给经营组织或种田能手，家庭收入有转费租金和非农收入两部分；而年长或学历并不高的农户外出务工机会少，更愿意借助耕地资源禀赋采取多样化种植和经营的模式留守村镇从事农业生产，其就业机会相比东部更少，而相比西部多一些，因此中部的沅江市村镇土地资源承载力水平介于东台市与甘州区之间。

东、中、西部村镇土地资源民生保障承载力，西部的甘州区高于中部的沅江市，沅江市高于东台市。相较于城市，农村土地资源的民生保障承载力较弱，尤其是城市化率越高的地方，农户依赖土地资源保障经济收入等的能力降低，也进一步说明相比东部和中部，西部村镇人对土地资源的依赖性更强。

村镇土地资源环境承载力水平较高，尤其是沅江市。村镇土地资源农作物生产过程中不仅要承载土地资源生态维持能力，还需承载化肥和农药等土壤环境容量。沅江作为粮食主产区，化肥、农药的施加增加了耕地单位面积土壤环境容量；同样玉米制种也需要化肥、农药的施用，而沅江的气候条件决定了一年两季稻的耕种方式需要承载更高的生态环境保护与净化水平，而甘州仅一年一季玉米制种的经营方式，降低了其承载水平。

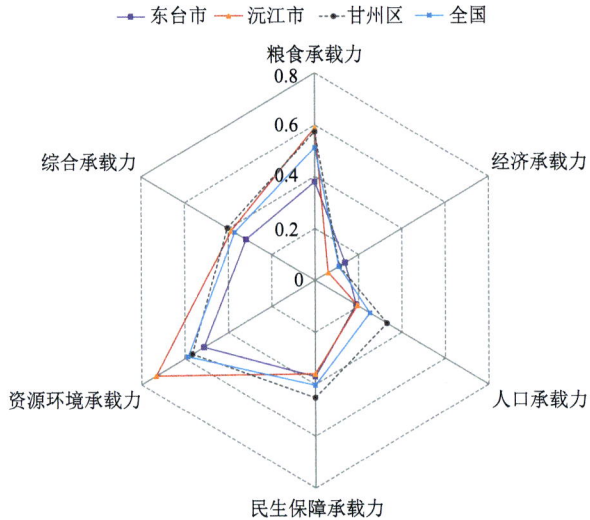

图6-16　东台市、沅江市、甘州区和全国村镇土地资源承载力均值

# 7 村镇土地资源承载力提升的空间管控技术

提升村镇土地资源承载力的前提是理顺区域内各种空间关系以及人地关系，进而采取包括空间管控、空间用途管制、空间权属归类、空间区划等全方位的空间治理手段。在村镇土地资源承载力综合评估的基础上，采用 MOP 模型等相关空间管控技术，通过土地利用结构与布局优化研究，建立未来村镇建设的核心情景和土地利用时空变化模型，测度气候变化、要素投入和种植偏好等不同情景下的村镇土地资源承载力，根据不同情景下土地利用结构、土地利用强度、空间格局方案的参数设定，对村镇土地资源进行多目标优化，探索构建宜居村镇、提升村镇土地资源承载力的土地利用格局管控技术。

## 7.1 村镇土地资源承载力提升管控方法基础

目前，我国国土空间规划体系基本形成了国家、省/市、县的纵贯体系，但全国统一、相互衔接、分级管理如何落地还有待进一步实践探讨；其次，国土空间开发历经经济发展导向-生态文明导向-人居环境导向等，"以人为本"的价值取向需要满足公众多样化的需求和生活圈的宜居适业，要求国土空间规划更加灵活，指标可分解，政策可落实；法律政策体系、技术标准体系和理论体系架构仍有待进一步落实完善。

不同承载力状态、不同尺度范围的地区所关注的土地资源承载力重点不同，宏观尺度更关注于约束性指标下达，微观尺度重在空间管控区线划定，针对此目标土地资源承载力主要有以下几类。①宏观尺度：识别人口规模、城乡建设规模等与资源环境承载力在总量规模上的匹配关系，为制定约束性管控目标服务，体现空间规划的约束性，常用的数量推演模型包括系统动力学、MOP、Logistic 模型、灰色预测、马尔可夫链、BP 神经网络、贝叶斯估计模型等；同时还需要明确人口、城乡建设与资源环境要素在空间布局上的匹配关系，确定各行政单元的主体功能，为优化国土空间开发格局服务（彭文英等，2014；封志明等，2014），诸如 CLUE-S（李国勇，2016）、CA、PLUS 等土地利用模拟预测模型较为常用。②中观尺度：关注识别区域内不同地域的主要功能。惯常按照土地承载力与开发适宜性评价结果，划定城镇、农业、生态空间和城镇开发边界、永久基本农田保护红线、生态保护红线（"三区三线"），对空间的用途管制十分重视，常借助空间形态学、空间结构理论、空间相互作用力模型等，采用聚类分析、相关性分析、主因素和空间叠置的方法综合识别各类空间，在"三线"划定中利用土地利用功能的冲突与协调，包括农用地分等定级、多因素综合评价、空间拓展阻力面分析、生态约束、开发潜力、电路理论等多有应用。③微观尺度：重点是确定土地利用类型及开发强度，如具体地块的适宜性评价、集约利用度、强度的判断。

本章在村镇土地资源承载力综合评估的基础上，采用障碍度模型、MOP 模型、不同情景耕地生产潜力测算模型等相关空间管控技术，通过土地利用结构与布局优化研究合理预测出不同情景下的村镇土地资源承载力，对村镇土地资源进行多目标优化。

### 7.1.1 障碍度模型

测度出溧阳市各村乡村土地资源承载力水平后，对各测度指标进一步分析，诊断出溧阳市承载力的影响障碍因子，是识别承载力限制性因子的关键步骤和制定溧阳市乡村土地资源承载力提升调控策略的重要依据。障碍诊断模型是定量识别基础指标对测度结果影响程度，其值越高，影响最终结果的程度越高，通常采用测度因子贡献度、指标偏离度和障碍度三个指标对关键限制因子进行分析诊断，计算公式如下：

$$F_{ij} = R_j \times w_i \qquad (7\text{-}1)$$

$$I_{ij} = 1 - X_i \qquad (7\text{-}2)$$

$$y_{ij} = \frac{F_{ij} \times I_{ij}}{\sum_{i=1}^{n} \left( F_{ij} \times I_{ij} \right)} \times 100\% \qquad (7\text{-}3)$$

$$Y_{ij} = \sum y_{ij} \qquad (7\text{-}4)$$

式中，$F_{ij}$ 为因子贡献度，即为单项指标对总目标的影响程度；$I_{ij}$ 为指标偏离度，即为单项指标测度值与 100%之差；$Y_{ij}$ 与 $y_{ij}$ 为障碍度，分别表示 $i$ 个村分类指标和单项指标对土地资源承载力的影响程度；$w_i$ 为第 $i$ 个指标的权重；$R_j$ 为第 $i$ 个指标所属的分类指标权重；$X_i$ 为单项指标的标准化值。

考虑到在村域尺度需要落实多项任务，各项任务具体落实过程中亟须制定提升土地资源承载力的关键限制因子的具体策略，在具有较好数据的基础上，分别从支撑力和调控力两个维度去构建测度指标，能有效识别乡村土地资源承载力关

键限制因子类型和影响土地资源承载力过低的主导因素，有利于制定更有针对性
的承载力提升策略。

## 7.1.2　MOP 模型[①]

MOP 模型包括多个变量、目标函数、约束条件 3 个要素，是土地利用规划中
预测各地类数量变化的常用模型，广泛应用在地理学、区域经济研究中。本书以
经济效益、生态效益作为目标函数，各地类数量为决策变量，具体表达式如下：

$$\begin{cases} V \sim \min \quad F(x) \\ \text{s.t.} \quad g_i(x) \geqslant 0 (i=1,2,\cdots,m) \\ \quad\quad h_i(x) = 0 (i=1,2,\cdots,l) \end{cases} \quad (7\text{-}5)$$

式中，$x = [x_1, x_2, \cdots, x_n]^{\mathrm{T}}$，$F(x) = [f_1(x), f_2(x), \cdots, f_p(x)]$。

令 $R = \{x \mid g_i(x) \leqslant 0, i=1,2,\cdots,m; h_i(x)=0, i=1,2,\cdots,l\}$，$R$ 被称作可行域，
$V \sim \min F(x)$ 为目标函数的集合。

### 7.1.2.1　目标函数

以建设用地经济产出最大化、耕地粮食产量最大化为目标，构建目标函数，
如下所示。

1）经济产出最大化目标

$$\max f_1(x) = \left[ \sum_{i=1}^{9} a_i x_i \middle/ \left( \sum_{i=1}^{9} a_i x_{i\text{-now}} \right) \right] \times \text{INCOME} \quad (7\text{-}6)$$

式中，$f_1$ 为经济产出目标；$x_i$ 为某种用地的面积；$x_{i\text{-now}}$ 为某种用地的现状面积，
其中，$x_{1\text{-now}}$ 为居住用地现状面积，$x_{2\text{-now}}$ 为工业用地现状面积，$x_{3\text{-now}}$ 为商业服务
业用地现状面积，$x_{4\text{-now}}$ 为基础设施与交通道路用地现状面积，$x_{5\text{-now}}$ 为耕地现状
面积，$x_{6\text{-now}}$ 为林地现状面积，$x_{7\text{-now}}$ 为草地现状面积，$x_{8\text{-now}}$ 为水域现状面积，$x_{9\text{-now}}$
为其他土地现状面积；INCOME 为农村人均纯收入；$a_i$ 为相关系数（$i$=1～9），
其中，$a_1$ 为居住用地经济系数，$a_2$ 为工业用地经济系数，$a_3$ 为商业服务业用地经
济系数，$a_4$ 为基础设施与交通道路用地经济系数，$a_5$ 为耕地经济系数，$a_6$ 为林地
经济系数，$a_7$ 为草地经济系数，$a_8$ 为水域经济系数，$a_9$ 为其他土地经济系数。

---

① 此处采用 MOP 模型重点阐述布局优化方案。

2）粮食产量最大化目标

$$\max f_2(x) = \sum_{j=1}^{n} b_j x_{5-j} \qquad （7-7）$$

式中，$f_2$ 为粮食产量目标，决策变量为居住用地面积（$x_1$）、工业用地面积（$x_2$）、商业服务业用地面积（$x_3$）、基础设施与交通道路用地面积（$x_4$）、耕地面积（$x_5$）、林地面积（$x_6$）、草地面积（$x_7$）、水域面积（$x_8$）、其他土地面积（$x_9$）。

### 7.1.2.2　约束条件

1）政策约束

维持研究区土地开发强度不大于 16%：

$$\frac{A + \sum_{i=1}^{4} x_i / Q}{\text{Area}} \leqslant 16\% \qquad （7-8）$$

式中，$Q = \dfrac{\text{Area}_{\text{rural}}}{\text{Area}}$，表示村域发展权，其中，Area 表示县域土地总面积，$\text{Area}_{\text{rural}}$ 表示目标村土地总面积。

保证居住用地面积不增加，同时保证基本住宅用地需求：

$$x_{1\text{-prin}} \times \text{Pop}_{\text{future}} \leqslant x_1 \leqslant x_{1\text{-now}} \qquad （7-9）$$

式中，$x_{1\text{-prin}}$ 表示人均居住用地标准；$\text{Pop}_{\text{future}}$ 表示目标人口数量；$x_{1\text{-now}}$ 表示居住用地现状面积。

落实中央一号文件要求，建设用地增量指标 10% 划归集体经营性建设用地：

$$x_2 + x_3 \geqslant x_{2\text{-now}} + x_{3\text{-now}} + (10\% X_{\text{plan}})Q \qquad （7-10）$$

式中，$X_{\text{plan}}$ 为规划建设用地增量，其值等于县域城镇村建设用地区减去县域现状建设用地面积；$x_{2\text{-now}}$ 为工业用地现状面积；$x_{3\text{-now}}$ 为商业服务业用地现状面积；$Q$ 为村域发展权。

落实乡村振兴战略，大力发展乡村基础设施：

$$x_4 \geqslant x_{4\text{-now}} \qquad （7-11）$$

式中，$x_4$ 为基础设施与交通道路用地面积；$x_{4\text{-now}}$ 为基础设施与交通道路用地现状面积。

2）规划约束

耕地约束：

$$x_5 \geqslant x_{5\text{-now}} \tag{7-12}$$

式中，$x_5$ 为耕地面积；$x_{5\text{-now}}$ 为耕地现状面积。

林地约束：

$$x_6 \geqslant x_{6\text{-now}} \tag{7-13}$$

式中，$x_6$ 为林地面积；$x_{6\text{-now}}$ 为林地现状面积。

3）经济约束

协调发展约束：

$$d^- \leqslant x_i \cdot \frac{x_{j\text{-now}}}{x_{i\text{-now}}} - x_j \leqslant d^+ \tag{7-14}$$

式中，$d^+$ 和 $d^-$ 均表示松弛变量，约束条件个数视实际情况而定；$i$、$j$ 均为协调发展控制变量。

4）资源环境约束

水供需约束：

$$W_{1\text{-consume}}x_1 + W_{2\text{-consume}}x_2 + W_{3\text{-consume}}x_3 + W_{4\text{-consume}}x_4 + W_{\text{agri}} \leqslant W_{\text{produce}} \tag{7-15}$$

式中，$W_{1\text{-consume}}$ 表示居住用地需水系数；$W_{2\text{-consume}}$ 表示工业用地需水系数；$W_{3\text{-consume}}$ 表示商业服务业用地需水系数；$W_{4\text{-consume}}$ 表示基础设施与交通道路用地需水系数；$W_{\text{agri}}$ 表示单位面积灌溉用水量；$W_{\text{produce}}$ 表示产水量。

碳平衡约束：

$$C_{\text{builtup}}(x_1 + x_2 + x_3 + x_4) + C_{\text{arable}}x_5 + C_{\text{forest}}x_6 + C_{\text{grass}}x_7 + C_{\text{water}}x_8 + C_{\text{others}}x_9 \leqslant 0 \tag{7-16}$$

式中，$C_{\text{builtup}}$ 为建设用地碳排放系数；$C_{\text{arable}}$ 为耕地碳排放系数；$C_{\text{forest}}$ 为林地碳排放系数；$C_{\text{grass}}$ 为草地碳排放系数；$C_{\text{water}}$ 为水域碳排放系数；$C_{\text{others}}$ 为其他土地碳排放系数。

客观条件约束：

$$x_i \geqslant 0 \tag{7-17}$$

$$\sum_{i=1}^{9} x_i = \text{Area}_{rural} \qquad (7\text{-}18)$$

式中，$\text{Area}_{rural}$ 为目标村土地总面积。

### 7.1.3 耕地生产潜力测算模型

假设研究区未来气候情景为气候稳定情景，气候参数用当前气候指标值代替。另外，由于县域土壤 pH、有机质和土壤质地等土壤属性在短期内变化微小，因此，假设目标年（2025 年）耕地土壤属性与现状保持一致。主要从要素投入情景和种植偏好情景两个层面设定了四种耕地资源承载力核心情景，分别测算不同情景下的耕地资源承载力。

情景 I：种植结构与要素投入最优。表示耕地主要种植粮食作物，以实现粮食产量最大化为农业生产目标，严格约束耕地种植结构以保障粮食播种面积，并且通过优化要素投入（化肥、农药和机械），促使要素增产效率最大化，该情景下粮食播种面积和生产要素的增产效率均最有利于粮食生产。

情景 II：要素高投入。表示耕地兼顾种植粮食作物和经济作物，通过调整种植结构协同粮食产量最大化和经济效益最大化等多目标最优，且通过优化要素投入，使得要素增产效率最大化。该情景下粮食播种面积有所下降，优化生产要素是保证粮食稳产增产的主要途径。

情景 III：种植结构优先。表示耕地以种植粮食作物为主，但生产要素投入保持现状。该情景下虽然通过调整耕地种植结构，增加了粮食播种面积，有助于提升粮食总产量，但是要素投入可能对粮食生产具有抑制作用，要素的增产效率偏低，进而导致耕地的粮食生产效率低下。

情景 IV：种植结构与要素投入低水平。表示耕地兼顾种植经济作物和粮食作物，同时，要素增产效率低下，导致粮食产量增速缓慢甚至停滞。该情景下粮食播种面积和生产要素的增产效率均不利于粮食生产，可能导致耕地的粮食生产能力弱化。

## 7.2 基于障碍诊断模型的村域土地资源承载力提升

### 7.2.1 溧阳市乡村土地资源承载力关键限制因子识别

根据障碍诊断模型，定量测度了溧阳市乡村土地资源承载粮食生产、经济产出、人口吸引、就业支撑、民生保障、生态维持和环境净化的关键限制因子。具体操作是根据障碍度测度模型，计算出各村各指标的障碍度系数，统计各指标障碍度系数大于均值的村的数量，并对其各因子的障碍度进行排序，将限制因子出现频次占比大于 0.5 的视为关键限制因子（表 7-1）。

表 7-1 溧阳市乡村土地资源承载力影响因子障碍度排序表

| 影响因子 | 指标名称 | 出现频率 | 排序 |
|---|---|---|---|
| 粮食生产 | 人均耕地面积 | 0.378 | 5 |
| | 耕地非粮化率 | 0.558 | 2 |
| | 水田面积比例 | 0.402 | 4 |
| | 乡村耕地规模经营比例 | 0.323 | 6 |
| | 乡村耕地流转率 | 0.616 | 1 |
| | 永久基本农田比例 | 0.421 | 3 |
| 经济产出 | 工业工地规模 | 0.451 | 4 |
| | 商业用地规模 | 0.738 | 1 |
| | 旅游与服务业用地规模 | 0.500 | 3 |
| | 农产品加工与超过 50m² 的超市个数 | 0.598 | 2 |
| | 道路密度 | 0.445 | 6 |
| | 乡村集体经营性收入 | 0.451 | 4 |
| 人口吸引 | 人均住宅用地面积 | 0.439 | 2 |
| | 具有两处及以上宅基地比例 | 0.591 | 1 |
| | 村委会与最近乡镇的距离 | 0.427 | 4 |
| | 乡村常住人口规模 | 0.421 | 5 |
| | 村民高中、大专及以上学历比例 | 0.433 | 3 |
| 就业支撑 | 人均经营性土地面积 | 0.470 | 2 |
| | 乡村非农就业比例 | 0.311 | 4 |
| | 劳动力离开乡镇 6 个月以上比例 | 0.366 | 3 |
| | 受过农业专业技术培训的经营人员比例 | 0.573 | 1 |
| 民生保障 | 健康保障性设施规模 | 0.457 | 3 |
| | 娱乐性设施规模 | 0.470 | 2 |
| | 设施农用地规模 | 0.610 | 1 |
| | 乡村特困救助供养人口数 | 0.409 | 6 |
| | 留守人口比例 | 0.274 | 7 |
| | 村支书管理经验 | 0.439 | 4 |
| | 年度村集体大会次数 | 0.427 | 5 |

续表

| 影响因子 | 指标名称 | 出现频率 | 排序 |
|---|---|---|---|
| | 林草地覆盖率 | 0.677 | 1 |
| 生态维持 | 乡村人均绿当量持有量 | 0.671 | 2 |
| | 生态红线区域面积 | 0.293 | 3 |
| | 乡村人均水资源量 | 0.640 | 1 |
| | 水产养殖规模 | 0.213 | 3 |
| 环境净化 | 化肥投入强度 | 0.171 | 5 |
| | 用柴草作为主要能源的家庭比例 | 0.366 | 2 |
| | 使用卫生厕所户数占比 | 0.201 | 4 |

溧阳市乡村土地资源粮食生产承载力的关键限制因子主要是乡村耕地流转率和耕地非粮化率。有将近 62%村的乡村耕地流转率低和超过 55%村的耕地非粮化率高限制了乡村土地资源粮食生产承载力。经济产出承载力的关键限制因子是商业用地规模、农产品加工与超过 50 m² 的超市个数和旅游与服务业用地规模，有近 74%村的商业用地规模过低、近 60%村的农产品加工与超过 50 m² 的超市个数少和有 50%村的旅游与服务业用地规模小限制了溧阳市乡村土地资源经济产出承载力。

溧阳市乡村土地资源人口吸引承载力的关键限制因子是两处及以上宅基地比例，有近60%的村两处及以上宅基地比例低限制了乡村土地资源人口吸引承载力。就业支撑承载力的关键限制因子是受过农业专业技术培训的经营人员比例，有57%的村受过农业专业技术培训的经营人员比例低限制了乡村土地资源就业支撑承载力。民生保障承载力的关键限制因子为设施农用地规模，有 61%的村设施农用地规模小阻碍了乡村土地资源民生保障承载力。

溧阳市乡村土地资源生态维持承载力的关键限制因子是林草地覆盖率和乡村人均绿当量持有量，有近 68%的村林草地覆盖率小和有 67%的村乡村人均绿当量持有量少成为溧阳市乡村土地资源生态维持承载力关键限制因子。承载环境净化的关键限制因子是乡村人均水资源量，有 64%村的乡村人均水资源量少限制了乡村土地资源环境净化承载力。溧阳市生态资源与水资源均较为丰富，但管辖区内南部为低山区，西北部为丘陵区，中部自西向东为平原圩区，其生态和水资源分布是限制生态维持和环境净化承载力的主要原因。

## 7.2.2　溧阳市乡村土地资源承载力提升路径

根据关键限制因子识别的结果（表 7-2），立足溧阳市实际情况，提升溧阳市乡村土地资源承载力水平，遵循支撑力和调控力的可控性与迫切性，以及规划实施的可操作性等，提升关键限制因子的路径来完成。提升溧阳市乡村土地资源粮食生产承载力，可降低耕地非粮化，增加耕地流转率。提升经济产出承载力，可扩大乡村商业用地规模、旅游与服务业用地规模和农产品加工与中大型超市数量。提升乡村土地资源人口吸引承载力，可拓展乡村旅游服务。提升就业支撑承载力，可提高受过专业技术培训的经营人员比例。提升民生保障承载力，可增加乡村设施农用地规模。提升乡村土地资源生态维持承载力，可继续提高乡村林草地覆盖率，增加乡村人均绿当量。提升环境净化承载力，可增加并均衡各乡村人均水资源量。

表 7-2　溧阳市乡村土地资源承载力关键限制因子

| 土地资源承载力 | 关键限制因子 |
| --- | --- |
| 粮食生产 | 耕地非粮化率 |
|  | 乡村耕地流转率 |
| 经济产出 | 商业用地规模 |
|  | 旅游与服务业用地规模 |
|  | 农产品加工与超过 50m$^2$ 的超市个数 |
| 人口吸引 | 两处及以上宅基地比例 |
| 就业支撑 | 受过农业专业技术培训的经营人员比例 |
| 民生保障 | 设施农用地规模 |
| 生态维持 | 林草地覆盖率 |
|  | 乡村人均绿当量持有量 |
| 环境净化 | 乡村人均水资源量 |

## 7.2.3　溧阳市乡村土地资源承载力提升策略

（1）通过降低溧阳市耕地非粮化和促进耕地流转率的路径来提升乡村土地资源粮食生产承载力。耕地非粮化现象的实质是耕地种粮与非粮之间经济效益比较的结果，未来可加大对粮食种植的补贴力度，提升农户种粮收益与信心。除此之外，还应完善土地流转制度，鼓励尤其是缺乏家庭劳动力的农户向种粮大户或经营组织流转耕地，增加耕地面积和实际种粮的耕地规模，保障耕地粮食生产。乡村土地资源经济产出承载力提升，可通过招商引资的方式增加乡村商业类型和规模，具体可通过完善从事以粮食生产、加工、运输和售卖为主的产业来同步增加乡村商业发展类型与提升潜力，从而增加产业规模。

（2）两处及以上宅基地比例是体现溧阳市农村围绕乡村旅游、民宿等吸引外来人口的特征指标，未来可通过挖掘乡村旅游资源与潜力，一方面能吸引外来游客，另一方面能通过增加就业机会与岗位吸引农户返乡创业与就业。提升就业支撑承载力，可增加农业科技人员投入和农业技术培训，拓展农户就业范围和提升溧阳市农户就业能力。设施农用地规模过小表明生产设施、附属设施以及配套设施等支持粮食、农业规模生产的土地资源规模小，未来按照设施农用地管理有关要求和支持政策，采用多功能利用土地资源的原则，进一步规划增加用于农产品生产、设施农业项目的辅助性生产和配套设施用地类型与规模。

（3）林草地覆盖率和乡村人均绿当量持有量是影响溧阳市乡村土地资源生态维持承载力的关键限制性因子。溧阳市除南部山区的自然生态空间以及林地面积覆盖率高，其余大部分为平原地区，耕地面积较多，因此未来可增加田、水、路和村等区域保护林带，增加林地覆盖率。同时乡村人均水资源量是溧阳市乡村土地资源环境净化的关键限制因子，一方面未来可适当建立人造坑塘，增加水域空间面积，从而降低水资源的障碍度；另一方面在空间均衡乡村水资源量，平衡各乡村人均水资源量。

## 7.3　基于 MOP 模型的村镇土地资源多目标优化

### 7.3.1　溧阳市村镇土地资源多目标优化参数设置

本书选择溧阳市（2019 年）作为案例研究区域（图 7-1）。溧阳市隶属江苏省，是由常州市代管的县级市，位于江苏省西南部，地处长江三角洲，是苏、浙、皖三省接壤之地。溧阳市是南京都市圈的成员，宁杭生态经济带上的重要副中心城市和示范区，位于 31°09′N～31°41′N，119°08′E～119°36′E，东邻宜兴，西与高淳、溧水毗邻，南与安徽省的广德、郎溪接壤，北接句容、金坛，南北长 59.06 km，东西宽 45.14 km，土地总面积 1535.87 km²。溧阳属亚热带季风气候，干湿冷暖，四季分明，雨量充沛，尤霜期长，全年平均温度 17.5℃。

本章所用到的村庄人口数据来源于溧阳市统计局，土地利用空间数据来源于中国科学院资源环境数据中心提供的 30 m 分辨率的土地利用数据集。

图 7-1 研究区域（按 2019 年行政区划）

根据上述模型设置，本书根据溧阳市的特点分别进行参数设置，如表 7-3 所示。

表 7-3 溧阳市模型参数设置

| 输入模块 | 参数 | 意义 | 数值 | 量纲 |
|---|---|---|---|---|
| 目标函数 | $a_1$ | 农村宅基地经济系数 | 0.134 | — |
| | $a_2$ | 工业用地经济系数 | 0.657 | — |
| | $a_3$ | 商业服务业用地经济系数 | 0.532 | — |
| | $a_4$ | 基础设施用地经济系数 | 0.378 | — |
| | $a_5$ | 耕地经济系数 | 0.496 | — |
| | $a_6$ | 林地经济系数 | 0 | — |
| | $a_7$ | 草地经济系数 | 0 | — |
| | $a_8$ | 水域经济系数 | 0.573 | — |
| | $a_9$ | 其他土地经济系数 | 0 | — |
| | INCOME | 村集体收入中经营收入 | 101.4 | 万元 |
| | $b_1$ | 水稻单产潜力 | 10768.2 | $kg/(hm^2 \cdot a)$ |
| | $b_2$ | 小麦单产潜力 | 10545.24 | $kg/(hm^2 \cdot a)$ |

续表

| 输入模块 | 参数 | 意义 | 数值 | 量纲 |
|---|---|---|---|---|
| 土地利用调查 | $A$ | 城市土地面积 | 2304.69 | $hm^2$ |
| | $Q$ | 村域发展权 | 0.64 | % |
| | Area | 县域土地总面积 | 153452.77 | $hm^2$ |
| | $Area_{rural}$ | 目标村土地总面积 | 977.197296 | $hm^2$ |
| 一般参数设置 | $x_{1-prin}$ | 人均居住用地标准 | 120.00 | $m^2$/人 |
| | $Pop_{future}$ | 目标人口数量 | 4300 | 人 |
| 规划约束 | $X_{plan}$ | 规划建设用地增量 | 904.431 | $hm^2$ |
| 需水约束 | $W_{1-consume}$ | 农村宅基地需水系数 | 1.3 | 万 $m^3$/（$km^2 \cdot d$） |
| | $W_{2-consume}$ | 工业用地需水系数 | 1.5 | 万 $m^3$/（$km^2 \cdot d$） |
| | $W_{3-consume}$ | 商业服务业用地需水系数 | 1.4 | 万 $m^3$/（$km^2 \cdot d$） |
| | $W_{4-consume}$ | 基础设施用地需水系数 | 0.6 | 万 $m^3$/（$km^2 \cdot d$） |
| | $W_{agri}$ | 单位面积灌溉用水量 | 4170 | $m^3$/（$hm^2 \cdot a$） |
| 约束条件水源涵养 | $W_{produce}$ | 产水量 | 1821.02 | 万 $m^3$/a |
| 碳排放约束 | $C_{builtup}$ | 建设用地碳排放系数 | 2.10541 | t/（$hm^2 \cdot a$） |
| | $C_{arable}$ | 耕地碳排放系数 | 0.4595 | t/（$hm^2 \cdot a$） |
| | $C_{forest}$ | 林地碳排放系数 | −0.6125 | t/（$hm^2 \cdot a$） |
| | $C_{grass}$ | 草地碳排放系数 | −0.0205 | t/（$hm^2 \cdot a$） |
| | $C_{water}$ | 水域碳排放系数 | −0.2571 | t/（$hm^2 \cdot a$） |
| | $C_{others}$ | 其他土地碳排放系数 | −0.005 | t/（$hm^2 \cdot a$） |
| 模型调试参数 | $d^+$ | 松弛变量 | 1.00 | — |
| | $d^-$ | 松弛变量 | −1.00 | — |
| | $i$ | 协调发展控制变量 | 3 | — |
| | $j$ | 协调发展控制变量 | 2 | — |

## 7.3.2 溧阳市村镇耕地资源承载力水平预测

耕地资源承载力定义为耕地资源可承载的粮食产量，通过 5.2.1 节计算得到，溧阳市天目湖镇水稻和小麦平均生产潜力分别为 11906.24 kg/hm² 和 9445.89 kg/hm²，进而依据土地利用现状数据计算得到天目湖镇耕地资源承载力，如表 7-4 所示。

表 7-4 天目湖镇耕地资源承载力

| | | 现状耕地 | 即可恢复耕地 | | | 工程恢复耕地 | | | | 总计 |
|---|---|---|---|---|---|---|---|---|---|---|
| | | | 林地 | 园地 | 养殖坑塘 | 林地 | 园地 | 草地 | 坑塘水面 | |
| 面积/hm² | | 2786.88 | 1720.50 | 206.68 | 0.00 | 163.41 | 49.47 | 1.64 | 146.41 | 5074.99 |
| 产量/万 t | 水稻 | 3.00 | 1.85 | 0.22 | 0.00 | 0.18 | 0.05 | 0.00 | 0.16 | 5.47 |
| | 小麦 | 2.37 | 1.46 | 0.18 | 0.00 | 0.14 | 0.04 | 0.00 | 0.12 | 4.32 |
| | 小计 | 5.37 | 3.32 | 0.40 | 0.00 | 0.32 | 0.10 | 0.00 | 0.28 | 9.79 |
| 承载人口/万人 | | 9.77 | 6.03 | 0.72 | 0.00 | 0.57 | 0.17 | 0.01 | 0.51 | 17.80 |

由表 7-4 可知，仅考虑当前耕地资源，天目湖镇耕地粮食生产能力为 5.37 万 t，承载人口为 9.77 万人，在考虑通过即可恢复和工程恢复耕地后，乡镇耕地粮食生产能力为 9.79 万 t，粮食产能提升空间为 82.31%，承载人口为 17.80 万人，人口增长空间为 82.19%。由此可见，地区耕地资源承载力具有较大的提升空间。

由于同一乡镇内部各行政村之间在自然条件和农户行为具有同质性，耕地的粮食生产潜力相似，因此，假设天目湖镇各行政村耕地的粮食生产潜力与天目湖镇的平均的粮食生产潜力相等，通过各行政村耕地面积和即可恢复或通过工程恢复为耕地的虾塘、林地和园地的面积计算耕地的粮食生产能力和承载人口。

### 7.3.3 溧阳市村镇建设用地资源承载力水平预测

研究通过将设置参数代入优化模型中,运用理想点法对多目标函数进行求解，最终得到的目标值即为该研究区在约束条件下的建设用地承载力水平，通过与现状水平进行比较，可以判断该研究区域的承载状况，如图 7-2 所示。

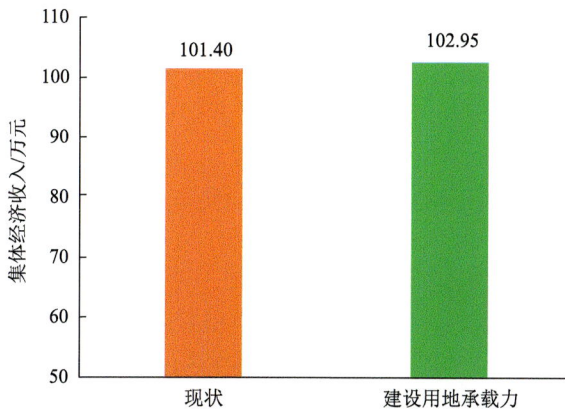

图 7-2 建设用地承载力水平与现状对比

　　测算结果显示,溧阳市建设用地承载力仍有 1.55 万元的集体经济收入空间,目前不存在超载现象。为了使村镇建设用地的开发利用处于承载力的范围内,本书制定了基于土地利用结构优化的村镇建设用地承载力提升方案,如表 7-5 所示。

表 7-5　村镇建设用地承载力提升方案表　　　　（单位：km²）

| 研究区 | 溧阳市 | |
| --- | --- | --- |
| 用地类型 | 现状 | 承载力满载 |
| 农村宅基地面积 | 52.34 | 42.02 |
| 工业用地面积 | 7.75 | 8.33 |
| 商业服务业用地面积 | 0.46 | 0.47 |
| 基础设施用地面积 | 27.08 | 27.07 |
| 耕地面积 | 325.25 | 332.42 |
| 林地面积 | 16.44 | 16.44 |
| 草地面积 | 0.07 | 0 |
| 水域面积 | 541.74 | 550.45 |
| 其他土地面积 | 6.07 | 0 |

　　结果表明,为了使村镇建设用地承载水平达到合理范围,需要进行村镇建设用地结构优化。首先,需要大幅度减少农村宅基地面积,在农村人口不断外流的背景下,农村宅基地面积的减少也符合政策需要,当前农村人均宅基地面积较高,普遍存在一户多宅的情况,降低了土地集约利用水平,需要在不损害农户利益的前提下,实现农村宅基地面积的减少；其次,需要提升工业用地和商业服务业用地面积的比重,乡村振兴的核心是产业振兴,需要保证产业用地的供应,才能促进乡村经济向好发展；最后,为了提升村镇资源环境禀赋,保证村镇建设用地的发展处于区域环境容量范围内,需要促进林地和草地等生态用地面积的提升。

　　利用构建的基于 MOP 的建设用地承载力测算模型,测算天目湖镇建设用地承载力（表 7-6）。测算结果表明,在劳动力、资本、技术保持现有趋势,且政策不变前提下,通过改变建设用地规模和结构,天目湖镇建设用地经济承载力为835543.91 万元。进而推算在人均建设用地为 140 m² 的条件下,天目湖镇的人口承载力为 87790 人（图 7-3）（现有常住人口 74545 人）。

**表 7-6　天目湖镇建设用地承载力**

| 名称 | 天目湖镇建设用地利用现状 | 承载力满载情况下 | 盈余面积 |
|---|---|---|---|
| 居民用地 | 1303.63 hm² | 1229.06 hm² | −74.57 hm² |
| 产业用地 | 597.34 hm² | 764.71 hm² | +167.37 hm² |
| 基础设施与交通用地 | 904.43 hm² | 1137.89 hm² | +233.46 hm² |

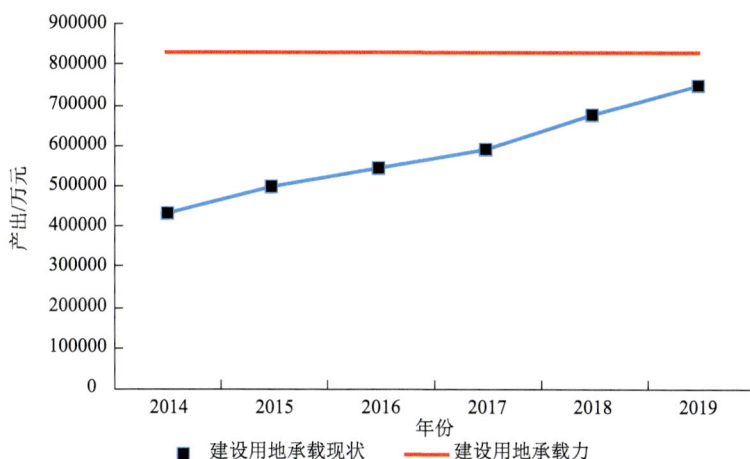

图 7-3　天目湖镇建设用地经济承载力与历年承载现状比对

为了使村镇土地资源承载水平达到合理范围，需要进行村镇土地利用结构优化。

首先，根据农业产业化、规模化、现代化的发展要求，依托土地资源自然禀赋，对农用地进行科学配置以及多层次、多形式、多元化组合，逐渐形成生产专业化、经营一体化、主导产业鲜明的现代高效农业发展新格局。在农用地的优化布局中，农业产业要素逐渐向农业区域聚集，农用地利用逐渐改变其粗放经营状态，最终提高农业经济整体素质和竞争力。同时，视耕地的保护政策，提高耕地质量。从经济发达国家的土地利用结构变化的趋势看，耕地数量的减少在一定的历史时期会加剧，而我国后备土地资源相对有限，如果要保证耕地数量的平衡，很可能导致大量的其他农用地以及未利用土地向耕地的转化，这将引起生态失衡，也会造成经济发展的失衡，因而要重视耕地保护政策，提高耕地质量。对于耕地的保护可以从两个方面做起：一方面合理规划后备土地资源的开发，实现耕地的占补平衡；另一方面加大土地规划管制的力度，控制耕地的占用。

其次，需要大幅度减少农村宅基地面积，在农村人口不断外流的背景下，农村宅基地面积的减少也符合政策需要当前农村人均宅基地面积较高，普遍存在一户多宅的情况，降低了土地集约利用水平，需要在不损害农户利益的前提下，实现农村宅基地面积的减少；同时，需要提升工业用地和商业服务业用地面积的比重，乡村振兴的核心是产业振兴，需要保证产业用地的供应，才能促进乡村经济向好发展；充分利用闲置用地，提高现有土地利用效率。在新增用地过程中，要认真开展建设用地普查评价，不能无故占用新土地，在今后的土地开发利用过程中以开发空闲、废弃、闲置和低效用的土地为主，降低未利用率与闲置率，从而达到土地利用效率的最大化。

最后，为了提升村镇资源环境禀赋，保证村镇建设用地的发展处于区域环境容量范围内，需要促进林地和草地等生态用地面积的提升，从而塑造良好的土地生态关系。可通过积极发展生态友好型农业模式及以绿色、低耗能、无污染为主导的农业服务产业，落实土地资源的开发利用与生态环境保护之间的关系，坚决杜绝以牺牲环境、浪费资源为代价的经济发展，致力于生态效益与经济效益的统一，确保社会与生态系统的可持续发展。

# 7.4 基于情景分析的耕地资源承载力预测

首先，通过剖析耕地利用变化的不确定性，分析耕地资源承载力的可能情景，并结合不同目标需求设定耕地资源承载力的核心情景及变量参数；其次，应用改进的 AEZ 模型及订正方案预测不同情景下的耕地资源承载力，进而评估不同情景下的粮食供需状况，为不确定性下的粮食生产和耕地利用决策提供思路，以增加耕地资源承载力提升方案的弹性和可操作性。

## 7.4.1 耕地资源承载力情景设定

### 7.4.1.1 情景设定的基本方法

情景分析法即基于各种分析设置的情景，选取决策变量并对与之相关的社会经济环境背景进行定性和定量描述（李桂君等，2016），即设定情景参数，通过改变情景参数得到不同方案下相关指标的模拟结果，从而提出应对未来各种结果的政策建议（孙才志等，2021）。情景分析基本步骤如下。

（1）明确决策焦点。指管理者为实现管理目标必须做的决策，一般为研究对象当前存在的主要困难。焦点应具备两个特点：重要性和不确定性。

（2）识别关键因素。确定所有影响决策成功的关键因素，即直接影响决策的外在环境因素，如自然条件、社会经济和人文因素等，进而确认重要的外在驱动力量，以决定关键决策因素的未来状态。

（3）选择核心情景。将驱动力量以重要程度和不确定程度按高中低进行分类，在高重要性、高不确定性的驱动力量群组中，选出两到三个作为核心情景。

（4）发展情景逻辑。对所选定情景中驱动因素的预测，并结合情景各细节的描绘，形成逻辑一致性良好的情景方案。

（5）分析情景的内容。通过情景试演，分析情景差异及假设条件，制定不同情景下相应的政策及管制措施，为管理者的决策制定提供参考。

### 7.4.1.2　耕地资源承载力关键不确定性因素识别

在气候变化及人类活动等多重因素驱动下，水、土、气等地球圈层自身结构与功能发生变化，人类对耕地资源的利用方式和强度也在不断改变，地区的耕地资源承载力不仅随着科技水平发展而发生动态变化，而且随地区定位、功能、发展阶段的变化而变化（Yu et al.，2014；段学军等，2020），为准确把握耕地资源承载力的动态变化规律，首先需要识别耕地资源承载力的关键不确定性因素。耕地资源承载力的不确定性主要来源于以下三个方面。

（1）气候变化的不确定性。农业生产受自然气候、环境变化和诸多社会经济等因素的综合影响，如未来的水资源、土地资源利用格局（黄海潮等，2021）、社会结构和消费习惯以及科学技术发展水平（王铮和郑一萍，2001）。其中，农业对气候变化敏感，粮食生产与气候条件保持着高度的因果联系，特别是当前生态环境遭受破坏、极端天气反复，气候变化已成为直接影响粮食安全的关键因素（赵建军和蒋远胜，2011）。分析未来气候变化对粮食生产的影响为合理利用农业气候资源、指导农业生产和制定应对策略提供科学依据（刘志娟等，2009；杨鑫和穆月英，2019）。中国是世界上气候变化最显著、气象灾害最频繁的国家之一（赵映慧等，2017），未来气候变化及极端天气事件的增多所带来的气温、干湿状况等农业生产资源条件的变化将对我国粮食生产的稳定和农业可持续发展产生重要影响（Xiong et al.，2007）。对此学者展开了大量的研究，姚凤梅（2005）指出，由于气候变暖，冬季温度升高明显，冻害的次数和强度减少减轻，寒露风对晚稻生产造成的影响日益减小。数据表明，全球平均气温升高 1℃，我国水稻单产变化 -10.1%～3.3%（Yu et al.，2014）；熊伟等（2006）基于政府间气候变化专门委员会（Intergovernmental Panel on Climate Change，IPCC）排放情景特别报告（Special Report on Emission Scenarios，SRES），模拟 21 世纪 70 年代（2071～2080 年）我国小麦产量的变化，结果表明在 A2 和 B2 两种温室气体排放方案下，我国小麦平均减产减幅为 21.7% 和 12.9%。也有学者将 AEZ 模型与未来气候变化情景相结合，通过模拟未来气候情景下的作物生长，得出未来气温上升和降水增加对我国粮食产量具有正向作用的研究结论（姬兴杰等，2020）。

（2）种植偏好的不确定性。扩大粮食种植规模或提高单产是粮食增产的有效途径，增加耕地面积、提高复种指数、调整耕地种植结构均能够增加粮食播种面积。我国后备耕地资源有限、宜耕耕地开发空间越来越小以及耕地开发难度增大同时伴随生态安全风险等原因决定了耕地面积无法持续增加，且耕地"占补平衡"政策基本保障了耕地面积的总量稳定，因此，提高复种指数和调整种植结构是增加粮食播种面积的主要路径。值得注意的是，由于我国对耕地复种和种植结构规划及指导的政策缺位，实际耕地的种植类型、种植结构、复种规模等耕地利用方式主要取决于种粮农户的主观意愿（王子侨等，2017；王雪琪等，2018；高延雷等，2021），导致耕地复种指数和种植结构的变化存在较大的不确定性，而这种不确定性又是耕地"非农化""非粮化"的直接诱因（朱道林，2021；孔祥斌等，2021）。通过耕地保护补偿、种粮补贴等农业优惠政策吸引农民种粮（张克俊，2015），引导种植偏好转变或通过行政命令遏制耕地"非农化"、防止耕地"非粮化"等措施是稳定粮食播种面积的重要措施。

（3）要素投入的不确定性。粮食单产是决定耕地资源承载力水平的关键因素，而粮食单产除了受自然条件影响外，还与化肥、农药、机械、灌溉等农户管理和要素投入水平息息相关（战金艳等，2013），改善农田管理、建设农田灌排等基础设施、优化生产要素投入、提高机械化水平等措施均能促进粮食单产提升，但农户在个人特征、种植习惯、政策认知和环境感知等方面存在差异，导致其农业管理和投入水平难以预测，农户要素投入行为存在较大的不确定性。其中，对于农业生产中可调控的因素，比如化肥、农药和机械等生产要素，是农业生产管理的主要对象，对其进行优化以提高要素增产效率对于指导农业生产更具有操作性和现实意义。

### 7.4.1.3　耕地资源承载力重要性因素确定

本节应用 AEZ 模型定量化自然条件（光、温、水、土）对粮食生产潜力的限制性，并利用农户管理和投入因素对作物生产潜力进行修正，进而耦合耕地布局和种植偏好（复种指数、种植结构）评估得到耕地资源承载力（王欧和杨进，2014）。可见，耕地资源承载力主要取决于气候条件、农户管理和投入因素决定的生产潜力（单产）以及种植偏好决定的播种面积。另外，在生产要素中，化肥、农药和机械为可调控的要素，是粮食生产最直接、最重要的投入因素。

由此可见，制约耕地资源承载力变化的主要因素有：①温度、降水等气候条件；②土壤条件；③化肥、农药等要素投入；④农户管理水平；⑤耕地复种指数；⑥耕地种植结构。依据第 5 章分析可知，耕地资源承载力的关键限制性因素主要集中于要素投入因素，且复种指数和种植结构是粮食播种面积的构成因素，是决定耕地资源承载力的重要因素。此外，自然条件（气候、土壤）决定了耕作适宜性，在满足作物生长适宜性的基础上，其他因素（农户管理水平、要素投入和种植偏好）才能发挥单向的和综合的作用。因此，综合考虑关键限制性因素识别结果，并通过对专家的调查访谈，将各因素的重要程度排序如下：①>③>②>⑥>⑤>④。

同时，由耕地资源承载力的不确定性因素分析可知，自然气候人为不可控制，人类对气候因素的变化无法直接干预，其变化趋势具有较强的不确定性（陈晓琳等，2022）。农户作为农业生产经营主体，在理性经济人的假设下，农户的耕地利用行为随政策导向、作物市场价格和家庭资源禀赋等因素的变化而变化，因此，农户的管理和投入水平具有较大的不确定性。与之相比，耕地的种植结构和复种指数（反映于作物熟制）变化较小。另外，县域土壤 pH、有机质和土壤质地等土壤属性在短期内变化微小，因此，假设未来耕地土壤条件与现状保持一致。综上所述，耕地资源承载力各影响因素之间的不确定性程度依次为：①>③>④>⑥>⑤>②。

### 7.4.1.4　耕地资源承载力核心情景

按照耕地资源承载力影响因素的重要性和不确定性进行排序，其情景矩阵如图 7-4 所示。气候条件、要素投入和种植结构是制约耕地资源承载力提升的重要不确定性因素。

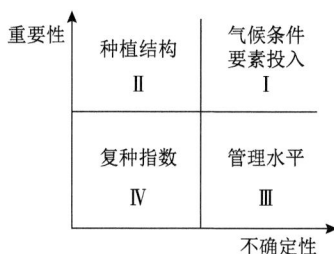

图 7-4　耕地资源承载力驱动因素的重要性和不确定性排序

进一步地，设置重要不确定性因素未来发展的情景假设，气候变化可能存在气候稳定（温度、降水变化不显著）和气候不稳定（温度升高或降水增加）等情景，种植结构主要包括粮食产量主导、多目标协同和经济效益主导情景，要素投入将采取要素高投入和中低投入两种管理策略。

1）气候变化情景（A）

气候变化特别是温度和降水变化影响未来粮食生产格局，根据气候变化的幅度将气候变化情景分为气候稳定情景和气候不稳定情景两种类型。其中，前者指区域气温、降水等气候指标变化不显著，虽偶有极端气候事件发生，但区域气候总体平稳，因此，设定气候变量参数为当前气候指标观测值；后者指未来气候、降水等气候指标变化剧烈，相应气候变量参数为未来气候指标的预测值。

$A_1$：气候稳定，即气温、降水等气候因素变化不显著；

$A_2$：气候不稳定，即气候变化剧烈，气温上升或降水增加。

2）要素投入情景（B）

根据要素投入水平，将要素投入情景分为高投入情景和中低投入情景。高投入情景是指由于农业市场信息对称、生产条件改善、生产技术改进、农业从业人员素质提高等，未来农业生产中农业机械使用规模和使用效率大幅提升，各种农业生产物资最优配置，使得农业生产要素的增产效率最高。中低投入情景指未来农业生产中仍然存在化肥农药不经济、低效率等施用行为，生产要素增产效率低下并始终存在对环境的负外部性。另外，由第5章和第6章分析可知，施肥强度、农药投入和农机投入是粮食生产的关键限制性因素且其阈值水平下对粮食增产效率最高，而各要素实际值与阈值存在差距，导致实际生产中要素投入对粮食生产具有不同程度的促进或抑制作用。因此，本书要素高投入情景下各要素的参数值为其阈值水平，而要素中低投入情景下的要素参数与当前值保持一致。

$B_1$：要素高投入，即化肥、农药和机械等要素投入最优；

$B_2$：要素中低投入，即化肥、农药和机械等要素投入保持现状。

3）种植偏好情景（C）

由于经济作物和粮食作物比较收益的差距及政策上缺乏对耕地"非粮化"比例的指导和约束，近些年，我国部分地区耕地"非粮化"倾向加剧。因此，本书根据未来地区不同的农业发展目标和政策上对耕地"非粮化"约束性的差异，将种植偏好情景分为粮食产量主导、多目标协同和经济效益主导三种类型。粮食产量主导情景是指未来地区农业以粮食生产为主导，为巩固粮食主产区在稳定粮食生产、保障粮食安全中的作用，严格规定粮食种植规模底线，限制耕地用于种植非粮作物；多目标协同情景是指未来地区粮食生产压力小、生产任务轻，综合考虑地区自然条件适宜性和农户种植习惯，通过合理规划引导，适度增加经济作物种植比例，以粮食产量最大化和农民经济收入最大化等多目标最优为农业生产目标；经济效益主导情景指权衡地区自然、社会、经济实际特征，未来农业因地制宜发展特色经济种植，以充分利用地区自然条件和增加农民收入，如在我国云、贵、川等地形起伏较大坡耕地合理种植花卉、果木、茶等优势经济作物。各情景对应的种植结构参数值分别用该地区近十年统计数据中耕地种植结构的最大值、平均值和最小值表示。

$C_1$：粮食产量主导，即以粮食产量最大化为目标，为防止耕地"非粮化"加剧，实施更加严格的粮食安全政策，严格约束耕地种植结构；

$C_2$：多目标协同，即兼顾粮食生产和农民收入增加，允许部分耕地种植经济作物以协调粮经矛盾，提高农民收入；

$C_3$：经济效益主导，即以农业收入最大化为目标，耕地主要种植经济作物。

气候变化情景、要素投入情景和种植偏好情景之间可能的情景组合如图 7-5 所示，在此基础上，结合地区实际和研究需求，筛选出能够表征地区耕地利用变化的主要情景。

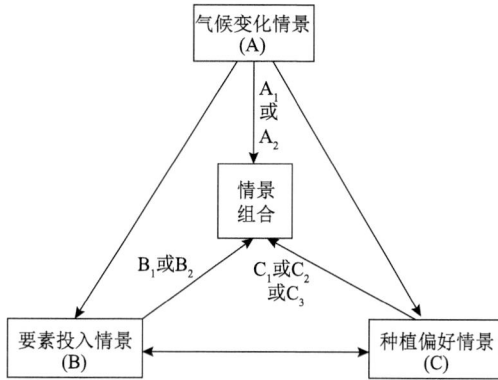

图 7-5　耕地资源承载力的核心情景组合

通过情景之间的排列组合，耕地资源承载力存在 12 种可能的情景（$A_1$&$B_1$&$C_1$，$A_1$&$B_1$&$C_2$，…，$A_2$&$B_2$&$C_3$）。通过前文分析，气候变化对粮食生产影响的研究在空间尺度上聚焦于全国、省级尺度，时间尺度上集中于讨论中远期（2050 年）或 21 世纪末气候变化对农业的影响。根据政府间气候变化专门委员会（IPCC）第四次评估报告（AR4），1906~2005 年全球平均气温线性趋势为 0.74，近 50 年的线性变暖趋势（0.13℃/10 a）加速且未来气候变暖趋势仍将继续，到 21 世纪末，全球平均气温将上升 1.8~4.0℃。中国的气候变暖高于全球和北半球的平均水平，1951~2004 年中国年平均气温线性趋势为 0.25℃/10 a（任国玉等，2005），省级气候变化速率低于全国平均水平（姬兴杰等，2015），市县等中小尺度气候变化更小。由此可见，研究气候变化对粮食生产的影响在大尺度、长时序上有意义。本书以县（市）为研究区，对短期内（2025 年）的耕地资源承载力情景进行分析和预测，研究区内气候差异性较小且未来气候变化更小，因此，本书不对气候指标进行预测。同时，假设 2025 年研究区气候条件和基准年（2018 年）相同，即本书气候情景为气候稳定情景（$A_1$），目标年和基准年气候指标的值保持一致。

鉴于此，本书主要考察要素投入情景和种植偏好情景对研究区未来耕地资源承载力的影响。我国城镇化建设占用导致耕地面积减少、耕地质量下降，保证 18 亿亩耕地红线和 16 亿亩粮食播种面积的"安全底线"正面临着重大考验（邓祥征等，2005），为保障粮食播种面积稳定，2020 年国务院办公厅印发的《防止耕地"非粮化"稳定粮食生产的意见》（国办发〔2020〕44 号）明确指出坚决防止耕地"非粮化"。鉴于本书的研究区均为全国（省）重要的粮食主产区，因此，为确保粮食播种面积稳定，切实稳定粮食生产，牢牢守住国家粮食安全的生命线，本书设定未来地区农业生产以种植粮食作物为主导，但允许因地制宜增加经济作物种植比例以协调"粮经"争地矛盾，同时增加农民收入，即本书种植偏好情景主要为 $C_1$ 和 $C_2$。

综上所述，假设研究区未来气候条件与当前气候相同（$A_1$）以及避免耕地过度"非粮化"（$C_3$），进一步筛选出耕地资源承载力的核心情景组合如表 7-7 所示。

表 7-7　筛选后的耕地资源承载力核心情景

| 要素投入 | 种植偏好 | |
| --- | --- | --- |
| | 粮食产量主导（$C_1$） | 多目标协同（$C_2$） |
| 高投入（$B_1$） | $B_1\&C_1$ | $B_1\&C_2$ |
| 中低投入（$B_2$） | $B_2\&C_1$ | $B_2\&C_2$ |

基于以上分析，依据耕地资源承载力核心情景的主要决策变量，凝练情景名称并说明情景的决策变量参数（表 7-8）。

表 7-8　不同情景下指标取值情况

| 情景 | 要素投入 | | | 种植偏好 |
| --- | --- | --- | --- | --- |
| | 施肥强度/（斤/亩） | 农药投入/（元/亩） | 农机投入/（元/亩） | 种植结构 |
| I | 阈值 | 阈值 | 阈值 | 统计数据最大值 |
| II | 阈值 | 阈值 | 阈值 | 统计数据均值 |
| III | 现状值 | 现状值 | 现状值 | 统计数据最大值 |
| IV | 现状值 | 现状值 | 现状值 | 统计数据均值 |

情景 I：种植结构与要素投入最优（$B_1\&C_1$）

情景 II：要素高投入（$B_1\&C_2$）

情景 III：种植结构优先（$B_2\&C_1$）

情景 IV：种植结构与要素投入低水平（$B_2\&C_2$）

其中，情景 I 表示耕地主要种植粮食作物，以实现粮食产量最大化为农业生产目标，严格约束耕地种植结构以保障粮食播种面积，并且通过优化要素投入（化肥、农药和机械），促使要素增产效率最大化。该情景下粮食播种面积和生产要素的增产效率均最有利于粮食生产。情景 II 表示耕地兼顾种植粮食作物和经济作物，通过调整种植结构协同粮食产量最大化和经济效益最大化等多目标最优，且通过优化要素投入，使得要素增产效率最大化。该情景下粮食播种面积有所下降，优化生产要素是保证粮食稳产增产的主要途径。情景Ⅲ表示耕地以种植粮食作物为主，但生产要素投入保持现状。该情景下虽然通过调整耕地种植结构，增加了粮食播种面积，有助于提升粮食总产量，但是要素投入可能对粮食生产具有抑制作用，导致要素的增产效率偏低，进而导致耕地的粮食生产效率低下。情景Ⅳ表示耕地兼顾种植经济作物和粮食作物，同时，要素增产效率低下，导致粮食产量增速缓慢甚至停滞。该情景下粮食播种面积和生产要素的增产效率均不利于粮食生产，可能导致耕地的粮食生产能力弱化。

## 7.4.2 不同情景下耕地资源承载力预测

### 7.4.2.1 情景 1：种植结构与要素投入最优

根据溧阳市农业施肥强度、农药投入和农机投入阈值和现状值，保持其他限制性因素的取值不变，解析生产要素高投入情景下的施肥修正系数和要素综合修正系数，如表 7-9 所示。

**表 7-9 溧阳市各乡镇耕地生产潜力修正系数**

| 乡镇 | 施肥强度/（斤/亩） | 农药投入/（元/亩） | 农机投入/（元/亩） | 施肥修正系数 | 综合修正系数 |
|---|---|---|---|---|---|
| 别桥镇 | 70.91→58.63 | 27.90→50.5 | 42.92→247.5 | 1.08 | 0.935 |
| 埭头镇 | 73.21→58.63 | 23.96→50.5 | 28.75→247.5 | 1.12 | 0.967 |
| 戴埠镇 | 42.13→58.63 | 1.38→50.5 | 87.92→247.5 | 1.17 | 0.901 |
| 昆仑街道 | 42.18→58.63 | 1.87→50.5 | 108.33→247.5 | 1.22 | 0.948 |
| 溧城镇 | 43.99→58.63 | 0.26→50.5 | 57.08→247.5 | 1.18 | 0.919 |
| 南渡镇 | 70.92→58.63 | 22.04→50.5 | 37.29→247.5 | 1.14 | 0.947 |
| 上黄镇 | 43.81→58.63 | 7.26→50.5 | 109.71→247.5 | 1.11 | 0.952 |
| 上兴镇 | 50.31→58.63 | 46.25→50.5 | 50.42→247.5 | 1.25 | 0.965 |
| 社渚镇 | 44.38→58.63 | 1.04→50.5 | 130.08→247.5 | 1.16 | 0.943 |
| 天目湖镇 | 36.17→58.63 | 35.83→50.5 | 75.83→247.5 | 1.002 | 0.943 |
| 竹箦镇 | 72.84→58.63 | 1.25→50.5 | 103.33→247.5 | 1.09 | 0.915 |

注：箭头表示要素现状调整至阈值，下表同。

由表 7-9 可知，施肥修正系数大于等于 1，表明施肥量调整至阈值后将促进粮食进一步增产。需要说明的是，将农药投入调整至阈值并非直接增加农药使用量，而是追加资金或技术投入，如通过购买高效低毒农药、改进农药喷洒方式或提高农药使用技术等提高农药使用效率（栾江等，2013），促进农药"减量增效"。在此基础上，得到要素高投入情景下的耕地生产潜力。另外，统计数据表明 2009～2018 年溧阳市耕地种植结构最大值为 0.77，因此，本书假设情景 Ⅰ 下溧阳市耕地种植结构为 0.77，进而计算得到该情景下耕地资源承载力，如表 7-10 所示。

**表 7-10　溧阳市耕地资源承载力（情景Ⅰ）**

| 行政区 | 生产潜力/（kg/hm²） | | | 粮食生产能力/万 t | | 承载人口/万人 |
| --- | --- | --- | --- | --- | --- | --- |
| | 水稻 | 小麦 | 玉米 | 基础情景 | 情景Ⅰ | |
| 别桥镇 | 12975（+2347） | 12224（+2211） | 14992（+2712） | 6.46 | 6.61 | 12.01 |
| 埭头镇 | 13865（+3203） | 11591（+2677） | 14958（+3455） | 1.16 | 2.35 | 4.27 |
| 戴埠镇 | 13386（+2648） | 9408（+1861） | 12272（+2428） | 2.97 | 3.61 | 6.57 |
| 昆仑街道 | 14972（+2893） | 12954（+2503） | 16293（+3148） | 2.08 | 2.73 | 4.96 |
| 溧城镇 | 14016（+2449） | 11388（+1990） | 14374（+2511） | 1.85 | 2.41 | 4.37 |
| 南渡镇 | 14085（+3663） | 14368（+3737） | 17300（+4499） | 6.28 | 8.77 | 15.95 |
| 上黄镇 | 13441（+2280） | 12917（+2191） | 15873（+2693） | 1.04 | 1.71 | 3.11 |
| 上兴镇 | 15406（+1074） | 13122（+915） | 16380（+1142） | 14.87 | 14.59 | 26.52 |
| 社渚镇 | 14537（+2403） | 15093（+2495） | 18214（+3012） | 6.60 | 11.30 | 20.54 |
| 天目湖镇 | 12407（+501） | 9843（+397） | 12451（+503） | 4.24 | 4.82 | 8.77 |
| 竹箦镇 | 12266（+2822） | 10839（+2494） | 13626（+3135） | 5.42 | 7.48 | 13.60 |
| 溧阳市 | — | — | — | 52.96 | 66.38 | 120.69 |

注：括号内数字表示该情景下粮食生产潜力变化量，基础情景指耕地资源承载力现状；承载人口以富裕型人均粮食消费水平计算，下表同。

由表 7-10 可知，情景Ⅰ下，溧阳市粮食生产能力为 66.38 万 t，与基础情景相比，粮食增产空间为 25.34%，该情景下，耕地承载总人口为 120.69 万人，是实际人口（76.33 万人）的 1.58 倍。

沅江市施肥强度存在阈值，结合各乡镇平均施肥量，保持其他限制性因素的取值不变，解析生产要素高投入情景下的施肥修正系数，如表 7-11 所示。

**表 7-11　沅江市各乡镇施肥修正系数**

| 乡镇 | 施肥量/（斤/亩） | | 产量/（斤/亩） | | 增产效应 | 修正系数 |
| --- | --- | --- | --- | --- | --- | --- |
| | 实际值 | 最适值 | 最适值产量 | 实际产量 | | |
| 草尾镇 | 39.38 | 84.23 | 2084.33 | 1650.00 | + | 1.26 |
| 茶盘洲镇 | 48.97 | 84.23 | 2084.33 | 1990.45 | + | 1.05 |

| 乡镇 | 施肥量/（斤/亩） | | 产量/（斤/亩） | | 增产效应 | 修正系数 |
| | 实际值 | 最适值 | 最适值产量 | 实际产量 | | |
|------|--------|--------|------------|----------|----------|----------|
| 共华镇 | 69.49 | 84.23 | 2084.33 | 2000.00 | + | 1.04 |
| 黄茅洲镇 | 32.25 | 84.23 | 2084.33 | 1996.01 | + | 1.04 |
| 南大膳镇 | 80.18 | 84.23 | 2084.33 | 2000.00 | + | 1.04 |
| 南嘴镇 | 66.84 | 84.23 | 2084.33 | 1800.00 | + | 1.16 |
| 四季红镇 | 23.30 | 84.23 | 2084.33 | 1774.62 | + | 1.17 |
| 泗湖山镇 | 58.87 | 84.23 | 2084.33 | 2000.00 | + | 1.04 |
| 阳罗洲镇 | 214.71 | 84.23 | 2084.33 | 1800.00 | − | 1.16 |
| 新湾镇 | 0.00 | 84.23 | 2084.33 | 1500.00 | + | 1.39 |

在此基础上，计算得到生产要素高投入情景下的耕地生产潜力。另外，2011～2020 年沅江市耕地种植结构最大值为 0.5，因此，本书假设情景 I 下沅江市耕地种植结构为 0.5，进而计算得到该情景下的耕地资源承载力，如表 7-12 所示。

表 7-12　沅江市耕地资源承载力（情景 I）

| 行政区 | 生产潜力/（kg/hm²） | | | 粮食生产能力/万 t | | 承载人口/万人 |
| | 早稻 | 晚稻 | 玉米 | 基础情景 | 情景 I | |
|--------|------|------|------|----------|--------|-------------|
| 草尾镇 | 16265（+439） | 9102（+246） | 13969（+377） | 10.71 | 11.00 | 20.01 |
| 茶盘洲镇 | 13567（+226） | 7626（+127） | 12197（+203） | 2.09 | 2.13 | 3.87 |
| 共华镇 | 16117（+47） | 8988（+26） | 13646（+40） | 7.60 | 7.62 | 13.85 |
| 黄茅洲镇 | 13753（+499） | 7782（+282） | 12110（+439） | 4.44 | 4.61 | 8.38 |
| 南大膳镇 | 16282（+4） | 9040（+2） | 15605（+3） | 9.87 | 9.88 | 17.96 |
| 南嘴镇 | 17053（+69） | 9461（+38） | 14309（+58） | 1.38 | 1.39 | 2.52 |
| 四季红镇 | 13501（+673） | 7427（+370） | 13009（+648） | 0.97 | 1.02 | 1.86 |
| 泗湖山镇 | 14110（+122） | 8003（+69） | 12504（+108） | 5.11 | 5.16 | 9.38 |
| 阳罗洲镇 | 16393（+4167） | 9223（+2345） | 14382（+3656） | 4.52 | 6.82 | 12.41 |
| 新湾镇 | 19484（+5462） | 10985（+3080） | 16620（+4659） | 0.09 | 0.63 | 1.15 |
| 沅江市 | — | — | — | 46.79 | 50.25 | 91.37 |

由表 7-12 可知，情景 I 下，沅江市粮食生产能力为 50.25 万 t，与基础情景相比，粮食增产空间为 7.40%，该情景下，耕地承载的总人口为 91.37 万人，是

实际人口（69.77 万人）的 1.31 倍。其中，粮食增产空间最大的乡镇为阳罗洲镇，主要因为该乡镇实际施肥量远大于施肥阈值，当前施肥量导致粮食减产幅度较大，降低施肥强度至阈值有助于提升施肥增产效率，减少潜在产量和实际产量之间的差距（Zhang et al.，2020），进而提高粮食产量。

根据甘州区农业施肥强度、农药投入阈值和现状值，保持其他限制性因素的取值不变，解析生产要素高投入情景下的施肥修正系数和要素综合修正系数，如表 7-13 所示。

表 7-13　甘州区各乡镇耕地生产潜力修正系数

| 乡镇 | 施肥强度/（斤/亩） | 农药投入/（元/亩） | 施肥修正系数 | 综合修正系数 |
| --- | --- | --- | --- | --- |
| 安阳乡 | 47.64→58.21 | 25.55→50.1 | 1.29 | 0.832 |
| 大满镇 | 47.38→58.21 | 75.10→50.1 | 1.16 | 0.839 |
| 党寨镇 | 47.38→58.21 | 32.97→50.1 | 1.16 | 0.839 |
| 甘浚镇 | 47.41→58.21 | 39.56→50.1 | 1.16 | 0.863 |
| 花寨乡 | 49.44→58.21 | 12.65→50.1 | 1.43 | 0.932 |
| 碱滩镇 | 47.33→58.21 | 291.67→50.1 | 1.17 | 0.876 |
| 靖安乡 | 47.35→58.21 | 44.62→50.1 | 1.16 | 0.873 |
| 梁家墩镇 | 47.13→58.21 | 46.29→50.1 | 1.18 | 0.839 |
| 龙渠乡 | 47.32→58.21 | 42.37→50.1 | 1.17 | 0.883 |
| 明永镇 | 47.42→58.21 | 77.50→50.1 | 1.16 | 0.85 |
| 平山湖乡 | 31.09→58.21 | — | 1.17 | 0.805 |
| 三闸镇 | 47.29→58.21 | 100.63→50.1 | 1.16 | 0.85 |
| 沙井镇 | 47.41→58.21 | 66.38→50.1 | 1.16 | 0.883 |
| 上秦镇 | 47.06→58.21 | 267.73→50.1 | 1.18 | 0.839 |
| 乌江镇 | 47.4→58.21 | 43.07→50.1 | 1.15 | 0.873 |
| 小满镇 | 47.39→58.21 | 46.81→50.1 | 1.16 | 0.883 |
| 新墩镇 | 47.25→58.21 | 38.33→50.1 | 1.18 | 0.873 |
| 长安镇 | 47.22→58.21 | — | 1.17 | 0.865 |

注：长安镇和平山湖乡综合修正系数取周边乡镇平均值近似替代。

在此基础上，计算得到生产要素高投入情景下的耕地生产潜力。另外，2010～2020 年甘州区耕地种植结构最大值为 0.87，因此，本节假设情景Ⅰ下甘州区耕地种植结构为 0.87，进而计算得到该情景下的耕地资源承载力，如表 7-14 所示。

表 7-14　甘州区耕地资源承载力（情景Ⅰ）

| 行政区 | 生产潜力/（kg/hm²） | | 粮食生产能力/万 t | | 承载人口/万人 |
|---|---|---|---|---|---|
| | 玉米 | 小麦 | 基础情景 | 情景Ⅰ | |
| 安阳乡 | 7657（+296） | 6992（+270） | 3.02 | 3.95 | 7.17 |
| 大满镇 | 7011（+286） | 6525（+267） | 4.57 | 4.68 | 8.51 |
| 党寨镇 | 9631（+537） | 10092（+563） | 4.24 | 5.04 | 9.16 |
| 甘浚镇 | 9010（+1374） | 9154（+1396） | 3.18 | 3.33 | 6.05 |
| 花寨乡 | 5462（+1118） | 5376（+1101） | 0.51 | 0.84 | 1.53 |
| 碱滩镇 | 8849（+628） | 9142（+648） | 4.95 | 4.90 | 8.91 |
| 靖安乡 | 10065（+1499） | 9724（+1449） | 0.99 | 1.08 | 1.97 |
| 梁家墩镇 | 8347（+391） | 8907（+417） | 0.49 | 0.94 | 1.71 |
| 龙渠乡 | 10083（+847） | 10430（+876） | 2.34 | 2.33 | 4.23 |
| 明永镇 | 8790（+396） | 9102（+411） | 3.67 | 3.51 | 6.39 |
| 平山湖乡 | 8182（+385） | 7926（+373） | 0.03 | 0.04 | 0.08 |
| 三闸镇 | 10229（+841） | 10392（+854） | 2.11 | 2.85 | 5.18 |
| 沙井镇 | 9364（+853） | 9228（+840） | 9.14 | 9.31 | 16.93 |
| 上秦镇 | 9069（+760） | 9670（+811） | 1.44 | 1.95 | 3.55 |
| 乌江镇 | 10137（+1603） | 10217（+1616） | 2.45 | 3.05 | 5.54 |
| 小满镇 | 8940（+520） | 9416（+547） | 4.55 | 4.32 | 7.85 |
| 新墩镇 | 8627（+1249） | 8412（+1218） | 0.72 | 0.83 | 1.50 |
| 长安镇 | 9391（+845） | 10138（+912） | 0.65 | 1.51 | 2.75 |
| 甘州区 | — | — | 49.03 | 54.47 | 99.03 |

由表 7-14 可知，情景Ⅰ下，甘州区粮食生产能力为 54.47 万 t，与基础情景相比，粮食增产空间为 11.10%，该情景下，耕地承载的总人口为 99.03 万人，是实际人口（51.85 万人）的 1.91 倍。

## 7.4.2.2　情景Ⅱ：要素高投入

2009～2018 年溧阳市耕地种植结构平均值为 0.73，因此，本书假设情景Ⅱ下溧阳市耕地种植结构为 0.73，进而计算得到该情景下的耕地资源承载力，如表 7-15 所示。

表 7-15　溧阳市耕地资源承载力（情景Ⅱ）

| 行政区 | 生产潜力/（kg/hm²） | | | 粮食生产能力/万 t | | 承载人口/万人 |
|---|---|---|---|---|---|---|
| | 水稻 | 小麦 | 玉米 | 基础情景 | 情景Ⅱ | |
| 别桥镇 | 12975（+2347） | 12224（+2211） | 14992（+2712） | 6.46 | 6.26 | 11.39 |
| 埭头镇 | 13865（+3203） | 11591（+2677） | 14958（+3455） | 1.16 | 2.22 | 4.04 |
| 戴埠镇 | 13386（+2648） | 9408（+1861） | 12272（+2428） | 2.97 | 3.42 | 6.23 |
| 昆仑街道 | 14972（+2893） | 12954（+2503） | 16293（+3148） | 2.08 | 2.59 | 4.70 |
| 溧城镇 | 14016（+2449） | 11388（+1990） | 14374（+2511） | 1.85 | 2.28 | 4.15 |
| 南渡镇 | 14085（+3663） | 14368（+3737） | 17300（+4499） | 6.28 | 8.32 | 15.13 |
| 上黄镇 | 13441（+2280） | 12917（+2191） | 15873（+2693） | 1.04 | 1.62 | 2.95 |
| 上兴镇 | 15406（+1074） | 13122（+915） | 16380（+1142） | 14.87 | 13.83 | 25.15 |
| 社渚镇 | 14537（+2403） | 15093（+2495） | 18214（+3012） | 6.60 | 10.71 | 19.48 |
| 天目湖镇 | 12407（+501） | 9843（+397） | 12451（+503） | 4.24 | 4.57 | 8.31 |
| 竹箦镇 | 12266（+2822） | 10839（+2494） | 13626（+3135） | 5.42 | 7.09 | 12.90 |
| 溧阳市 | — | — | — | 52.96 | 62.93 | 114.42 |

由表 7-15 可知，情景Ⅱ下，溧阳市粮食生产能力为 62.93 万 t，与基础情景相比，粮食增产空间为 18.83%，该情景下，耕地承载的总人口为 114.42 万人，为实际人口的 1.50 倍。与情景Ⅰ相比，兼顾种植粮食作物和经济作物，耕地资源承载力有所下降，其中，耕地承载的粮食生产能力下降了 5.20%，承载人口下降了 5.20%。

2011~2020 年沅江市耕地种植结构平均值为 0.49，因此，本书假设情景Ⅱ下沅江市耕地种植结构为 0.49，进而计算得到该情景下的耕地资源承载力，如表 7-16 所示。

表 7-16　沅江市耕地资源承载力（情景Ⅱ）

| 行政区 | 生产潜力/（kg/hm²） | | | 粮食生产能力/万 t | | 承载人口/万人 |
|---|---|---|---|---|---|---|
| | 早稻 | 晚稻 | 玉米 | 基础情景 | 情景Ⅱ | |
| 草尾镇 | 16265（+439） | 9102（+246） | 13969（+377） | 10.71 | 10.78 | 19.61 |
| 茶盘洲镇 | 13567（+226） | 7626（+127） | 12197（+203） | 2.09 | 2.08 | 3.79 |
| 共华镇 | 16117（+47） | 8988（+26） | 13646（+40） | 7.60 | 7.47 | 13.57 |
| 黄茅洲镇 | 13753（+499） | 7782（+282） | 12110（+439） | 4.44 | 4.52 | 8.21 |

续表

| 行政区 | 生产潜力/（kg/hm²） | | | 粮食生产能力/万 t | | 承载人口/万人 |
|---|---|---|---|---|---|---|
| | 早稻 | 晚稻 | 玉米 | 基础情景 | 情景Ⅱ | |
| 南大膳镇 | 16282（+4） | 9040（+2） | 15605（+3） | 9.87 | 9.68 | 17.60 |
| 南嘴镇 | 17053（+69） | 9461（+38） | 14309（+58） | 1.38 | 1.36 | 2.47 |
| 四季红镇 | 13501（+673） | 7427（+370） | 13009（+648） | 0.97 | 1.00 | 1.82 |
| 泗湖山镇 | 14110（+122） | 8003（+69） | 12504（+108） | 5.11 | 5.05 | 9.19 |
| 阳罗洲镇 | 16393（+4167） | 9223（+2345） | 14382（+3656） | 4.52 | 6.69 | 12.16 |
| 新湾镇 | 19484（+5462） | 10985（+3080） | 16620（+4659） | 0.09 | 0.62 | 1.12 |
| 沅江市 | — | — | — | 46.79 | 49.25 | 89.54 |

由表 7-16 可知，情景Ⅱ下，沅江市粮食生产能力为 49.25 万 t，与基础情景相比，粮食增产空间为 5.26%，该情景下，耕地承载的总人口为 89.54 万人，是实际人口（69.77 万人）的 1.28 倍。与情景Ⅰ相比，沅江市耕地资源承载力变化较小，主要因为沅江市耕地种植结构最大值（0.5）与平均值（0.49）差距较小，这也从另一方面反映出该地区耕地粮食作物种植比例较低，需要防止耕地"非粮化"趋势加剧。但该情景下粮食生产能力和承载人口仍大于目标年（2025 年）预测产量（47.64 万 t）和预测人口（71.38 万人），表明该情景下未来粮食供给能够满足粮食需求。

2010～2020 年甘州区耕地种植结构平均值为 0.80，因此，本书假设情景Ⅱ下甘州区耕地种植结构为 0.80，进而计算得到该情景下的耕地资源承载力，如表 7-17 所示。

表 7-17 甘州区耕地资源承载力（情景Ⅱ）

| 行政区 | 生产潜力/（kg/hm²） | | 粮食生产能力/万 t | | 承载人口/万人 |
|---|---|---|---|---|---|
| | 玉米 | 小麦 | 基础情景 | 情景Ⅱ | |
| 安阳乡 | 7657（+296） | 6992（+270） | 3.02 | 3.63 | 6.60 |
| 大满镇 | 7011（+286） | 6525（+267） | 4.57 | 4.30 | 7.82 |
| 党寨镇 | 9631（+537） | 10092（+563） | 4.24 | 4.63 | 8.43 |
| 甘浚镇 | 9010（+1374） | 9154（+1396） | 3.18 | 3.06 | 5.56 |
| 花寨乡 | 5462（+1118） | 5376（+1101） | 0.51 | 0.77 | 1.41 |
| 碱滩镇 | 8849（+628） | 9142（+648） | 4.95 | 4.51 | 8.20 |

| 行政区 | 生产潜力/（kg/hm²） | | 粮食生产能力/万 t | | 承载人口/万人 |
|---|---|---|---|---|---|
| | 玉米 | 小麦 | 基础情景 | 情景Ⅱ | |
| 靖安乡 | 10065（+1499） | 9724（+1449） | 0.99 | 1.00 | 1.81 |
| 梁家墩镇 | 8347（+391） | 8907（+417） | 0.49 | 0.87 | 1.58 |
| 龙渠乡 | 10083（+847） | 10430（+876） | 2.34 | 2.14 | 3.89 |
| 明永镇 | 8790（+396） | 9102（+411） | 3.67 | 3.23 | 5.88 |
| 平山湖乡 | 8182（+385） | 7926（+373） | 0.03 | 0.04 | 0.07 |
| 三闸镇 | 10229（+841） | 10392（+854） | 2.11 | 2.62 | 4.77 |
| 沙井镇 | 9364（+853） | 9228（+840） | 9.14 | 8.56 | 15.57 |
| 上秦镇 | 9069（+760） | 9670（+811） | 1.44 | 1.80 | 3.26 |
| 乌江镇 | 10137（+1603） | 10217（+1616） | 2.45 | 2.80 | 5.10 |
| 小满镇 | 8940（+520） | 9416（+547） | 4.55 | 3.97 | 7.22 |
| 新墩镇 | 8627（+1249） | 8412（+1218） | 0.72 | 0.76 | 1.38 |
| 长安镇 | 9391（+845） | 10138（+912） | 0.65 | 1.39 | 2.53 |
| 甘州区 | — | — | 49.03 | 50.08 | 91.06 |

由表 7-17 可知，情景Ⅱ下，甘州区粮食生产能力为 50.08 万 t，与基础情景相比，粮食增产空间为 2.14%。该情景下，甘州区耕地资源承载力下降，粮食生产能力略低于目标年粮食生产目标（50.20 万 t）。耕地承载的总人口为 91.06 万人，为实际人口（51.85 万人）的 1.76 倍，且大于预测人口（52.77 万人），表明该情景下未来甘州区粮食供给能够满足地区粮食需求。

### 7.4.2.3　情景Ⅲ：种植结构优先

溧阳市统计数据中种植结构最大值为 0.77，因此，情景Ⅲ下溧阳市耕地种植结构为 0.77，进而计算得到该情景下的耕地资源承载力，如表 7-18 所示。

**表 7-18　溧阳市耕地资源承载力（情景Ⅲ）**

| 行政区 | 生产潜力/（kg/hm²） | | | 粮食生产能力/万 t | | 承载人口/万人 |
|---|---|---|---|---|---|---|
| | 水稻 | 小麦 | 玉米 | 基础情景 | 情景Ⅲ | |
| 别桥镇 | 10627.69 | 10012.54 | 12279.69 | 6.46 | 5.41 | 9.84 |
| 埭头镇 | 10661.7 | 8913.68 | 11502.8 | 1.16 | 1.80 | 3.28 |

续表

| 行政区 | 生产潜力/（kg/hm²） | | | 粮食生产能力/万 t | | 承载人口/万人 |
|---|---|---|---|---|---|---|
| | 水稻 | 小麦 | 玉米 | 基础情景 | 情景Ⅲ | |
| 戴埠镇 | 10728.27 | 7540.449 | 9835.207 | 2.97 | 2.90 | 5.27 |
| 昆仑街道 | 12025.35 | 10404.54 | 13086.36 | 2.08 | 2.20 | 4.00 |
| 溧城镇 | 11567.12 | 9398.355 | 11862.79 | 1.85 | 1.99 | 3.61 |
| 南渡镇 | 10421.77 | 10631.31 | 12800.71 | 6.28 | 6.49 | 11.80 |
| 上黄镇 | 11161.09 | 10725.71 | 13180.27 | 1.04 | 1.42 | 2.59 |
| 上兴镇 | 13906.77 | 11844.52 | 14785.73 | 14.87 | 13.57 | 24.67 |
| 社渚镇 | 12096.32 | 12559.08 | 15155.61 | 6.60 | 9.43 | 17.15 |
| 天目湖镇 | 11906.24 | 9445.886 | 11948.31 | 4.24 | 4.63 | 8.42 |
| 竹箦镇 | 9443.958 | 8344.962 | 10490.92 | 5.42 | 5.76 | 10.47 |
| 溧阳市 | — | — | — | 52.96 | 55.61 | 101.10 |

由表 7-18 可知，情景Ⅲ下，溧阳市粮食生产能力为 55.61 万 t，与基础情景相比，粮食增产空间为 5.00%，该情景下，耕地承载的总人口为 101.10 万人，是实际人口（76.33 万人）的 1.32 倍。与情景Ⅰ和情景Ⅱ相比，保持当前要素投入水平，虽然调整耕地种植结构，增加了粮食作物播种面积，但粮食增产空间有所下降，表明调整种植结构能够促进粮食进一步增产，但其对粮食产量的增幅小于优化生产要素投入带来的粮食增产空间。

沅江市统计数据中种植结构最大值为 0.5，因此，情景Ⅲ下沅江市耕地种植结构为 0.5，进而计算得到该情景下的耕地资源承载力，如表 7-19 所示。

表 7-19　沅江市耕地资源承载力（情景Ⅲ）

| 行政区 | 生产潜力/（kg/hm²） | | | 粮食生产能力/万 t | | 承载人口/万人 |
|---|---|---|---|---|---|---|
| | 早稻 | 晚稻 | 玉米 | 基础情景 | 情景Ⅲ | |
| 草尾镇 | 15826.20 | 8856.37 | 13592.21 | 10.71 | 10.71 | 19.47 |
| 茶盘洲镇 | 13340.92 | 7499.29 | 11994.16 | 2.09 | 2.09 | 3.80 |
| 共华镇 | 16069.82 | 8962.12 | 13605.96 | 7.60 | 7.60 | 13.81 |
| 黄茅洲镇 | 13254.85 | 7500.23 | 11670.68 | 4.44 | 4.44 | 8.07 |
| 南大膳镇 | 16277.99 | 9037.80 | 15601.87 | 9.87 | 9.87 | 17.95 |
| 南嘴镇 | 16983.72 | 9422.58 | 14251.48 | 1.38 | 1.38 | 2.51 |

续表

| 行政区 | 生产潜力/（kg/hm²） | | | 粮食生产能力/万 t | | 承载人口/万人 |
|---|---|---|---|---|---|---|
| | 早稻 | 晚稻 | 玉米 | 基础情景 | 情景Ⅲ | |
| 四季红镇 | 12828.72 | 7057.45 | 12360.54 | 0.97 | 0.97 | 1.77 |
| 泗湖山镇 | 13988.43 | 7934.24 | 12396.33 | 5.11 | 5.11 | 9.30 |
| 阳罗洲镇 | 10867.24 | 6878.63 | 9534.20 | 4.52 | 4.52 | 8.23 |
| 新湾镇 | 14021.75 | 7905.41 | 11960.70 | 0.09 | 0.45 | 0.83 |
| 沅江市 | — | — | — | 46.79 | 47.15 | 85.73 |

由表 7-19 所示，情景Ⅲ下，沅江市粮食生产能力为 47.15 万 t，与基础情景相比，粮食增产空间为 0.77%，该情景下，耕地承载的总人口为 85.73 万人，是实际人口（69.77 万人）的 1.23 倍，且大于预测人口。与情景Ⅰ和情景Ⅱ相比，该情景下粮食增产空间较小，粮食生产能力略小于 2025 年粮食生产目标，表明该情景下未来粮食供给虽然能够满足本地区粮食需求，但对于其他区域粮食安全的保障作用减弱。

甘州区统计数据中种植结构最大值为 0.87，因此，情景Ⅲ下甘州区耕地种植结构为 0.87，进而得到计算该情景下的耕地资源承载力，如表 7-20 所示。

表 7-20　甘州区耕地资源承载力（情景Ⅲ）

| 行政区 | 生产潜力/（kg/hm²） | | 粮食生产能力/万 t | | 承载人口/万人 |
|---|---|---|---|---|---|
| | 玉米 | 小麦 | 基础情景 | 情景Ⅲ | |
| 安阳乡 | 7361.49 | 6722.47 | 3.02 | 3.79 | 6.90 |
| 大满镇 | 6724.65 | 6258.47 | 4.57 | 4.49 | 8.16 |
| 党寨镇 | 9094.38 | 9529.22 | 4.24 | 4.76 | 8.65 |
| 甘浚镇 | 7636.11 | 7757.75 | 3.18 | 2.82 | 5.13 |
| 花寨乡 | 4343.90 | 4275.02 | 0.51 | 0.67 | 1.22 |
| 碱滩镇 | 8220.92 | 8493.87 | 4.95 | 4.55 | 8.28 |
| 靖安乡 | 8565.85 | 8275.49 | 0.99 | 0.92 | 1.67 |
| 梁家墩镇 | 7956.02 | 8489.79 | 0.49 | 0.90 | 1.63 |
| 龙渠乡 | 9236.43 | 9553.90 | 2.34 | 2.13 | 3.87 |
| 明永镇 | 8393.53 | 8690.76 | 3.67 | 3.36 | 6.10 |
| 平山湖乡 | 7796.59 | 7552.86 | 0.03 | 0.04 | 0.07 |
| 三闸镇 | 9387.77 | 9537.52 | 2.11 | 2.62 | 4.76 |

续表

| 行政区 | 生产潜力/（kg/hm²） | | 粮食生产能力/万 t | | 承载人口/万人 |
|---|---|---|---|---|---|
| | 玉米 | 小麦 | 基础情景 | 情景Ⅲ | |
| 沙井镇 | 8511.41 | 8387.69 | 9.14 | 8.47 | 15.39 |
| 上秦镇 | 8308.72 | 8859.33 | 1.44 | 1.79 | 3.25 |
| 乌江镇 | 8533.97 | 8601.04 | 2.45 | 2.57 | 4.67 |
| 小满镇 | 8419.73 | 8868.77 | 4.55 | 4.07 | 7.40 |
| 新墩镇 | 7377.70 | 7193.78 | 0.72 | 0.71 | 1.28 |
| 长安镇 | 8546.28 | 9226.16 | 0.65 | 1.38 | 2.51 |
| 甘州区 | — | — | 49.03 | 50.02 | 90.94 |

由表 7-20 可知，情景Ⅲ下，甘州区粮食生产能力为 50.02 万 t，与基础情景相比，粮食增产空间仅为 2.02%，该情景下，耕地承载的总人口为 90.94 万人，是实际人口（51.85 万人）的 1.75 倍。与情景Ⅰ和情景Ⅱ相比，该情景下粮食产量增速缓慢。甘州区是甘肃省玉米主产区，地区产粮主要销往甘肃省酒泉市、武威市等粮食主销区，该情景下粮食生产能力下降意味着该地区对其他地区粮食供给保障能力减弱，可能导致区域粮食供给不足。

### 7.4.2.4 情景Ⅳ：种植结构与要素投入低水平

溧阳市统计数据中种植结构平均值为 0.73，因此，情景Ⅳ下溧阳市耕地种植结构为 0.73，进而计算得到该情景下的耕地资源承载力，如表 7-21 所示。

表 7-21 溧阳市耕地资源承载力（情景Ⅳ）

| 行政区 | 生产潜力/（kg/hm²） | | | 粮食生产能力/万 t | | 承载人口/万人 |
|---|---|---|---|---|---|---|
| | 水稻 | 小麦 | 玉米 | 基础情景 | 情景Ⅳ | |
| 别桥镇 | 10627.69 | 10012.54 | 12279.69 | 6.46 | 5.13 | 9.33 |
| 埭头镇 | 10661.7 | 8913.68 | 11502.8 | 1.16 | 1.71 | 3.11 |
| 戴埠镇 | 10728.27 | 7540.449 | 9835.207 | 2.97 | 2.75 | 4.99 |
| 昆仑街道 | 12025.35 | 10404.54 | 13086.36 | 2.08 | 2.09 | 3.79 |
| 溧城镇 | 11567.12 | 9398.355 | 11862.79 | 1.85 | 1.88 | 3.42 |
| 南渡镇 | 10421.77 | 10631.31 | 12800.71 | 6.28 | 6.16 | 11.19 |
| 上黄镇 | 11161.09 | 10725.71 | 13180.27 | 1.04 | 1.35 | 2.45 |
| 上兴镇 | 13906.77 | 11844.52 | 14785.73 | 14.87 | 12.87 | 23.39 |

续表

| 行政区 | 生产潜力/（kg/hm²） | | | 粮食生产能力/万 t | | 承载人口/万人 |
|---|---|---|---|---|---|---|
| | 水稻 | 小麦 | 玉米 | 基础情景 | 情景Ⅳ | |
| 社渚镇 | 12096.32 | 12559.08 | 15155.61 | 6.60 | 8.94 | 16.26 |
| 天目湖镇 | 11906.24 | 9445.886 | 11948.31 | 4.24 | 4.39 | 7.98 |
| 竹簀镇 | 9443.958 | 8344.962 | 10490.92 | 5.42 | 5.46 | 9.93 |
| 溧阳市 | — | — | — | 52.96 | 52.72 | 95.85 |

由表 7-21 可知，情景Ⅳ下，溧阳市粮食生产能力为 52.72 万 t，与基础情景相比，粮食产量下降 0.45%，该情景下，耕地承载的总人口为 95.85 万人，为实际人口（76.33 万人）的 1.26 倍。由此可见，该情景下耕地粮食生产能力下降，且承载人口与预测人口差距缩小，表明粮食生产低投入及耕地兼顾粮食作物和经济作物的生产模式可能造成未来粮食生产供不应求。

沅江市统计数据中种植结构平均值为 0.49，因此，情景Ⅳ下沅江市耕地种植结构为 0.49，进而计算得到该情景下的耕地资源承载力，如表 7-22 所示。

**表 7-22　沅江市耕地资源承载力（情景Ⅳ）**

| 行政区 | 生产潜力/（kg/hm²） | | | 粮食生产能力/万 t | | 承载人口/万人 |
|---|---|---|---|---|---|---|
| | 早稻 | 晚稻 | 玉米 | 基础情景 | 情景Ⅳ | |
| 草尾镇 | 15826.20 | 8856.37 | 13592.21 | 10.71 | 10.49 | 19.08 |
| 茶盘洲镇 | 13340.92 | 7499.29 | 11994.16 | 2.09 | 2.05 | 3.73 |
| 共华镇 | 16069.82 | 8962.12 | 13605.96 | 7.60 | 7.44 | 13.53 |
| 黄茅洲镇 | 13254.85 | 7500.23 | 11670.68 | 4.44 | 4.35 | 7.91 |
| 南大膳镇 | 16277.99 | 9037.80 | 15601.87 | 9.87 | 9.68 | 17.59 |
| 南嘴镇 | 16983.72 | 9422.58 | 14251.48 | 1.38 | 1.35 | 2.46 |
| 四季红镇 | 12828.72 | 7057.45 | 12360.54 | 0.97 | 0.95 | 1.73 |
| 泗湖山镇 | 13988.43 | 7934.24 | 12396.33 | 5.11 | 5.01 | 9.11 |
| 阳罗洲镇 | 10867.24 | 6878.63 | 9534.20 | 4.52 | 4.43 | 8.06 |
| 新湾镇 | 14021.75 | 7905.41 | 11960.70 | 0.09 | 0.44 | 0.81 |
| 沅江市 | — | — | — | 46.79 | 46.21 | 84.02 |

由表 7-22 可知，情景Ⅳ下，沅江市粮食生产能力为 46.21 万 t，比 AEZ 模型

评估产量减少 1.24%，该情景下耕地承载的总人口为 84.02 万人，是实际人口（69.77 万人）的 1.2 倍，但承载人口和预测人口的差距进一步缩小。另外，该情景下粮食生产能力小于产量现状（46.57 万 t）和预测产量（47.64 万 t），说明该情景虽然能够满足本地区人口粮食需求，但可能丧失作为粮食主产区对粮食主销区粮食安全的保障作用。

甘州区统计数据中种植结构平均值为 0.80，因此，情景 Ⅳ 下甘州区耕地种植结构为 0.80，进而计算得到该情景下的耕地资源承载力，如表 7-23 所示。

表 7-23　甘州区耕地资源承载力（情景 Ⅳ）

| 行政区 | 生产潜力/（kg/hm²） | | 粮食生产能力/万 t | | 承载人口/万人 |
|---|---|---|---|---|---|
| | 玉米 | 小麦 | 基础情景 | 情景 Ⅳ | |
| 安阳乡 | 7361.49 | 6722.47 | 3.02 | 3.49 | 6.34 |
| 大满镇 | 6724.65 | 6258.47 | 4.57 | 4.13 | 7.50 |
| 党寨镇 | 9094.38 | 9529.22 | 4.24 | 4.38 | 7.96 |
| 甘浚镇 | 7636.11 | 7757.75 | 3.18 | 2.59 | 4.71 |
| 花寨乡 | 4343.90 | 4275.02 | 0.51 | 0.62 | 1.12 |
| 碱滩镇 | 8220.92 | 8493.87 | 4.95 | 4.19 | 7.61 |
| 靖安乡 | 8565.85 | 8275.49 | 0.99 | 0.85 | 1.54 |
| 梁家墩镇 | 7956.02 | 8489.79 | 0.49 | 0.83 | 1.50 |
| 龙渠乡 | 9236.43 | 9553.90 | 2.34 | 1.96 | 3.56 |
| 明永镇 | 8393.53 | 8690.76 | 3.67 | 3.09 | 5.61 |
| 平山湖乡 | 7796.59 | 7552.86 | 0.03 | 0.04 | 0.07 |
| 三闸镇 | 9387.77 | 9537.52 | 2.11 | 2.41 | 4.37 |
| 沙井镇 | 8511.41 | 8387.69 | 9.14 | 7.79 | 14.15 |
| 上秦镇 | 8308.72 | 8859.33 | 1.44 | 1.64 | 2.99 |
| 乌江镇 | 8533.97 | 8601.04 | 2.45 | 2.36 | 4.29 |
| 小满镇 | 8419.73 | 8868.77 | 4.55 | 3.74 | 6.80 |
| 新墩镇 | 7377.70 | 7193.78 | 0.72 | 0.65 | 1.18 |
| 长安镇 | 8546.28 | 9226.16 | 0.65 | 1.27 | 2.30 |
| 甘州区 | — | — | 49.03 | 45.99 | 83.63 |

由表 7-23 可知，情景 Ⅳ 下，甘州区粮食生产能力为 45.99 万 t，与基础情景

相比，粮食产量下降 6.2%，该情景下，耕地承载的总人口为 83.63 万人，是实际人口（51.85 万人）的 1.61 倍。与情景Ⅱ和情景Ⅲ相比，该情景下粮食生产能力小于 2018 年统计产量且与目标年产量差距进一步加大，表明该情景下甘州区未来粮食生产存在安全风险，需要警惕该类情景的发生。

### 7.4.3 不同情景下耕地资源承载力区域差异性分析

本节设定四种主要的耕地资源承载力情景，分别预测我国东、中、西部典型研究区不同情景下耕地的粮食生产能力与承载人口，如表 7-24 所示。

表 7-24 不同情景下研究区耕地资源承载力差异性

| 区域 | 统计产量/万 t | 基础情景产量/万 t（增产空间/%） | 粮食生产能力/万 t（增产空间/%） | | | | 最大承载人口/万人 |
|------|------|------|------|------|------|------|------|
| | | | 情景Ⅰ | 情景Ⅱ | 情景Ⅲ | 情景Ⅳ | |
| 溧阳市 | 45.56 | 52.96（16.24） | 66.38（25.34） | 62.93（18.83） | 55.61（5.00） | 52.72（−0.45） | 120.69 |
| 沅江市 | 46.57 | 46.79（0.47） | 50.25（7.40） | 49.25（5.26） | 47.15（0.77） | 46.21（−1.24） | 91.37 |
| 甘州区 | 48.67 | 49.03（0.74） | 54.47（11.10） | 50.08（2.14） | 50.02（2.02） | 45.99（−6.20） | 99.03 |

（1）溧阳市基础情景产量为 52.96 万 t，超出实际产量的比例为 16.24%，表明在当前技术条件下，粮食产量仍具有较大的提升空间，主要因为溧阳市粮食实际单产与生产潜力之间存在较大的差距（平均单产为 7614.7 $kg/hm^2$，为估算结果的 72.48%），且耕地利用集约度低下，未充分实现耕地的生产能力。情景Ⅰ-Ⅲ下，耕地的粮食增产空间分别为 25.34%、18.83% 和 5.00%，表明通过优化生产要素投入以提高粮食单产或者通过调整种植结构以增加粮食播种面积，能够促进耕地资源承载力进一步提升。其中，情景Ⅰ下的耕地资源承载力提升幅度较大，耕地承载的最大人口为 120.69 万人，是现实人口的 1.58 倍。

溧阳市耕地粮食种植比例高（种植结构均值为 0.73），调整种植结构对粮食增产空间有限，但溧阳市作为经济发达地区，农业管理和投入具备更好的资金保障，科技投入水平也会相应增加，应充分利用地区经济优势提高要素增产效率以提高粮食单产，由此可见，情景Ⅱ能够更好地反映地区未来耕地利用变化。此外，溧阳市耕地复种规模低，实际复种指数不及复种潜力的一半，因此，挖掘耕地复种空间以提高粮食播种面积是提升耕地资源承载力的重要措施。

（2）沅江市基础情景产量为 46.79 万 t，与实际产量的产量差为 0.22 万 t，占实际产量的比例为 0.47%，表明在当前技术条件下，地区耕地资源承载力的提升空间较小，主要因为沅江市耕地利用率较高，可挖掘的复种潜力较小，且耕地粮食实际单产与生产潜力之间差距较小（平均单产为 8772.86 kg/hm²，为估算结果的 81.85%），但情景Ⅰ下的耕地粮食产量存在 7.40%的增产空间，且大于其余情景，表明通过优化要素投入和调整种植结构能够促进耕地资源承载力进一步提升，该情景下耕地的最大人口承载量为 91.37 万人，为实际人口的 1.31 倍。

沅江市耕地粮食种植比例低（种植结构最大值为 0.5），调整种植结构具备较大的粮食增产空间，因此，在保持地区农业生产技术水平的前提下，应通过调整种植结构增加粮食播种面积，防止耕地"非粮化"加剧威胁粮食安全，由此可见，情景Ⅲ能够更好地反映地区未来耕地利用变化。

（3）甘州区基础情景产量为 49.03 万 t，与实际产量的产量差为 0.36 万 t，占实际产量的比例为 0.74%，表明在当前技术条件下，粮食产量提升空间有限，地区农业用水匮乏、气温变化剧烈是农业减产的重要因素，同时，农业管理和投入水平亦对粮食生产有较大的限制性。情景Ⅰ下粮食增产空间最大（11.10%），表明优化要素投入和调整种植结构是提升耕地资源承载力的有效措施，该情景下地区最大人口承载量为 99.03 万人，为实际人口的 1.91 倍。

甘州区耕地粮食种植比例高（种植结构均值为 0.80）且耕地实际复种指数接近复种潜力，表明通过调整种植结构或增加复种规模对粮食增产幅度有限，应聚焦于减弱自然条件对粮食生产的限制性、改善管理和投入水平以提高粮食单产，这是促进耕地资源承载力提升的重要路径。由此可见，情景Ⅱ能够更好地反映地区未来耕地利用变化。

（4）相同情景下，溧阳市粮食增产空间最大，主要因为溧阳市粮食生产在信息化服务、技术更新、农业机械化推广和生产要素投入等方面具备优势，要素的增产效率较高。情景Ⅳ下，各研究区粮食产量均低于模型评估产量。其中，沅江市和甘州区粮食产量小于现实产量，该情景下将导致地区粮食产量供不应求，可能打破省域（甚至更大区域）粮食产销平衡，需要警惕该类情景的发生。另外，甘州区粮食产量减幅最大，主要因为甘州区自然条件对作物生长的限制性较大，且甘州区经济发展滞后，政府的农业公共设施投入能力和农民个人化肥、灌溉等投入能力有限，土地经营粗放等限制了耕地的可持续性生产。

# 8  村镇土地资源承载力提升模式

立足生态文明和乡村振兴两大战略，以新发展理念为引领，以激励政策为杠杆，以村镇土地资源承载力提升为出发点，综合考虑区位特征、自然条件、社会经济要素以及数据资料基础等因素，选择甘肃甘州、江苏溧阳、广西环江等典型村镇作为应用示范区域，准确定位村镇建设类型，明确建设重点，以点带面，综合村镇未来土地资源承载力情景分析内容及应用示范成效，总结提炼土地承载力提升的村镇建设模式，打造甘州全域土地综合整治模式、溧阳水土耦合模式、环江生态移民搬迁模式等不同村镇土地资源承载力提升模式，从而推动乡村振兴，促进城乡统筹发展。

## 8.1  甘州全域土地综合整治模式

作为落实生态文明和乡村振兴两大战略的重要抓手，全域土地综合整治立足"山水林田湖草"生命共同体理念，通过农用地整理、建设用地整理和生态保护修复等措施，对区域自然资源，尤其是土地资源，进行开发、利用、整治、保护，从而实现提高村镇土地承载力，优化生产、生活、生态空间格局，提升国土空间开发利用效率和质量，提高人居环境的多重目标。为提升村镇土地资源承载力水平，探索符合生态脆弱区自然资源禀赋特征的全域土地综合整治路径，本书确定以甘州区甘浚镇为试点，从绿色生态建设出发，充分利用自身资源优势，在不断总结前期土地整治经验和成果的基础上，逐步打造出一套旨在国土空间格局结构优化和功能提升的新路径、新方法，为生态文明建设和乡村振兴提供有力保障和坚实基础。

### 8.1.1  示范区域概况及承载力问题分析

甘浚镇位于张掖城西 25 km 处，辖区西接肃南，北与明永、倪家营相连，省道 213 线横穿全镇，土地总面积 133.62 km²。全镇共下辖 17 个行政村，分别为甘浚村、三关村、头号村、谈家洼村、祁连村、速展村、晨光村、光明村、高家庄村、中沟村、西洞村、工联村、毛家湾村、小泉村、星光村、巴吉村和东寺村。从自然社会经济特征看,甘州区甘浚镇呈现西北干旱区典型的自然资源和社会经济特征。

#### 8.1.1.1　光热条件较好但水资源约束明显

甘州区甘浚镇属温带大陆性气候,日照时间长,光热条件充足,昼夜温差大。但降雨量少、雨水蒸发快,多年平均降水量为 129 mm,年蒸发量为 2048 mm,人均水资源量远低于全国平均水平。水资源短缺不仅成为制约当地农业、工业和居民生产生活的关键因素,也是全域土地综合整治和自然资源开发利用中要考虑的重要约束条件。

#### 8.1.1.2　土地结构多样但综合质量不高

从甘州区整体情况看,2018 年区域土地总面积 36.61 万 hm$^2$,其中草地、耕地和以沙地、裸地为主的其他土地分别占区域土地总面积的 32.47%、28.13%和 26.89%。而相对于甘州区其他乡镇,甘浚镇地势平坦,耕地占比相对较高,镇域土地总面积 13362.4 hm$^2$,其中 51.56%为耕地,23.64%为其他土地,7.91%为草地。从近年来地类变化情况看,城镇村及工矿用地和交通运输用地逐年递增,体现了甘浚镇建设用地规模扩张以及基础设施建设的整体趋势。

#### 8.1.1.3　村镇密度不高且土地利用粗放

由于长期缺乏统一规划,随着农民生活水平的提升和对居住条件改善的需求增强,我国大部分农村居民点都呈现无序扩张状态,导致布局分散、建设用地粗放利用、基础设施不健全等一系列问题,甘浚镇也不例外。首先,农村居民点布局松散,规模偏小,土地粗放利用现象明显;其次,村民住宅建设主要是各自在自家宅基地或自留地上零星建造为主,住宅建设随意摆布的问题突出,户均宅基地占地面积普遍较大,土地浪费现象严重。甘浚镇传统农村居民点一般是一家一户的排式建房,住房加上附属设施占地面积多在 400 m$^2$;最后,农村居民点小而散的居住状况,使得农村基础设施配套建设工程量大、建设成本高,传统的农村居民点仍然存在与学校、医院等距离较远,没有路灯和垃圾回收站等问题。

#### 8.1.1.4　发展意愿较强但生态保护压力较大

尽管目前经济发展水平仍相对落后,但从近年来地区生产总值增速看,甘州经济呈现出强烈的发展意愿和旺盛的发展潜力。受自然和人为多方面因素影响,甘州区整体生态问题突出,南部山区水土流失,中部绿洲植被退化和耕地盐碱化，北部土地荒漠化。尽管甘浚镇整体情况相对较好，但仍存在植被退化、耕地盐碱化、土地荒漠化等多重生态问题，制约着区域经济发展方向和方式。

### 8.1.1.5 土地资源超载程度低且优化空间大

采用 MOP 法对在约束条件下的甘州区甘浚镇建设用地承载力水平进行预测，并与现状水平进行比较，以此判断该研究区域的承载状况，具体计算过程见 5.3.3 节。测算结果显示，甘浚镇的建设用地承载力的超载程度最低，超载率 1.64%，且甘浚镇宅基地均存在减量化空间，较最优承载状态有 171.64 $hm^2$ 的优化空间，应通过土地综合整治调整农村宅基地规模。

## 8.1.2 全域土地综合整治模式内容

经过数年的摸索尝试，甘浚镇在坚持资源节约、环境友好、生态安全协同建设的前提下，通过对区域自然资源，尤其是土地资源进行格局优化，初步摸索出了一套符合区域自然社会经济特征、遵循当地发展基本规律、水土资源高效利用、生态经济社会效益并重的全域土地综合整治模式（图 8-1）。模式框架包括利用农业用地发展多元高效复合循环农业；利用建设用地构建科学合理的住宅、经营性用地等布局；利用生态用地不断拓展绿色空间。

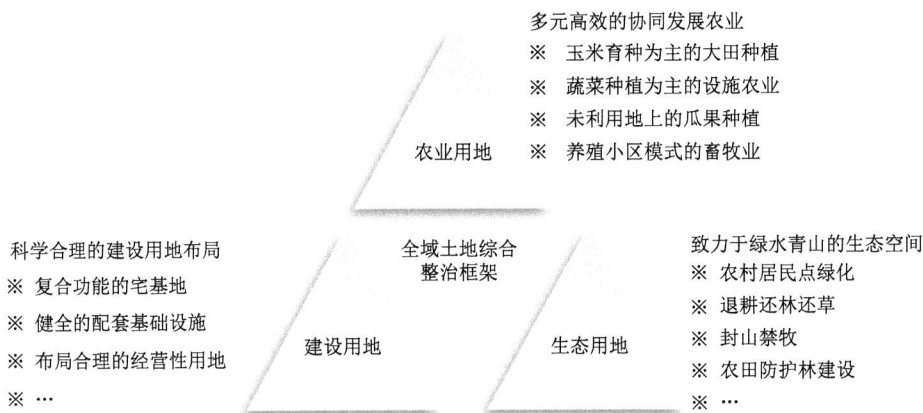

多元高效的协同发展农业
※ 玉米育种为主的大田种植
※ 蔬菜种植为主的设施农业
※ 未利用地上的瓜果种植
※ 养殖小区模式的畜牧业

农业用地

科学合理的建设用地布局
※ 复合功能的宅基地
※ 健全的配套基础设施
※ 布局合理的经营性用地
※ …

全域土地综合
整治框架

建设用地　　生态用地

致力于绿水青山的生态空间
※ 农村居民点绿化
※ 退耕还林还草
※ 封山禁牧
※ 农田防护林建设
※ …

图 8-1　甘浚镇全域土地综合整治模式总体框架

对村镇耕地和建设用地的整治目标和内容，结合当地实际状况，设置用地整治目标和参数，将耕地和建设用地承载力测算技术方法进行示范应用，以实现技术方法与实际应用的有效结合（图 8-2 和图 8-3）。

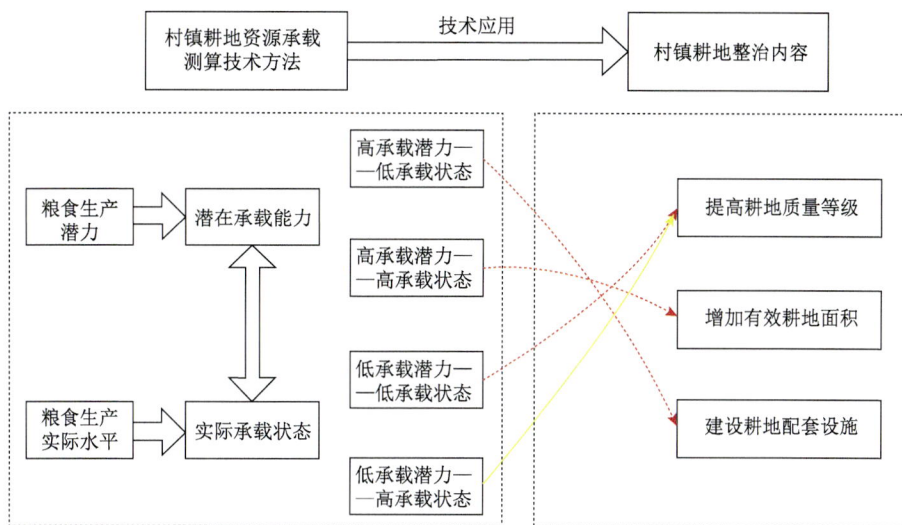

图 8-2　村镇耕地资源承载力测算技术应用

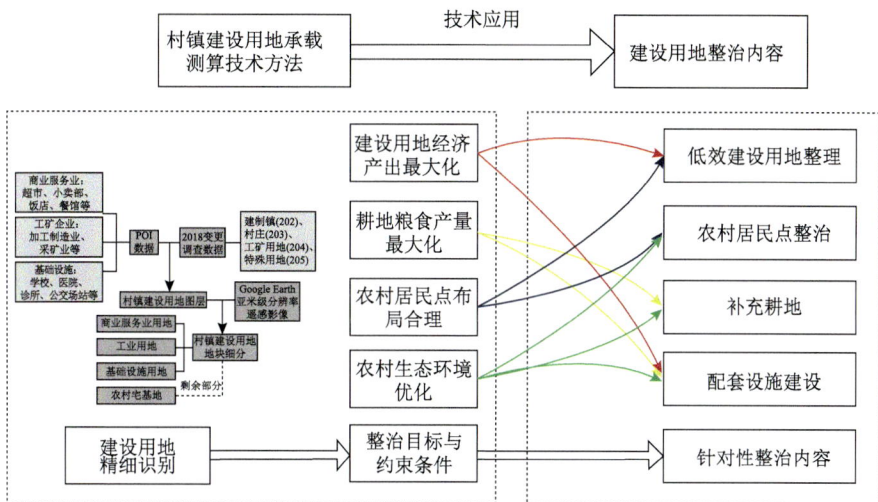

图 8-3　村镇建设用地承载力测算技术应用

## 8.1.3　模式实施路径及效果

全域土地综合整治强调"山水林田湖草是一个生命共同体"的整治理念，在具体内容上表现为对传统土地整治的集成和更新，既包括平整土地、改良土壤、增加耕地面积、提升耕地质量等在内的农用地整理；也包括对农村居民点进行归并、盘活乡村存量建设用地等在内的建设用地整理；以及优化调整生态用地布局、保护和恢复乡村生态功能、维护生物多样性等乡村生态保护修复内容（图 8-4）。

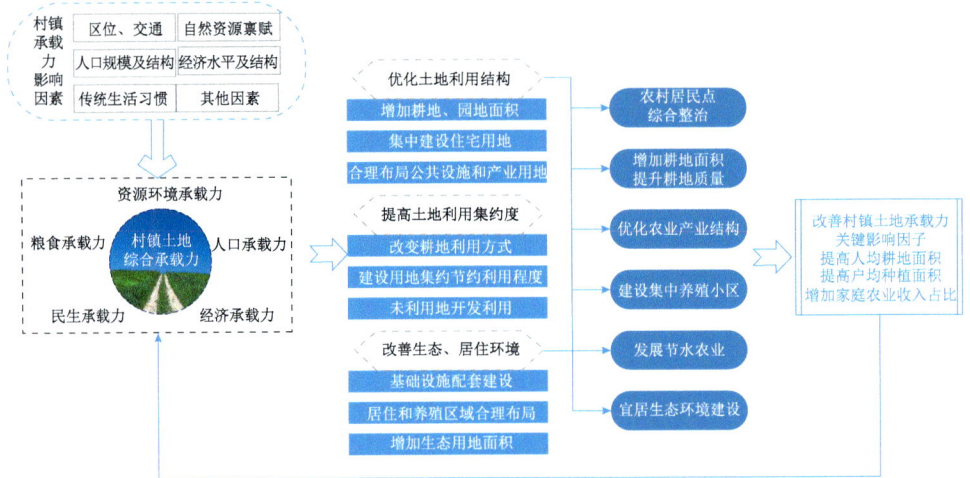

图 8-4　基于提升土地承载力视角的全域土地综合整治实现路径

综合甘浚镇近年来开展的土地整治和全域土地综合整治路径，主要包括农村居民点综合整治、以增加耕地面积提升耕地质量为目标的耕地保护、优化农业产业结构、建设集中养殖小区、发展节水农业和宜居生态环境建设等。上述措施能够提高人均耕地面积、提高户均种植面积、增加家庭农业收入占比等重要因素，从而提升村镇土地综合承载力。

### 8.1.3.1　农村居民点整治

为提高农村建设用地集约利用水平，在地方政府主导下，结合全域土地综合整治工作，甘浚镇采取了空置房屋和宅基地有偿退出、拆村并点等措施。对于农民举家迁出后常年闲置的住宅、已搬迁入住农村小康住宅楼集中居住的"一户两宅"和村民自愿拆除的旧房与退出的宅基地，实行有偿退出复垦。截至 2020 年初，全镇已建成标准化小康住宅小区 13 个，建设小康住宅楼 61 栋，入住农户达 1844户（表 8-1）。

表 8-1　甘浚镇标准化小康住宅小区和小康住宅楼建设情况

| 村名 | 标准化小康住宅小区/个 | 小康住宅楼/栋 | 入住农户/户 |
| --- | --- | --- | --- |
| 高家庄村 | 1 | 3 | 90 |
| 中沟村 | 1 | 4 | 148 |
| 光明村 | 1 | 5 | 156 |
| 工联村 | 1 | 5 | 158 |
| 巴吉村 | 1 | 3 | 88 |

| 村名 | 标准化小康住宅小区/个 | 小康住宅楼/栋 | 入住农户/户 |
|---|---|---|---|
| 甘浚村 | 1 | 8 | 225 |
| 祁连村 | 1 | 9 | 241 |
| 三关村 | 1 | 6 | 170 |
| 速展村 | 2 | 3 | 120 |
| 头号村 | 1 | 3 | 84 |
| 小泉村 | 1 | 4 | 110 |
| 星光村 | 1 | 8 | 254 |
| 合计 | 13 | 61 | 1844 |

集中居住后农村居民点有小康住宅楼和特色街区两种模式（图 8-5）。小康住宅楼主要是六层楼房建筑，户均面积 100 m² 左右，基础设施配套齐全，同时以村社为单元，在小康住宅楼附近建设集中仓储和养殖小区，解决农机具存放和牲畜养殖问题。特色街区模式主要是在具备区位优势的部分乡镇，建设集农户居住、特色农业、旅游休闲为一体的新型社区。社区内主要是独栋二层楼房，如速展特色街区，建成民俗房屋 120 套，户均房屋占地面积约 120 m²，院落占地面积 110 m² 左右。既保留了农户传统的居住生活习惯，又保障了集中居住区的基础设施配套，同时通过发展现代休闲农业拓宽了农民增收渠道。

图 8-5　甘浚镇高家庄村标准化小康住宅小区航拍图

### 8.1.3.2　提高农地利用效率

第一，增加耕地面积、提升耕地质量。为解决原有耕地地块破碎、布局凌乱、质量不高、农业基础设施配套差等问题，自 2011 年当地政府就部署开展了高标准农田、农业开发、土地整理、高效节水农业等建设。主要是以建设高标准基本农田为目标，依据土地利用总体规划和土地整治规划，在农村土地整治重点区域及重大工程区开展的高标准农田建设工程。工程建设内容一般包括土地平整、土壤改良、灌溉排水、田间道路、农田输配电、农田防护与生态环境保持等。

第二，发展制种玉米提升耕地产出效益。作为全国最大县级玉米制种基地的甘州区，充分利用地势平坦、土壤肥沃、光热条件优越的自然地理条件，探索出一条"公司+基地+农户"的产业化发展模式，将制种产业发展成为农业农村经济发展及农户收入增加的支柱产业，并不断适应市场，逐步从规模扩张向提质增效转型，提高单位面积耕地产出。甘浚镇作为甘州区耕地面积较大的乡镇，2021年17个村落实玉米制种面积 4945.33 $hm^2$，通过制种玉米种植，实现平均每公顷产值 4.65 万～4.95 万元。

第三，提升复种指数。复种指数是衡量耕地集约化利用程度和提高耕地承载力的重要指标，甘浚镇提高耕地复种指数的方式是套种和蔬菜种植。套种主要是玉米套种小麦或玉米套种马铃薯。蔬菜种植则通过推广新型日光温室、钢架大棚，实现一年多茬高效种植模式，由此不断增加农作物播种面积，提升耕地复种指数。

第四，扩大蔬菜和瓜果种植规模。充分利用沙地、裸地资源，建设油杏、油桃等特色林果基地。据甘州区统计局数据，2020 年，甘浚镇果园种植面积为 87.33 $hm^2$，主要为油杏、梨等。果园种植面积近几年呈显著增加趋势，由 2018 年的 37.93 $hm^2$ 到2020 年的 87.33$hm^2$，三年间快速增加了1.3 倍。

### 8.1.3.3 发展生态畜牧业

一方面，在土地利用规划和城乡发展规划中，综合考虑地形地势、交通、水源、排污等多种因素，预留空闲地和未利用地建设集中养殖小区，不仅推进了养殖业的规模化、集约化水平，而且实现了人畜分离，改善了村民居住环境。另一方面，充分利用大规模玉米种植产生的秸秆，发展特色循环农业。养殖小区的养殖户购买玉米秸秆加工成的饲料用于牛羊养殖，逐步形成了以玉米种植-玉米秸秆-牛羊养殖-沼气池-沼渣沼液-蔬菜大棚为特征的特色生态循环农业模式（图 8-6）。

图 8-6　甘浚镇集中养殖小区

### 8.1.3.4　坚持节水灌溉和以水定林

第一，在高标准农田建设中，修建蓄水池，配套喷灌、滴灌输水设备，形成优质高效的灌溉系统和水肥一体化管理系统。据甘州区统计局数据，到 2020 年，甘浚镇节水灌溉面积为 5179.4 hm$^2$。其中，垄膜沟灌面积 2563.47 hm$^2$、滴灌面积 2615.93 hm$^2$。第二，坚持以水定林、以水定绿，将遗留采石坑改造成蓄水塘坝作为林地灌溉水源，同时布设管网、疏浚渠系，并栽种杨、柳、榆等本地树种，采用水、土、苗梯次推进的作业方式实施绿化工程。

### 8.1.3.5　加强生态保护修复

第一，陆续开展了荒山造林、退耕还林还草、天然草原退牧等措施，不断扩大生态空间。以在荒山荒（沙）地人工造林为例，据甘州区统计局数据，2018 年、2019 年和 2020 年三年累计造林面积 238.67 hm$^2$。第二，构建以农田防护林为主的生态防护林体系，基本形成了以农田林网为主体，带、片、网、点相结合，渠、路、林、田相配套的农田防护林体系。第三，保障农村生活垃圾、污水处理、畜禽粪便等基础设施用地，持续提升农村生态环境质量，提高农村地区人居环境。

## 8.2　溧阳水土耦合模式

按照先规划后建设的原则，基于土地承载力测算结果，通盘考虑土地利用、产业发展、居民点建设、人居环境整治、生态保护和历史文化传承，注重保持乡土风貌，编制多规合一的实用性村庄规划。规划基期年为 2018 年，规划目标年为 2035 年，近期规划期限为 2019～2025 年，远期规划期限为 2019～2035 年。本规划覆盖南钱村、桂林村范围内 46017.15 亩（3067.81 hm$^2$）的全部土地。

## 8.2.1 示范区域概况及承载力问题分析

### 8.2.1.1 村庄概况及发展定位

南钱村位于江苏省溧阳市天目湖镇北部，北纬 31°20′，东经 119°25′，东至溧戴公路，南靠桂林村和天目湖村，西靠大溪水库，北靠毛尖村，辖区面积 13.8 km²。桂林村位于江苏省溧阳市天目湖镇中部，北纬 31°19′，东经 119°24′，东靠沙河水库，南至三胜村，西靠桂林山，辖区面积 16.9 km²。溧阳一号公路自南向北穿过这两个村庄，在该区域中部与横贯东西的 S360 省道相交。

天目湖生态特色乡村地处江苏省南部，靠近江浙皖交界处，长江三角洲南翼，距天目湖镇 3 km，距溧阳市 12 km，距省会南京市 100 km，距上海市 200 km。其所在的溧阳市东邻宜兴，西与高淳、溧水毗邻，南与安徽省的广德、郎溪接壤，北接句容、金坛。该地常年主导风向为东风，气候属于亚热带季风型气候，干湿冷暖四季分明，雨量充沛，无霜期长，每年降水量主要集中在汛期 5～9 月。

2018 年南钱村下辖 21 个村民小组，总户数为 1627 户，户籍人口为 5590 人，实有劳动人口 2333 人，其中男性 1245 人，女性 1088 人。从事农林牧渔的劳动力 580 人，其中种植业 410 人，从事工业、建筑业的劳动力 947 人，从事运输、邮电、仓储、贸易餐饮、金融保险业的劳动力 280 人。2019 年南钱村村民人均收入 29851 元。南钱村先后荣获文明村、治安安全村、常州市生态村、江苏省卫生村、江苏省生态村、江苏省引进外国智力示范村等荣誉，其管辖的位于毫上村的天目湖镇南钱设施农业示范基地始建于 1997 年，种植品种以草莓、西瓜、甜瓜、蔬菜为主，生产上推广电热丝加温育苗，大棚放蜂提高授粉坐果新技术，实施无公害生产全程质量控制，实行科学施肥，科学管理。

2018 年桂林村下辖 22 个村民小组，总户数为 990 户，户籍人口为 3306 人，实有劳动人口 1373 人，其中男性 751 人，女性 622 人。从事农林牧渔的劳动力 287 人，其中种植业 199 人，从事工业、建筑业的劳动力 666 人，从事运输、邮电、仓储、贸易餐饮、金融保险业的劳动力 210 人。2018 年桂林村村民人均纯收入达 30834 元。村产业类型以第二产业为主，主要进行茶叶加工。第一产业以种植业和渔业为主，主要包括茶树、水稻、板栗树、桃树、桑树种植和鱼虾养殖。第三产业以农家乐服务类产业为主，村中现有江苏天目湖白茶科技股份有限公司，桂林、升阳、石岩等茶厂，怀秋小筑、青青子衿等民宿。桂林村是江苏省社会主义新农村建设示范村、江苏省社会主义新农村建设科技示范村、江苏省文明村、全国首批生态文化村、江苏省二十个最美乡村之一、村庄绿化示范村。

### 8.2.1.2 区域土地资源承载力预测

溧阳市天目湖镇水稻和小麦平均生产潜力分别为 11906.24 kg/hm² 和 9445.89 kg/hm²。仅考虑当前耕地资源，天目湖镇耕地粮食生产能力为 5.77 万 t，承载人口为 9.77 万人，在考虑通过即可恢复和工程恢复耕地后，乡镇耕地粮食生产能力为 9.79 万 t，粮食产能提升空间为 82.31%，承载人口为 17.80 万人，人口增长空间为 82.19%。由此可见，地区耕地资源承载力具有较大的提升空间，具体计算过程见 7.3.2 节。

在劳动力、资本、技术保持现有趋势，且政策不变前提下，溧阳市天目湖镇改变建设用地规模和结构，使得其建设用地经济承载力为 835543.91 万元，推算在人均建设用地为 140 m² 的条件下，天目湖镇的人口承载力为 87790 人（现有常住人口 74545 人），具体计算过程见 7.3.3 节。首先，需要大幅度减少农村宅基地面积，在农村人口不断外流的背景下，农村宅基地面积的减少也符合政策需要，当前农村人均宅基地面积较高，普遍存在一户多宅的情况，降低了土地集约利用水平，需要在不损害农户利益的前提下，实现农村宅基地面积的减少；其次，需要提升工业用地和商业服务业用地面积的比重，乡村振兴的核心是产业振兴，只有保证产业用地的供应，才能促进乡村经济向好发展；然后，为了提升村镇资源环境禀赋，保证村镇建设用地的发展处于区域环境容量范围内，需要促进林地和草地等生态用地面积的提升。

### 8.2.1.3 土地利用现状与问题

1）土地利用现状

2018 年末天目湖生态特色乡村土地总面积 3067.81 hm²，人均面积 0.34 hm²。其中，农用地 1814.12 hm²，占土地总面积的 59.14%；建设用地 225.55 hm²，占土地总面积的 7.35%；生态用地 1028.14 hm²，占土地总面积的 33.51%。人均耕地面积 0.128 hm²，户均宅基地面积 0.056 hm²，人均建设用地面积 0.025 hm²。根据《江苏省土地管理条例》规定，人均耕地在十五分之一公顷（一亩）以上的县（市、区），每户宅基地不得超过二百平方米。因此，约有 64.51%的宅基地面积超过了《江苏省土地管理条例》规定的上限标准，有较大整治潜力。

（1）数量结构。

农业用地包括耕地、园地和其他农用地。其中耕地面积最大，为 1136.19 hm²，占全域土地面积的 37.04%；园地为 528.51 hm²，占全域土地面积的 17.23%；其他农用地主要是坑塘水面，为 149.42 hm²，占全域土地面积的 4.87%。

建设用地主要包括宅基地、公共服务设施用地、经营性建设用地、基础设施用地、景观与绿化用地和水利设施用地。宅基地为 147.49 hm²，占全村土地面积的 4.81%；公共服务设施用地为 0.90 hm²，占全村土地面积的 0.03%；经营性建设用地为 26.04 hm²，占全村土地面积的 0.85%；基础设施用地为 36.00 hm²，占全村土地面积的 1.17%；景观与绿化用地为 1.73 hm²，占全村土地面积的 0.06%；水利设施用地为 13.39 hm²，占全村土地面积的 0.44%。

生态用地包括林地、草地、湿地和自然保留地，其中林地是生态林，为 939.01 hm²，占全村土地面积的 30.61%；草地为 70.72 hm²，占全村土地面积的 2.31%；湿地为 15.07 hm²，占全村土地面积的 0.49%；自然保留地为 3.34 hm²，占全村土地面积的 0.11%。

（2）空间布局。

农业用地分布最广。耕地主要分布在区域的中部和北部，形成规模化经营，南边耕地沿道路和丘陵地势带状分布，较为零散，茶园主要集中分布在区域南部的丘陵地区，零星分布在区域北部的丘陵山区和沙河水库旁，坑塘水面大小不一，分布较为散乱。

建设用地主要沿溧阳一号公路和 S360 省道布局，集中于区域的中部和北部，在南部的低丘缓坡地区也有部分集中式分布。公共服务设施用地主要为两村的村委会；经营性建设用地包括一些茶厂和生态农庄，沿溧阳一号公路分布；基础设施用地主要是南北向的溧阳一号公路和东西向的 S360 省道，两条路在南钱村附近交会。

生态用地则主要在区域东北部和区域南部成片分布，东北部生态林沿着龙蟠山、里长山由北向南与大瓦山生态林相接，南部以桂林山为主体形成一个较大规模的水源涵养区，水库沿岸也均有生态林带状分布。桂林村东南侧为沙河水库，南钱村西北侧为大溪水库，两个水库通过 4.7 km 长的沙溪河连接，湿地在大溪水库旁有所分布，但规模较小。

2）土地利用问题

（1）生态功能发挥不足。

临湖（沙河水库）地区开发强度大，且本身坡度较大，径流（河道径流）流程短，临岸污染物入湖比例高，临湖生态林应该是最后一道生态屏障，但拦截效果不明显，导致周期性水质的恶化。总体上看，生态空间的格局也未能形成一张网络，"斑块-廊道-基质"的结构效应未能有效发挥。

（2）面源点源污染严重。

降雨对地表的强烈冲刷造成氮磷元素大幅度流失，增加了流域水体的污染压力。茶园是仅次于耕地、林地的第三大土地利用类型，并且呈现持续快速增长的特征，茶园开发造成大量的源头污染。生活（居民点、农家乐）和生产（鱼虾养殖）产生的废水污水对坑塘水面的污染严重，由于缺少统一的废水污水处理厂，大多数生活污水流入化粪池再缓慢回田回塘，传统养殖方式下的养殖废水缺少净化设施，极易导致水体富营养化。

（3）产业结构不均衡。

第一产业比重过大，第三产业比重过小，规划区内现有第三产业主要是以民宿为主体的住宿餐饮业和茶叶供销业。但二者规模过小，尚未形成品牌化特色化产业。近年来随着经济社会的发展，规划区内第三产业的需求种类和需求量大大提升，当下第三产业的发展现状不足以支持区域的持续发展，难以实现供需平衡。

## 8.2.2　水土耦合模式内容

### 8.2.2.1　土地利用结构调整

完善土地利用结构，提高土地资源的利用效率。规划期内具体调控指标如下（表8-2和表8-3）：

1）农用地结构调整

2018年天目湖生态特色乡村农业用地总面积1814.12 hm²，占全村土地总面积的59.13%。规划期内，确定836.25 hm²基本农田数量不减少、质量有提高。

根据水源水质保护的需要，到2035年，规划农用地面积减至1300.22 hm²，占村庄土地总面积的 42.38%，比规划基期年减少 16.75 个百分点，耕地减少至874.08 hm²；园地面积减少至335.47 hm²；其他农用地主要包括坑塘水面，由于集中整治坑塘水面，坑塘水面减少至90.67 hm²。

2）建设用地结构调整

2018年规划区建设用地总面积225.55 hm²，占全村土地总面积的7.35%。规划期内，建设用地进行减量规划。

到2035年，建设用地面积调整为180.34 hm²，占土地总面积的5.88%。宅基地减至58.70 hm²；公共服务设施用地增至5.74 hm²；经营性建设用地增至55.49 hm²；基础设施用地增至41.41 hm²；景观与绿化用地增至5.61 hm²；水利设施用地不变。

3）生态用地结构调整

2018年规划区生态用地总面积1028.14 hm²，占全村土地总面积的33.51%；基于生态优先和保护水源地的方针，在规划期内，生态用地进行增量规划。

规划到2035年，生态用地面积增加至1587.25 hm²，占村庄总面积的51.74%，比规划基期年增加18.23个百分点；林地（生态林）增加至1268.82 hm²；草地面积增加至245.77 hm²；湿地增加至69.32 hm²；自然保留地不变。

### 表 8-2 规划目标表

| 指标 | 规划基期年 | 规划近期年 | 规划目标年 | 属性 |
|---|---|---|---|---|
| 耕地保有量/hm² | 1136.19 | 933.14 | 874.08 | 约束性 |
| 永久基本农田保护面积/hm² | 836.25 | 836.25 | 836.25 | 约束性 |
| 村庄建设用地规模/hm² | 225.55 | 137.56 | 180.34 | 约束性 |
| 户均宅基地/m² | 563.58 | 202.23 | 186.83 | 约束性 |
| 人均村庄建设用地/m² | 253.54 | 139.27 | 168.86 | 约束性 |
| 集体经营性建设用地规模/hm² | 26.04 | 16.28 | 55.49 | 预期性 |
| 基础设施和公共服务设施用地规模/hm² | 36.90 | 46.60 | 47.15 | 预期性 |

### 表 8-3 土地利用结构调整表

| 地类 | | 规划基期年 | | 规划近期年 | | 规划目标年 | |
|---|---|---|---|---|---|---|---|
| | | 面积/hm² | 比重/% | 面积/hm² | 比重/% | 面积/hm² | 比重/% |
| | 土地总面积 | 3067.81 | 100.00 | 3067.81 | 100 | 3067.81 | 100 |
| 农业用地 | 耕地 | 1136.19 | 37.04 | 933.14 | 30.42 | 874.08 | 28.49 |
| | 园地 | 528.51 | 17.23 | 365.91 | 11.93 | 335.47 | 10.94 |
| | 其他农用地 | 149.42 | 4.87 | 91.57 | 2.98 | 90.67 | 2.96 |
| | 合计 | 1814.12 | 59.13 | 1390.62 | 45.33 | 1300.22 | 42.38 |
| 建设用地 | 宅基地 | 147.49 | 4.81 | 58.76 | 1.92 | 58.70 | 1.91 |
| | 公共服务设施用地 | 0.90 | 0.03 | 5.20 | 0.17 | 5.74 | 0.19 |
| | 经营性建设用地 | 26.04 | 0.85 | 16.28 | 0.53 | 55.49 | 1.81 |
| | 基础设施用地 | 36.00 | 1.17 | 41.40 | 1.35 | 41.41 | 1.35 |
| | 景观与绿化用地 | 1.73 | 0.06 | 2.53 | 0.08 | 5.61 | 0.18 |
| | 水利设施用地 | 13.39 | 0.44 | 13.39 | 0.44 | 13.39 | 0.44 |
| | 合计 | 225.55 | 7.35 | 137.56 | 4.48 | 180.34 | 5.88 |
| 生态用地 | 林地（生态林） | 939.01 | 30.61 | 1282.55 | 41.81 | 1268.82 | 41.36 |
| | 草地 | 70.72 | 2.31 | 208.01 | 6.78 | 245.77 | 8.01 |
| | 湿地 | 15.07 | 0.49 | 45.73 | 1.49 | 69.32 | 2.26 |
| | 自然保留地 | 3.34 | 0.11 | 3.34 | 0.11 | 3.34 | 0.11 |
| | 合计 | 1028.14 | 33.51 | 1539.63 | 50.19 | 1587.25 | 51.74 |

### 8.2.2.2 土地利用布局优化

1）农业空间布局优化

综合考虑规划区内土地质量、坡度、种植条件，确定各区域农业发展的功能定位，将农业空间分为高科技农业片区、粮食种植片区和茶叶种植片区，构建有序、合理的农业发展格局。其中，高科技农业片区分布于规划区中部，旨在应用农业高科技为示范基地提供优质农产品；粮食种植片区位于南钱村北部呈条带状分布，以稻虾共作和稻麦共作为主；茶叶种植片区分别呈条带状分布于桂林村中南部和南钱村东北侧，建设生态茶园，提高园地利用效益。

2）建设空间布局优化

基于通盘考虑产业发展、居民点布局、人居环境整治、生态保护和历史文化传承的角度，将建设空间进一步划分为耕作居住片区、生态康养片区、城郊融合片区、生态居住片区和特色民宿片区。耕作居住片区位于南钱村北部，服务于基本农田的生产；生态康养片区位于南钱村中心，服务于中德富尔达康颐社区养老项目；城郊融合片区位于规划区中部东侧，邻近天目湖镇区与天目湖 A 级景区；生态居住片区位于规划区中部西侧，包括桂林村集中居民点与"桂林山居"；特色民宿片区位于桂林村南面溧阳一号公路西侧。

3）生态空间布局优化

以水源保护优先，规划区内全域增加生态用地。在规划区西南侧、东南侧和西北侧的水源核心保护区内大量增加生态林面积。将新增的还草地与原有的草地连接成带。对养殖坑塘集中整治，禁止一般水源保护区内所有坑塘养殖，排污坑塘实行小塘并大塘、旧塘扩新的原则，发挥坑塘的生态功能。构建"一心三带一片区"和"斑块-基质-廊道"生态网络，实现农村生态宜居的良性循环，提高区域生态承载力，充分发挥整体效益。

## 8.2.3 模式实施路径与效果

近期规划以"绿水青山的治理"为指导思想，侧重对现状问题的解决和近期建设项目的安排，旨在把远期规划目标进行分阶段实施，以近期建设规划为手段，合理安排土地供应和基础设施，阶段性和滚动地实施，实现长远目标。

1）农业空间安排

规划到 2025 年，基本农田面积不变，耕地面积缩减至 933.14 hm²，加强耕地质量提升；园地缩减至 365.91 hm²，实现重要水源保护区内全部退耕退园、还林还草；整治居民点内部坑塘水面，坑塘水面减少至 91.57 hm²。

2）建设空间安排

到 2025 年前，腾退所有生态敏感区建设用地，除桂林村北部两个较大的居民点外，完成居民点的适度集中，宅基地面积缩减到 58.76 hm$^2$，整理出的建设用地指标用于商服用地、工业用地、公共管理与公共服务用地、基础设施用地等村庄用地需求；村委会、图书馆、医院等公共服务设施用地在居民点附近布局，总面积增至 5.20 hm$^2$；中德富尔达康颐社区养老项目完成一期建设，两个高科技农业示范基地基本建成；村庄北部新增道路，基础设施用地面积达到 41.40 hm$^2$。

3）生态空间安排

到 2025 年前，沙河水库葛家村库湾湿地公园建设项目完成一期工程，占地约 30 hm$^2$；对规划区西南部退出的耕地进行集中整理，建设高标准生态林，新增林地面积至 1282.55 hm$^2$；草地面积增加至 208.01 hm$^2$。

# 8.3　环江生态移民搬迁模式

广西环江县喀斯特分布广泛，是我国西南典型喀斯特生态脆弱区，近一半区域为石山喀斯特区。20 世纪中后期的植被砍伐和坡耕地开垦等不合理人类活动导致该区域植被退化和土壤流失，以石漠化为代表的生态退化现象较为普遍，同时人民生活陷入越垦越贫的恶性循环。面对人多地少、"一方水土养不了一方人"、生态环境持续恶化等问题，有必要采取科学有效的措施遏制区域环境退化，促进区域脱贫。

## 8.3.1　示范区域概况及承载力问题分析

### 8.3.1.1　环江县土地利用分类

2009～2019 年环江县有限的耕地在不断减少，林地和建筑用地面积增加显著，其中 25.6%的水田和 48.5%的旱地转变为经济林果地、桑田牧草地和林地，另外有 11.2%的耕地转变为建筑用地。

### 8.3.1.2　传统水稻-玉米耕作模式下的环江耕地承载力测算

农作物生产潜力 AEZ 模型模拟结果表明：环江县水田的生产潜力在 7924～8368 kg/hm$^2$；旱地特别是玉米地的生产潜力不足，其值主要分布在 2274～2392 kg/hm$^2$，主要是玉米地多分布在无灌溉条件且土壤浅薄的坡地。

在传统以水稻-玉米为主要种植作物的耕作模式下，广西环江县在 2009 年有驯乐苗族乡、下南乡和长美乡三个乡镇的实际人口超过了耕地可承载的最大人口数量（表 8-4），主要是因为这些乡镇主要分布在石山喀斯特区或者中高山区域，适宜耕地面积少。若 2019 年环江县的耕地种植结构仍然以水稻-玉米为主，环江县人口超过耕地可承载最大人口数量的乡镇则增加到六个（表 8-5），主要是2009~2019 年部分坡地退耕为林地，部分耕地转换为建设用地，导致原本有限的耕地更少，耕地可承载人口数量下降（表 8-6）。

**表 8-4　水稻-玉米耕作模式下 2009 年广西环江县各乡镇耕地承载力状况**

| 乡镇 | 水稻占比 | 玉米占比 | 红薯占比 | 单位面积潜力/（kg/hm²） | 潜力总量/kg | 适宜耕作面积/hm² | 可承载人口总量/人 | 实际分布人口/人 | 是否超载 |
|---|---|---|---|---|---|---|---|---|---|
| 大才乡 | 0.87 | 0.11 | 0.02 | 6671 | 17946688 | 2279.79 | 35893 | 13265 | 否 |
| 思恩镇 | 0.67 | 0.30 | 0.03 | 5665 | 30150710 | 4510.62 | 60301 | 48260 | 否 |
| 水源镇 | 0.62 | 0.28 | 0.10 | 5486 | 29648305 | 4580.37 | 59297 | 42629 | 否 |
| 洛阳镇 | 0.74 | 0.24 | 0.02 | 6001 | 58328796 | 8237.43 | 116658 | 49884 | 否 |
| 川山镇 | 0.67 | 0.23 | 0.10 | 5730 | 54446726 | 8052.84 | 108893 | 47802 | 否 |
| 下南乡 | 0.63 | 0.27 | 0.10 | 5538 | 6310631 | 965.61 | 12621 | 19267 | 是 |
| 大安乡 | 0.53 | 0.40 | 0.07 | 5024 | 25085779 | 4231.17 | 50172 | 20720 | 否 |
| 长美乡 | 0.32 | 0.65 | 0.03 | 3927 | 6024217 | 1300.05 | 12048 | 14600 | 是 |
| 明伦镇 | 0.69 | 0.26 | 0.05 | 5789 | 20792545 | 3044.07 | 41585 | 39348 | 否 |
| 东兴镇 | 0.60 | 0.28 | 0.12 | 5420 | 19954668 | 3119.94 | 39909 | 24854 | 否 |
| 龙岩乡 | 0.61 | 0.18 | 0.21 | 5560 | 12825588 | 1954.89 | 25651 | 23079 | 否 |
| 驯乐苗族乡 | 0.60 | 0.23 | 0.17 | 5473 | 12786982 | 1979.91 | 25574 | 32603 | 是 |

**表 8-5　水稻-玉米耕作模式下 2019 年广西环江县各乡镇耕地承载力状况**

| 乡镇 | 水稻占比 | 玉米占比 | 红薯占比 | 单位面积潜力/（kg/hm²） | 潜力总量/kg | 适宜耕作面积/hm² | 可承载人口总量/人 | 实际分布人口/人 | 是否超载 |
|---|---|---|---|---|---|---|---|---|---|
| 大才乡 | 0.74 | 0.22 | 0.04 | 6425 | 16330433 | 2100.42 | 32661 | 13440 | 否 |
| 思恩镇 | 0.53 | 0.42 | 0.05 | 5290 | 23481780 | 3668.22 | 46964 | 52755 | 是 |
| 水源镇 | 0.53 | 0.42 | 0.05 | 5306 | 25843370 | 4025.07 | 51687 | 42255 | 否 |
| 洛阳镇 | 0.62 | 0.35 | 0.03 | 5740 | 50225278 | 7230.96 | 100451 | 48949 | 否 |
| 川山镇 | 0.54 | 0.39 | 0.07 | 5361 | 45066268 | 6947.28 | 90133 | 47613 | 否 |
| 下南乡 | 0.61 | 0.31 | 0.08 | 5769 | 4800166 | 687.6 | 9600 | 18661 | 是 |
| 大安乡 | 0.47 | 0.47 | 0.06 | 4951 | 23364786 | 3900.24 | 46730 | 21805 | 否 |
| 长美乡 | 0.24 | 0.69 | 0.07 | 3703 | 4729466 | 1055.52 | 9459 | 15881 | 是 |
| 明伦镇 | 0.60 | 0.34 | 0.06 | 5673 | 16772656 | 2443.32 | 33545 | 41149 | 是 |
| 东兴镇 | 0.53 | 0.40 | 0.07 | 5301 | 16367222 | 2551.68 | 32734 | 25100 | 否 |
| 龙岩乡 | 0.55 | 0.31 | 0.14 | 5499 | 9913323 | 1489.77 | 19827 | 23309 | 是 |
| 驯乐苗族乡 | 0.49 | 0.41 | 0.10 | 5117 | 9147543 | 1477.53 | 18295 | 28563 | 是 |

表 8-6  环江县各乡镇 2009 年和 2019 年耕地承载力状况

| 环江县 | 耕地承载状况 | |
|---|---|---|
| | 2009 年 | 2019 年 |
| 大才乡 | 高承载 | 高承载 |
| 思恩镇 | 中承载 | 超载<25% |
| 水源镇 | 中承载 | 低承载 |
| 洛阳镇 | 高承载 | 高承载 |
| 川山镇 | 高承载 | 中承载 |
| 下南乡 | 超载>50% | 超载>50% |
| 大安乡 | 高承载 | 高承载 |
| 长美乡 | 超载<25% | 超载>50% |
| 明伦镇 | 低承载 | 超载<25% |
| 东兴镇 | 中承载 | 中承载 |
| 龙岩乡 | 低承载 | 超载<25% |
| 驯乐苗族乡 | 超载<25% | 超载>50% |

## 8.3.2  生态移民搬迁模式内容

在大规模人工造林与自然恢复背景下,西南喀斯特石漠化地区已实现初步"变绿",取得了石漠化面积持续减少与程度显著改善的阶段性成果。然而,由于喀斯特生态系统的复杂性、地表-地下二元结构、土层薄且不连续、水文过程响应快、生物地球化学循环周期短,石漠化治理过程又出现新的问题。一方面,大规模造林与自然恢复提高了区域植被覆盖、形成了大规模连片人工林,但不同程度出现了生态服务功能较为单一、缺乏可持续性等问题;另一方面,在扶贫开发与发展特色产业过程中,为了发展特色经济林果、林下种植与养殖,部分地区出现了新的局部石漠化。在喀斯特地质背景制约下,亟须开展生产-生态功能协同提升的适应性林草空间配置与优化。

针对石漠化治理综合效益低、生态服务提升慢、治理技术与模式缺乏可持续性等问题,通过深入开展喀斯特生态系统结构-过程与功能-服务研究,基于水土资源与人口分布及喀斯特水土过程(坡地地表"超渗-蓄满"产流和壤中流"充填-溢出")和景观结构垂直分异特征,集成喀斯特山区草-畜立体种养、水土流失综合防控、植被复合经营与高效利用、石漠化垂直分带治理等技术,培育和发展了替代型草食畜牧业、特色经济林果等生态衍生产业,形成了生态治理与生态产业多功能发展的绿色技术体系,形成了石漠化综合治理与精准扶贫系统性解决方案。

（1）石山喀斯特区环境移民易地扶贫：针对环江县石山喀斯特区人均耕地少且土壤贫瘠、耕地承载力低、石漠化严重、农业收入低等现象,将石山喀斯特区的部分居民迁移到耕地较多且土壤质量更好、耕地承载力相对较高的土山区，以缓解石山喀斯特区人口-耕地矛盾。

（2）耕地生产种植结构调整：依据耕地承载力差异编制产业发展规划，为2019年环江县易地扶贫搬迁与生态产业扶贫提供重要科技支撑（表8-7）。

表8-7　环江县各乡镇生态衍生产业发展规划

| 序号 | 乡镇 | 生态衍生产业发展规划 |
|---|---|---|
| 1 | 川山镇 | 环江川山镇葡萄产业扶贫示范 |
| 2 | 大才乡 | 大才乡特色柑橘-乡村旅游复合产业提升与扶贫 |
| 3 | 明伦镇 | 环江菜牛生态养殖产业扶贫 |
| 4 | 思恩镇 | 特色果沼肥循环农业产业模式与示范 |
| 5 | 下南乡 | 下南菜牛产业扶贫示范 |
| 6 | 洛阳镇 | 喀斯特水土资源高效可持续利用"双高"蔗田 |
| 7 | 东兴镇 | 环江香牛生态养殖与多元化深加工产业扶贫示范 |
| 8 | 长美乡 | 长美乡林下"山豆根-通草"中草药立体生态栽培示范 |
| 9 | 驯乐乡 | 富硒香糯稻田养鱼生态农业产业模式与示范 |
| 10 | 大安乡 | 大安乡红心香柚支柱产业提升与扶贫 |

## 8.3.3　模式实施路径与效果

### 8.3.3.1　模式示范效果

该石漠化治理与生态产业培育模式先后在黔桂喀斯特山区大范围推广应用。广西环江古周石漠化治理与生态恢复重建示范区经过2016～2019年的试验示范，在坡洼比小于7、基岩出露率小于60%的坡麓和洼地退耕4500亩，大力发展经济型牧草（'桂牧一号'、宽叶雀稗、黑麦草等）、高蛋白且适口性好的杂交构树和高附加值的山豆根等，核心示范3000余亩：其中1500亩牧草种植、近800亩杂交构树，山豆根等林下中草药530亩。其中，在土层厚度小于30 cm的生境，利用禾本科和豆科牧草条播、散播；在土层厚度大于30 cm的生境，种植生物量较大的'桂牧一号'、宽叶雀稗、杂交果树和山豆根等，各种牧草和杂交构树在时间上相互补充，保证四季牧草供给和生物多样性。示范区植被覆盖率提高了40%左右，达到了90%，土壤侵蚀模数下降了30%左右。在此基础上，每年养殖肉质较好的环江香牛800头和山羊1200只，人均收入由2016年的6500元提高到2019年的14900元，极大地减轻了资源环境的人口压力。该模式社会影响广泛，生态与经济效益明显，被国务院扶贫开发领导小组办公室（现国家乡村振兴局）、国家林业局（现国家林业和草原局）作为重要的科技扶贫和石漠化治理示范样板。

广西大安经济林果科技示范区和同进特色柑橘种植-生态旅游复合产业示范区经过 2017～2019 年的试验示范，在坡洼比小于 50%、基岩出露率小于 30% 的坡麓、洼地和谷地，通过探索"科研单位+公司+基地+农户"运行管理机制，集成流域适应性景观及生态功能分区设计、特色生态高值经济林果选育、水-土-植被产业技术空间优化配置、长短结合的特色产业培育、生态旅游与田园休闲农业等特色产业发展技术，种植 1600 亩红心香柚、700 亩默科特柑橘、500 亩砂糖橘、100 亩澳洲坚果和 100 亩山核桃，共计 3000 亩特优水果和干果种植示范基地。示范区人均收入达 23000～45000 元，实现经济效益的大幅提升，植被覆盖率提高了 30% 左右，土壤侵蚀模数下降 20% 左右，形成生态-生产效益良性循环的示范基地。

### 8.3.3.2　模式推广应用

石漠化治理与生态产业扶贫协同的生态脆弱区绿色发展模式适合南方喀斯特地区的生态特点，产业链长，附加值高，较好地解决了扶贫产业开发与生态治理之间的矛盾。在广西环江县，近 5 年来该县因地制宜地实施了垂直分带治理、草-畜立体种养、特色经济林果等多种治理模式，治理项目区的群众仅通过种草养牛，就实现产值 2500 万元，利润超 1200 万元，每户年增收 6000 元至 1.5 万元不等；贵州晴隆县种植人工牧草 29 万亩，改良草场 20 万亩，羊存栏达 23 万只，累计扶持养羊农户 11800 户，项目区农民人均现金收入从 1630 元增加到 5300 元。经过近五年的示范应用，环江县红心香柚种植推广面积已达 4.8 万亩，产量 7200 吨，产值 4320 万元，形成生态友好的生产技术体系，建立石漠化综合治理的新兴产业模式，初步实现生态环境可持续发展下的农民增收和民生改善。经过近五年的示范应用，广西火龙果种植面积已达 16 万亩，产值 30 亿元。喀斯特山区替代型草食畜牧业、特色经济林果产业和生态旅游发展有力地促进了农业产业结构的调整优化，成为支撑西南喀斯特地区石漠化治理与区域脱贫的支柱产业。

### 8.3.3.3　模式适用范围

该模式适用于广西、贵州降水量达 1000 mm 以上，基岩出露率小于 60%，坡度小于 25°，土地资源较为丰富（坡洼比或坡坝比小于 7），劳动人口资源较为充分，但人口密度小于 50 人/km² 的石漠化或土地退化地区。在交通闭塞、土地资源较为匮乏（坡洼比或坡坝比大于 7）、人口密度大于 50 人/km² 的喀斯特区，或洼地多年内涝率大于 50% 的喀斯特区应实施生态移民。

### 8.3.3.4  模式成果转化推广前景

该模式可在广西和贵州典型石漠化区大面积推广示范，形成了可复制、可推广和可持续的系列技术与模式，应用前景广阔。研究成果得到社会各界的高度关注，2018年，《中国科学报》以"紧握环江扶贫接力棒"为主题报道了环江石漠化综合治理和精准扶贫方面取得的研究成果，进一步扩大了石漠化综合治理与生态服务提升模式的社会影响，并加快了该模式的大范围推广应用。科技支撑广西环江县2020年整体脱贫摘帽（获习近平总书记重要批示），为西南喀斯特生态脆弱区的精准扶贫提供了技术支撑和模式样板，得到中央电视台新闻报道。模式相关成果，也入选首届"中国地理科学十大研究进展"（2021年）。2021年11月，经过世界银行、联合国粮农组织、亚洲开发银行、中国国际扶贫中心等论证评选，该模式入选"全球减贫最佳案例"。2022年10月，中央电视台科教频道CCTV-10《科幻地带》栏目以"挑战石漠化"为主题，系统介绍了模式相关成果。

# 参 考 文 献

安悦, 周国华, 贺艳华, 等. 2018. 基于"三生"视角的乡村功能分区及调控: 以长株潭地区为例[J]. 地理研究, 37(4): 695-703.

白景锋, 张海军. 2018. 中国水-能源-粮食压力时空变动及驱动力分析[J]. 地理科学, 38(10): 1653-1660.

柴舟跃, 谢晓萍, 韦克尔 J. 2016. 德国大都市绿带规划建设与管理研究: 以科隆与法兰克福为例[J]. 城市规划, 40(5): 99-104.

陈百明. 1989. 我国的土地资源承载能力研究——以黄淮海平原为例[J]. 自然资源, (1): 1-8.

陈兰. 2011. 不同村庄类型的农村居民点整理研究: 以西阳县 5 个村为例[D]. 重庆: 西南大学.

陈晓琳, 谭晓悦, 李露凝, 等. 2022. 北方冬小麦主产区的高产与稳产关联性及其影响因素[J]. 自然资源学报, 37(1): 263-276.

陈秧分, 李先德. 2013. 中国粮食产量变化的时空格局与影响因素[J]. 农业工程学报, 29(20): 1-10.

陈瑜琦, 李秀彬, 朱会义, 等. 2011. 不同经济发展水平地区耕地利用变化对比研究[J]. 中国农业大学学报, 16(1): 124-131.

程宪波, 陶宇, 欧维新. 2022. 江苏省乡村三生功能耦合协调时空变化特征分析[J]. 长江流域资源与环境, 31(1): 222-233.

崔家兴, 顾江, 孙建伟, 等. 2018. 湖北省三生空间格局演化特征分析[J]. 中国土地科学, 32(8): 67-73.

崔明, 覃志豪, 唐冲, 等. 2006. 我国新农村建设类型划分与模式研究[J]. 城市规划, 30(12): 27-32.

崔强, 武春友, 匡海波. 2013. BP-DEMATEL 在空港竞争力影响因素识别中的应用[J]. 系统工程理论与实践, 33(6): 1471-1478.

戴文远, 江方奇, 黄万里, 等. 2018. 基于"三生空间"的土地利用功能转型及生态服务价值研究: 以福州新区为例[J]. 自然资源学报, 33(12): 2098-2109.

党丽娟, 徐勇, 高雅. 2014. 土地利用功能分类及空间结构评价方法: 以燕沟流域为例[J]. 水土保持研究, 21(5): 193-197, 203.

邓祥征, 黄季焜, Rozelle S. 2005. 中国耕地变化及其对生物生产力的影响——兼谈中国的粮食安全[J]. 中国软科学, 5(1): 65-70.

段佩利, 尹鹏, 王富喜. 2020. 山东半岛城市群土地开发强度的时空演变特征研究[J]. 鲁东大学学报(自然科学版), 36(3): 265-271.

段学军, 王雅竹, 康珈瑜, 等. 2020. 村镇建设资源环境承载力的理论基础与测算体系[J]. 资源科学, 42(7): 1236-1248.

范锦龙, 吴炳方. 2004. 复种指数遥感监测方法[J]. 遥感学报, 8(6): 628-636.

方创琳, 鲍超, 张传国. 2003. 干旱地区生态-生产-生活承载力变化情势与演变情景分析[J]. 生态学报, (9): 1915-1923.

房艳刚, 刘继生. 2015. 基于多功能理论的中国乡村发展多元化探讨: 超越"现代化"发展范式[J]. 地理学报, 70(2): 257-270.

封志明, 杨艳昭, 游珍. 2014. 中国人口分布的土地资源限制性和限制度研究[J]. 地理研究, 33(8): 1395-1405.

封志明, 杨艳昭, 张晶. 2008. 中国基于人粮关系的土地资源承载研究: 从分县到全国[J]. 自然资源学报, (5): 865-875.

高吉喜, 段飞舟, 香宝. 2006. 主成分分析在农田土壤环境评价中的应用[J]. 地理研究, 25(5): 836-842.

高洁宇. 2013. 基于生态敏感性的城市土地承载力评估[J]. 城市规划, 37(3): 39-42.

高鸣, 胡原. 2023. 坚持促进农民持续增收: 愿景、挑战和战略构想[J]. 南京农业大学学报(社会科学版), 23(6): 1-13.

高星, 刘泽伟, 李晨曦, 等. 2020. 基于"三生空间"的雄安新区土地利用功能转型与生态环境效应研究[J]. 生态学报, 40(20): 7113-7122.

高延雷, 张正岩, 王志刚. 2021. 农地转入、农户风险偏好与种植结构调整: 基于 CHFS 微观数据的实证分析[J]. 农业技术经济, (8): 66-80.

戈大专, 龙花楼, 张英男, 等. 2017. 中国县域粮食产量与农业劳动力变化的格局及其耦合关系[J]. 地理学报, 72(6): 1063-1077.

谷青悦. 2013. 村镇建设标准实施绩效评价研究[D]. 哈尔滨: 哈尔滨工业大学.

郭秀锐, 毛显强. 2000. 中国土地承载力计算方法研究综述[J]. 地球科学进展, 15(6): 705-711.

郭延景, 肖海峰. 2022. 基于比较优势的中国玉米生产布局变迁及优化研究[J]. 中国农业资源与区划, 43(3): 58-68.

郭玉生. 2010. 适度论: 关乎成功与失败的理论[M]. 北京: 中国社会科学出版社.

韩欣宇, 闫凤英. 2019. 乡村振兴背景下乡村发展综合评价及类型识别研究[J]. 中国人口·资源与环境, 29(9): 156-165.

何刚, 夏业领, 朱艳娜, 等. 2018. 基于 DPSIR-TOPSIS 模型的安徽省土地承载力评价及预测[J]. 水土保持通报, 38(2): 127-134.

何焱洲, 王成. 2019. 乡村生产空间系统功能评价与格局优化: 以重庆市巴南区为例[J]. 经济地理, 39(3): 162-171.

何志谦, 顾景范. 1998. 中国居民膳食指南的历史渊源和启示[J]. 营养学报, (2): 14-16.

洪亘伟, 刘志强. 2009. 我国城镇密集地区新农村建设类型研究[J]. 城市发展研究, 16(12): 70-74, 94.

洪惠坤, 谢德体, 郭莉滨, 等. 2017. 多功能视角下的山区乡村空间功能分异特征及类型划分[J]. 生态学报, 37(7): 2415-2427.

侯晓珊, 刘顺. 2016. 基于短板理论和长板理论的高校创新创业团队建设[J]. 淮北师范大学学报(哲学社会科学版), 37(4): 50-52.

户艳领. 2014. 区域土地综合承载力评价及应用研究[D]. 北京: 中国地质大学(北京).

黄安, 田莉, 于江浩, 等. 2021. 治理视角下村镇建设资源环境承载力综合评估[J]. 农业工程学报, 37(13): 232-241.

黄常锋, 何伦志, 刘凌. 2010. 基于相对资源承载力模型的研究[J]. 经济地理, 30(10): 1612-1618.

黄海潮, 温良友, 孔祥斌, 等. 2021. 中国耕地空间格局演化对耕地适宜性的影响及政策启示[J]. 中国土地科学, 35(2): 61-70.

黄金川, 林浩曦, 漆潇潇. 2017. 面向国土空间优化的三生空间研究进展[J]. 地理科学进展, 36(3): 378-391.

黄劲松, 吴薇, 周寅康. 1998. 温州市粮食生产潜力及土地人口承载力研究[J]. 农村生态环境, (3): 30-34, 39.

黄祖辉, 王建英, 陈志刚. 2014. 非农就业、土地流转与土地细碎化对稻农技术效率的影响[J]. 中国农村经济, (11): 4-16.

姬兴杰, 成林, 方文松. 2015. 未来气候变化对河南省冬小麦需水量和缺水量的影响预估[J]. 应用生态学报, 26(9): 2689-2699.

姬兴杰, 徐延红, 左璇, 等. 2020. 未来气候变化情景下河南省粮食安全气候承载力评估[J]. 应用生态学报, 31(3): 853-862.

冀正欣, 刘超, 许月卿, 等. 2020. 基于土地利用功能测度的"三生"空间识别与优化调控[J]. 农业工程学报, 36(18): 222-231, 315.

贾宏俊, 顾也萍. 2001. 芜湖市土地资源人口承载力与可持续发展研究[J]. 长江流域资源与环境, 10(6): 491-498.

贾克敬, 张辉, 徐小黎, 等. 2017. 面向空间开发利用的土地资源承载力评价技术[J]. 地理科学进展, 36(3): 335-341.

江燕玲, 潘卓, 潘美含. 2017. 农用地多功能视角下乡村旅游运营模式引导决策研究: 基于重庆城郊 25 个行政村的调查分析[J]. 人文地理, 32(5): 147-153.

姜群鸥. 2008. 基于 AEZ 模型的中国农业生产力的估算及其对耕地利用变化的响应[D]. 长沙: 中南大学.

姜棪峰, 龙花楼, 唐郁婷. 2021. 土地整治与乡村振兴: 土地利用多功能性视角[J]. 地理科学进展, 40(3): 487-497.

姜忠军. 1995. GM(1,1)模型及其残差修正技术在土地承载力研究中的应用[J]. 系统工程理论与实践, 15(5): 72-78.

蒋敏, 李秀彬, 辛良杰, 等. 2019. 南方水稻复种指数变化对国家粮食产能的影响及其政策启示[J]. 地理学报, 74(1): 32-43.

金涛, 钱俊熹, 黄丽艳, 等. 2016. 我国粮食台阶增长的构成因素分解[J]. 农业现代化研究, 37(3): 476-482.

靳相木, 李陈. 2018. 土地承载力研究范式的变迁、分化及其综论[J]. 自然资源学报, 33(3): 526-540.

孔祥斌, 党昱譞, 路欣怡, 等. 2021. 中国耕地利用"四化"问题及治理对策[J]. 土地科学动态, (3): 4-7.

李博伟, 张士云, 江激宇. 2016. 种粮大户人力资本、社会资本对生产效率的影响: 规模化程度差异下的视角[J]. 农业经济问题, 37(5): 22-31.

李广东, 方创琳. 2016. 城市生态—生产—生活空间功能定量识别与分析[J]. 地理学报, 71(1): 49-65.

李桂君, 李玉龙, 贾晓菁, 等. 2016. 北京市水-能源-粮食可持续发展系统动力学模型构建与仿真[J]. 管理评论, 28(10): 11-26.

李国勇. 2016. 基于智能体模型的土地利用动态模拟研究: 以广西环江县金桥村为例[D]. 北京: 中国地质大学(北京).

李嘉仪, 董玉祥. 2019. 珠海市镇域耕地多功能性与安全耦合协调度分析[J]. 热带地理, 39(3): 410-419.

李梦桃, 周忠学. 2016. 基于多维评价模型的都市农业多功能发展模式探究[J]. 中国生态农业学报, 24(9): 1275-1284.

李平星, 陈诚, 陈江龙. 2015. 乡村地域多功能时空格局演变及影响因素研究——以江苏省为例[J]. 地理科学, 35(7): 845-851.

李祥龙, 刘钊军. 2009. 城乡统筹发展, 创建海南新型农村居民点体系[J]. 城市规划, 33(S1): 92-97.

李欣, 殷如梦, 方斌, 等. 2019. 基于"三生"功能的江苏省国土空间特征及分区调控[J]. 长江流域资源与环境, 28(8): 1833-1846.

李妍. 2017. 农业生态环境质量的综合评价模型构建与实证分析: 以绍兴上虞区为例[J]. 中国农业资源与区划, 38(3): 143-147.

李雨凌, 马雯秋, 姜广辉, 等. 2021. 中国粮食主产区耕地撂荒程度及其对粮食产量的影响[J]. 自然资源学报, 36(6): 1439-1454.

李月, 孔祥斌, 张安录, 等. 2016. 基于 LMDI 模型的我国省域粮食生产变化影响因素分析[J]. 中国农业大学学报, 21(1): 129-140.

李泽红, 董锁成, 汤尚颖. 2008. 相对资源承载力模型的改进及其实证分析[J]. 资源科学, (9): 1336-1342.

李智, 张小林, 李红波. 2017. 江苏省县域非农化与乡村发展的耦合分析[J]. 地域研究与开发, 36(6): 142-148.

林佳, 宋戈, 张莹. 2019. 国土空间系统"三生"功能协同演化机制研究: 以阜新市为例[J]. 中国土地科学, 33(4): 9-17.

林志慧, 刘宪锋, 陈瑛, 等. 2021. 水—粮食—能源纽带关系研究进展与展望[J]. 地理学报, 76(7): 1591-1604.

刘超, 许月卿, 卢新海. 2021. 生态脆弱贫困区土地利用多功能权衡/协同格局演变与优化分区: 以张家口市为例[J]. 经济地理, 41(1): 181-190.

刘法威, 杨衍. 2020. 城乡融合背景下乡村土地利用多功能转型研究[J]. 郑州大学学报(哲学社会科学版), 53(3): 32-36.

刘浩然, 吴克宁, 宋文, 等. 2019. 黑龙江粮食产能及其影响因素研究[J]. 中国农业资源与区划, 40(7): 164-170.

刘继来, 刘彦随, 李裕瑞. 2017. 中国"三生空间"分类评价与时空格局分析[J]. 地理学报, 72(7): 1290-1304.

刘金琨, 尔联洁. 2001. 多智能体技术应用综述[J]. 控制与决策, 16(2): 133-140, 180.

刘晓丹. 2017. 河北省粮食生产潜力及土地人口承载力研究[D]. 石家庄: 河北经贸大学.

刘彦随. 2018. 中国新时代城乡融合与乡村振兴[J]. 地理学报, 73(4): 637-650.

刘彦随, 陈聪, 李玉恒. 2014. 中国新型城镇化村镇建设格局研究[J]. 地域研究与开发, 33(6):

1-6.

刘彦随, 刘玉 陈玉福. 2011. 中国地域多功能性评价及其决策机制[J]. 地理学报, 66(10): 1379-1389.

刘玉, 刘彦随. 2012. 乡村地域多功能的研究进展与展望[J]. 中国人口·资源与环境, 22(10): 164-169.

刘愿理, 廖和平, 李涛, 等. 2019. 山区土地利用多功能时空分异特征及影响因素分析[J]. 农业工程学报, 35(21): 271-279.

刘志娟, 杨晓光, 王文峰, 等. 2009. 气候变化背景下我国东北三省农业气候资源变化特征[J]. 应用生态学报, 20(9): 2199-2206.

龙花楼. 2012. 论土地利用转型与乡村转型发展[J]. 地理科学进展, 31(2): 131-138.

龙花楼. 2015. 论土地利用转型与土地资源管理[J]. 地理研究, 34(9): 1607-1618.

龙花楼, 戈大专, 王介勇. 2019. 土地利用转型与乡村转型发展耦合研究进展及展望[J]. 地理学报, 74(12): 2547-2559.

龙花楼, 屠爽爽. 2018. 土地利用转型与乡村振兴[J]. 中国土地科学, 32(7): 1-6

龙花楼, 刘彦随, 邹健. 2009. 中国东部沿海地区乡村发展类型及其乡村性评价[J]. 地理学报, 64(4): 426-434.

卢青, 胡守庚, 叶菁等. 2019. 县域资源环境承载力评价研究: 以湖北省团风县为例[J]. 中国农业资源与区划, 40(1): 103-109.

栾江, 仇焕广, 井月, 等. 2013. 我国化肥施用量持续增长的原因分解及趋势预测[J]. 自然资源学报, 28(11): 1869-1878.

罗雅丽, 李同昇, 张常新, 等. 2016. 乡镇地域多功能性评价与主导功能定位: 以金湖县为例[J]. 人文地理, 31(3): 94-101.

梅多斯 D, 兰德斯 J, 梅多斯 D. 2006. 增长的极限[M]. 李涛, 等, 译. 北京: 机械工业出版社.

米都斯 T L, 等. 1997. 增长的极限: 罗马俱乐部关于人类困境的报告[M]. 李宝恒, 译. 长春: 吉林人民出版社.

农敬萍. 2011. 自然资源与经济增长[D]. 天津: 天津财经大学.

彭立, 刘邵权. 2012. 土地功能视角下的土地资源人口承载力研究: 以攀枝花、六盘水市为例[J]. 长江流域资源与环境, 21(S1): 74-81.

彭文英, 刘念北, 张丽亚. 2014. 中国首都圈土地资源综合承载力及空间优化格局[J]. 首都经济贸易大学学报, 16(1): 77-83.

齐琪, 徐小峰, 杨春梅, 等. 2020. 乡村振兴背景下宅基地功能转型机理与模式研究: 基于典型村庄的案例分析[J]. 中国土地科学, 34(6): 84-93.

秦月兰, 陶美伊, 蔡益民, 等. 2014. 短板理论促进护理管理持续改善的实践[J]. 护理学杂志, 29(21): 69-71.

曲宝香, 李文娟, 钱静斐. 2009. 中国粮食增产潜力主要影响因素分析[J]. 中国农业资源与区划, 30(4): 34-39.

任国平, 刘黎明, 李洪庆, 等. 2019. 都市郊区乡村景观多功能权衡-协同关系演变[J]. 农业工程学报, 35 (23): 273-285.

任国玉, 徐铭志, 初子莹, 等. 2005. 近 54 年中国地面气温变化[J]. 气候与环境研究, (4): 717-727.

单薇, 金晓斌, 冉娜, 等. 2019. 江苏省土地利用"生产-生活-生态"功能变化与耦合特征分析[J]. 长江流域资源与环境, 28(7): 1541-1551.

侍孝瑞, 王远坤, 卞锦宇, 等. 2018. 水资源承载力关键驱动因素识别研究[J]. 南京大学学报: 自然科学, 54(3): 628-636.

宋戈, 刘燕妮, 张文琦, 等. 2019. 基于可改良限制因子的耕地质量等别提升潜力研究[J]. 农业工程学报, 35(14): 261-269.

宋小青, 李心怡. 2019. 区域耕地利用功能转型的理论解释与实证[J]. 地理学报, 74(5): 992-1010.

苏群, 汪霏菲, 陈杰. 2016. 农户分化与土地流转行为[J]. 资源科学, 38(3): 377-386.

孙才志, 周舟, 赵良仕. 2021. 基于 SD 模型的中国西南水—能源—粮食纽带系统仿真模拟[J]. 经济地理, 41(6): 20-29.

孙鸿鹄, 程先富, 戴梦琴, 等. 2015. 基于 DEMATEL 的区域洪涝灾害恢复力影响因素及评价指标体系研究: 以巢湖流域为例[J]. 长江流域资源与环境, 24(9): 1577-1583.

孙涛, 欧名豪. 2020. 计划行为理论框架下农村居民点整理意愿研究[J]. 华中农业大学学报(社会科学版), (2): 118-126.

孙燕君, 王璐, 刘振华, 等. 2020. 耕地资源承载力关键影响因素识别与典型评价模型研究进展[J]. 农业资源与环境学报, 37(6): 829-844.

孙永河, 黄子航, 李阳. 2022. DEMATEL 复杂因素分析算法最新进展综述[J]. 计算机科学与探索, 16(3): 541.

谭波. 2010. 长株潭城市群土地综合承载力评价研究[D]. 长沙: 湖南师范大学.

谭雪兰, 安悦, 蒋凌霄, 等. 2018. 长株潭地区乡村多功能类型分异特征及形成机制[J]. 经济地理, 38(10): 80-88.

汤日红, 安裕伦, 张美玲. 2007. 基于 3S 技术和 AHP 的贵阳市土地综合承载力研究[J]. 长江流域资源与环境, 16(A02): 158-163.

王成, 唐宁. 2018. 重庆市乡村三生空间功能耦合协调的时空特征与格局演化[J]. 地理研究, 37(6): 1100-1114.

王大本, 刘兵. 2019. 京津冀区域土地资源承载力评价研究[J]. 经济与管理, 33(2): 9-14.

王劲峰, 徐成东. 2017. 地理探测器: 原理与展望[J]. 地理学报, 72(1): 116-134.

王景雷, 康绍忠, 孙景生, 等. 2013. 基于 PCA 和 GWR 的作物需水量空间分布估算[J]. 科学通报, 58(12): 1131-1139.

王欧, 杨进. 2014. 农业补贴对中国农户粮食生产的影响[J]. 中国农村经济, (5): 20-28.

王帅, 傅伯杰, 武旭同, 等. 2020. 黄土高原社会-生态系统变化及其可持续性[J]. 资源科学, (1): 96-103.

王书华, 毛汉英, 赵明华. 2001. 略论土地综合承载力评价指标体系的设计思路: 我国沿海地区案例分析[J]. 人文地理, (4): 57-61.

王学军. 1992. 试论城市建设的阶段性划分[J]. 城市问题, (5): 37-39.

王雪琪, 邹伟, 朱高立, 等. 2018. 地方政府主导农地流转对农户转入规模与粮食单产的影响: 以江苏省五地市为例[J]. 资源科学, 40(2): 326-334.

王雅竹, 段学军, 王磊, 等. 2020. 长江经济带经济发展的时空分异及驱动机理研究[J]. 长江流域资源与环境, 29(1): 1-12.

王莺, 王静, 姚玉璧, 等. 2014. 基于主成分分析的中国南方干旱脆弱性评价[J]. 生态环境学报, 23(12): 1897-1904.

王铮, 郑一萍. 2001. 全球变化对中国粮食安全的影响分析[J]. 地理研究, 20(3): 282-289.

王子侨, 石育中, 杨新军, 等. 2017. 外部社会资本视角下的黄土高原农户生活满意度研究: 以陕西省长武县洪家镇为例[J]. 干旱区地理, 40(6): 1317-1327.

温亮, 游珍, 林裕梅, 等. 2017. 基于层次分析法的土地资源承载力评价——以宁国市为例[J]. 中国农业资源与区划, 38(3): 1-6.

吴微. 2003. 神经网络计算[M]. 北京: 高等教育出版社.

吴文斌, 龙禹桥, 余强毅, 等. 2020. 中国耕地集约化与规模化利用耦合特征分析[J]. 中国农业资源与区划, 41(3): 12-19.

夏显力. 2005. 论科学发展观与畜牧业以质增效[J]. 西北农林科技大学学报(社会科学版), 5(5): 102-104.

向缉熙. 1992. 运用新木桶理论探讨制约矿产勘查工作发展的主要因素[J]. 中国地质, (9): 13-16.

肖鹏南, 木合塔尔·艾买提, 李若瑄, 等. 2020. 湖北省耕地资源承载力及粮食用地需求分析[J]. 江苏农业科学, 48(11): 326-332.

谢俊奇. 1997. 中国土地资源的食物生产潜力和人口承载潜力研究[J]. 浙江学刊, (2): 41-44.

谢臻, 张凤荣, 陈松林, 等. 2019. 中国乡村振兴要素识别与发展类型诊断——基于99个美丽乡村示范村的信息挖掘分析[J]. 资源科学, 41(6): 1048-1058.

熊利亚, 夏朝宗, 刘喜云, 等. 2004. 基于RS和GIS的土地生产力与人口承载量——以向家坝库区为例[J]. 地理研究, 23(1): 10-18.

熊伟, 居辉, 许吟隆, 等. 2006. 气候变化下我国小麦产量变化区域模拟研究[J]. 中国生态农业学报, 14(2): 164-167.

徐凯, 房艳刚. 2019. 乡村地域多功能空间分异特征及类型识别——以辽宁省78个区县为例[J]. 地理研究, 38(3): 482-495.

徐秋蓉, 郑新奇. 2015. 一种基于地理探测器的城镇扩展影响机理分析法[J]. 测绘学报, 44(S1): 96-101.

许恒周, 郭玉燕, 吴冠岑. 2012. 农民分化对耕地利用效率的影响——基于农户调查数据的实证分析[J]. 中国农村经济, (6): 31-39.

杨瑾, 左坤, 崔斌, 等. 2019. 西安市土地资源承载力时空变化研究[J]. 西北师范大学学报(自然科学版), 55(1): 121-128.

杨丽霞, 李胜男, 苑韶峰, 等. 2019. 宅基地多功能识别及其空间分异研究——基于嘉兴、义乌、泰顺的典型村域分析[J]. 中国土地科学, 33(2): 49-56.

杨柳. 2008. 德阳市耕地生产力与人口承载力的动态变化研究[D]. 雅安: 四川农业大学.

杨忍, 刘彦随, 龙花楼. 2015. 中国环渤海地区人口-土地-产业非农化转型协同演化特征[J]. 地理研究, (3): 475-486.

杨鑫, 穆月英. 2019. 中国粮食生产与水资源的时空匹配格局[J]. 华南农业大学学报(社会科学版), 18(4): 91-100.

姚凤梅. 2005. 气候变化对我国粮食产量的影响评价[D]. 北京: 中国科学院研究生院.

易小燕, 陈印军. 2010. 农户转入耕地及其"非粮化"种植行为与规模的影响因素分析:基于浙江、河北两省的农户调查数据[J]. 中国农村观察, (6): 2-10, 21.

余斌, 卢燕, 曾菊新, 等. 2017. 乡村生活空间研究进展及展望[J]. 地理科学, 37(3): 375-385.

虞晓芬, 丁赏. 2012. 城市土地综合承载力评价研究——以杭州市为例[J]. 中国房地产, (12): 67-76.

战金艳, 余瑞, 石庆玲. 2013. 基于农业生态地带模型的中国粮食产能动态评估[J]. 中国人口·资源与环境, 23(10): 102-109.

张步艰. 1990. 浙江省农村经济类型区划分[J]. 经济地理, 10(2): 18-22.

张涵, 李阳兵. 2020. 城郊土地利用功能演变——以贵州省惠水县乡村旅游度假区好花红村为例[J]. 地理科学进展, 39(12): 1999-2012.

张克俊. 2015. 经济新常态下土地经营权流转的新特征与思路调适[J]. 中州学刊, 221(5): 48-53.

张路路, 郑新奇, 孟超, 等. 2019. 湖南省土地多功能耦合协调度时空分异[J]. 中国土地科学, 33(3): 85-94.

张茂省, 王尧, 薛强. 2019. 资源环境承载力评价理论方法与实践[J]. 西北地质, 52(2): 1-11.

张涛. 2001. 经济可持续发展的要素分析: 理论、模型与实践[D]. 北京: 中国社会科学院研究生院.

张藤丽, 焉莉, 韦大明. 2020. 基于全国耕地消纳的畜禽粪便特征分布与环境承载力预警分析[J]. 中国生态农业学报, 28(5): 745-755.

张小林. 1990. 辩证思维与改革思路[J]. 毛泽东邓小平理论研究, (3): 45-49.

张小林. 1999. 乡村空间系统及其演变研究: 以苏南为例[M]. 南京: 南京师范大学出版社.

张晓琳, 金晓斌, 范业婷, 等. 2019. 1995-2015 年江苏省土地利用功能转型特征及其协调性分析[J]. 自然资源学报, 34(4): 689-706.

张玉, 王介勇, 刘彦随. 2021. 陕西秦巴山区地域功能转型与高质量发展路径[J]. 自然资源学报, 36(10): 2464-2477.

张云华. 2018. 关于粮食安全几个基本问题的辨析[J]. 农业经济问题, (5): 27-33.

张云路, 李雄. 2013. 基于绿色基础设施构建的漠河北极村生态景观规划研究[J]. 中国园林, 29(9): 55-59.

赵丹, 李锋, 王如松. 2011. 基于生态绿当量的城市土地利用结构优化——以宁国市为例[J]. 生态学报, 31(20): 6242-6250.

赵建军, 蒋远胜. 2011. 气候变化对我国农业受灾面积的影响分析——基于 1951-2009 年的数据分析[J]. 农业技术经济, (3): 112-118.

赵一平, 朱庆华, 耿勇, 等. 2004. 基于生态承载力的工业园区可持续发展评价浅析[J]. 科学学研究, (S1): 56-60.

赵映慧, 郭晶鹏, 毛克彪, 等. 2017. 1949-2015 年中国典型自然灾害及粮食灾损特征[J]. 地理学报, 72(7): 1261-1276.

赵之友. 2009. 县域农业科学发展项目管理研究[D]. 天津: 天津大学.

郑度, 等. 2008. 中国生态地理区域系统研究[M]. 北京: 商务印书馆.

郑振源. 1996. 中国土地的人口承载潜力研究[J]. 中国土地科学, 10(4): 33-38.

支彦玲, 陈军飞, 王慧敏, 等. 2020. 共生视角下中国区域"水-能源-粮食"复合系统适配性评估[J]. 中国人口·资源与环境, 30(1): 129-139.

周力, 周应恒. 2011. 粮食安全: 气候变化与粮食产地转移[J]. 中国人口·资源与环境, 21(7):

162-168.

周密, 张广胜, 杨肖丽, 等. 2015. 城市规模、人力资本积累与新生代农民工城市融入决定[J]. 农业技术经济, (1): 54-63.

周启刚, 张晓媛, 曹倩倩. 2014. 基于地统计学的三峡库区重庆段耕地人口承载力时空特征研究[J]. 水土保持通报, 34(5): 140-145.

周涛, 王云鹏, 龚健周, 等. 2015. 生态足迹的模型修正与方法改进[J]. 生态学报, 35(14): 4592-4603.

周志刚, 郑明亮. 2015. 基于对数均值迪氏指数法的中国粮食产量影响因素分解[J]. 农业工程学报, 31(2): 1-6.

朱道林. 2021. 耕地 "非粮化" 的经济诱因与治理对策[J]. 土地科学动态, (3): 1-4.

朱琳, 黎磊, 刘素, 等. 2019. 大城市郊区村域土地利用功能演变及其对乡村振兴的启: 以成都市江家堰村为例[J]. 地理研究, 38(3): 535-549.

朱志猛. 2013. 黑龙江省农机购置补贴政策实施与优化研究[D]. 哈尔滨: 东北农业大学.

祝秀芝, 李宪文, 贾克敬, 等. 2014. 上海市土地综合承载力的系统动力学研究[J]. 中国土地科学, 28(2): 90-96.

邹利林, 王建英, 胡学东. 2018. 中国县级 "三生用地" 分类体系的理论构建与实证分析[J]. 中国土地科学, 32(4): 59-66.

Bai C G, Sarkis J. 2013. A grey-based DEMATEL model for evaluating business process management critical success factors[J]. International Journal of Production Economics, 146(1): 281-292.

Cohen J E. 1995. How Many People Can the Earth Support? [M]. New York: W.W. Norton & Co.

Daily G C, Ehrlich P R. 1992. Population, sustainability, and earth's carrying capacity[J]. BioScience, 42(10): 761-771.

de Groot R. 2006. Function-analysis and valuation as a tool to assess land use conflicts in planning for sustainable, multi-functional landscapes[J]. Landscape and Urban Planning, 75(3/4): 175-186.

Hansen B E. 1999. Threshold effects in non-dynamic panels: Estimation, testing, and inference[J]. Journal of Econometrics, 93(2): 345-368.

Holling C S, Chambers A D. 1973. Resource science: the nurture of an infant[J]. BioScience, 23(1): 13-20.

Karamizadeh S, Abdullah S M, Manaf A A, et al. 2013. An overview of principal component analysis[J]. Journal of Signal and Information Processing, 4(3): 173-175.

Lane M, Dawes L, Grace P. 2014. The essential parameters of a resource-based carrying capacity assessment model: an Australian case study[J]. Ecological Modelling, 272: 220-231.

Leopold A. 2008. Wilderness as a land laboratory[M]//Nelson M P, Callicott J B. Debate Rages on: Continuing the Great New Wilderness Debate. Athens: University of Georgia Press.

Liu Y S, Li Y H. 2017. Revitalize the world's countryside[J]. Nature, 548(7667): 275-277.

Marsden T, Sonnino R. 2008. Rural development and the regional state: denying multifunctional agriculture in the UK[J]. Journal of Rural Studies, 24(4): 422-431.

McGinnis M D, Ostrom E. 2014. Social-ecological system framework: initial changes and continuing challenges[J]. Ecology and Society, 19(2): 1-12.

Ostrom E. 2009. A general framework for analyzing sustainability of social-ecological systems[J]. Science, 325(5939): 419-422.

Park R F, Burgoss E W. 1921. An Introduction to the Science of Sociology[M]. Chicago: The University of Chicago Press.

Parry M L. 2007. Climate Change 2007: Impacts, Adaptation and Vulnerability: Contribution of Working Group II to the Fourth Assessment Report of the Intergovernmental Panel on Climate Change[M]. Cambridge: Cambridge University Press.

Rallings A M, Smukler S M, Gergel S E, et al. 2019. Towards multifunctional land use in an agricultural landscape: a trade-off and synergy analysis in the Lower Fraser Valley, Canada[J]. Landscape and Urban Planning, 184: 88-100.

Reyers B, Folke C, Moore M L, et al. 2018. Social-ecological systems insights for navigating the dynamics of the anthropocene[J]. Annual Review of Environment and Resources, 43: 267-289.

Schlüter M, Hinkel J, Bots P W G, et al. 2014. Application of the SES framework for model-based analysis of the dynamics of social-ecological systems[J]. Ecology and Society, 19(1): 36.

Song W, Pijanowski B C. 2014. The effects of China's cultivated land balance program on potential land productivity at a national scale[J]. Applied Geography, 46: 158-170.

Tang Z. 2015. An integrated approach to evaluating the coupling coordination between tourism the environment[J]. Tourism Management, 46: 11-19.

Wang J F, Zhang T L, Fu B J. 2016. A measure of spatial stratified heterogeneity[J]. Ecological Indicators, 67: 250-256.

Woods M. 2011. Rural Geography: Processes, Responses and Experiences in Rural Restructuring[M]. London: Sage.

Xin L J, Li X B. 2018. China should not massively reclaim new farmland[J]. Land Use Policy, 72: 12-15.

Xiong W, Lin E D, Ju H, et al. 2007. Climate change and critical thresholds in China's food security[J]. Climatic Change, 81(2): 205-221.

Yan H M, Ji Y Z, Liu J Y, et al. 2016. Potential promoted productivity and spatial patterns of medium- and low-yield cropland land in China[J]. Journal of Geographical Sciences, 26(3): 259-271.

Yu Y Q, Zhang W, Huang Y. 2014. Impact assessment of climate change, carbon dioxide fertilization and constant growing season on rice yields in China[J]. Climatic Change, 124(4): 763-775.

Zhang Z, Cong R H, Ren T, et al. 2020. Optimizing agronomic practices for closing rapeseed yield gaps under intensive cropping systems in China[J]. Journal of Integrative Agriculture, 19(5): 1241-1249.

Zuo L J, Wang X, Zhang Z X, et al. 2014. Developing grain production policy in terms of multiple cropping systems in China[J]. Land Use Policy, 40: 140-146.

# 后　记

　　本书针对乡村振兴战略、国土空间规划等国家和行业的发展需求，基于村镇及其土地资源禀赋的多样化特征，开展了村镇土地资源承载力的社会-生态影响机制分析，识别村镇土地资源承载力关键限制性因素，研究了村镇耕地、建设用地、生态用地承载力关键限制性因素阈值；构建了村镇土地资源承载力测算与评估方法，提出了宜居村镇土地承载力提升的空间管控技术和绿色生态建设模式。

　　本书从理论、方法和应用三个层面做了一些初步的探讨。

　　（1）理论：界定村镇土地资源承载力内涵及社会-生态影响机制

　　理论上，承载力理论仍处于分散化、泛化状态，存在概念界定不一致、内在运行机制不明确等缺陷，区域土地资源承载力研究在尺度上最小只到县级，村镇尺度的研究鲜有报道。乡镇作为我国行政区划的基本单元，对其开展资源环境承载力评价研究具有重要意义，能够为全县乃至更广泛区域的发展规划提供科学依据。当前，乡镇研究数据的缺乏影响了研究工作的深入开展。本书在界定县、镇、村不同尺度土地资源承载力内涵及其承载的对象的基础上，探索构建了村镇土地资源承载力社会-生态系统耦合框架，梳理了村镇耕地、建设用地、生态用地资源承载力的影响因素，理清了其逻辑关系。

　　（2）方法：形成村镇土地资源承载力测算与提升方法体系

　　本书梳理村镇土地资源承载力测算指标体系、测算方法，总结形成包括不同土地类型的承载力影响因子识别方法、关键限制性因子阈值测定技术、村镇土地资源环境承载力测算模型以及不同尺度土地资源环境承载力测算方法的理论和方法体系。并突破村镇土地资源承载力测算及提升管控技术，采用 RS、GIS、GPS以及元胞自动机等新技术开展村镇土地资源承载力测算、模拟及布局优化的研究，耦合农户意愿，通过情景模拟的手段，分析不同土地利用模式下村镇土地承载力提升路径，以科学的方法和技术手段能更精确地预测土地生产潜力，从而进一步提高村镇土地资源承载力预测的准确性和科学性。

　　（3）应用：探索村镇土地资源承载力提升的路径与典型模式

　　针对不同区域典型村镇制约乡村振兴和土地资源承载力提升的主要问题，从土地资源承载力关键限制性因素出发，研究了基于情景分析的土地资源承载力提升路径，提出了基于土地利用结构和布局调整、村镇空间用途管控及生态移民搬迁的绿色生态建设模式，有效支撑了典型区域乡村振兴与精准扶贫的实践需求。

乡村振兴发展和中国城镇化将是一个长期的过程，与之相随的农村土地资源问题也将不断出现新情况、新问题。本书是我们对现阶段农村土地资源问题进行研究的成果之一，我们还将根据今后中国经济社会发展的新阶段、新特征，不断深化对农村土地资源问题的理解和研究，取得更有价值的成果。本书涉及领域广泛、综合性强，鉴于我们的研究水平和经验有限，书中难免存在不足之处和需要改进的地方，希望同仁们能提出宝贵的意见和建议，以利于我们今后的研究。

最后，感谢科技部对本课题的资助，感谢科学出版社对本书出版所作出的努力！

欧维新

2023 年 11 月 20 日于南京